Mia Ga
Rausch und

GOLDMANN

MIA GATOW

RAUSCH UND KLARHEIT

GOLDMANN

FSC www.fsc.org
MIX
Papier | Fördert gute Waldnutzung
FSC® C014496

Penguin Random House Verlagsgruppe FSC® N001967

2. Auflage
Originalausgabe September 2024

Redaktion: Doreen Fröhlich
Cover- und Umschlaggestaltung: Mia Gatow
Umschlagmotive: Glas: Harvatt House; Wasser: adobe Stock/wacomka, adobe Stock/cosma, adobe Stock/Vector Tradition, adobe Stock/vectorpocket, 405983583 – Anusorn
Satz: Uhl + Massopust, Aalen
Druck und Bindung: GGP Media GmbH, Pößneck
Printed in Germany
EB · CF
ISBN 978-3-442-31753-0

www.goldmann-verlag.de

INHALT

KLAR

Du trinkst nicht mehr. Und siehst dir selbst fasziniert dabei zu. Du trinkst jetzt Wasser statt Wein. Und kannst nicht fassen, wie leicht das ist. Du kannst nicht fassen, dass das nicht alle machen. Du kannst nicht fassen, dass du so lange gebraucht hast, um das zu kapieren. Du willst es allen erzählen: Hier, Leute, hier ist sie, die Weltformel! Die Tür zu allem, was du jemals wolltest. Das magische Abrakadabra, das Allheilmittel. Die Medizin gegen Schlafprobleme, Rückenschmerzen, Fettpolster, Pickel, Müdigkeit, Pessimismus, Minderwertigkeitskomplexe, Höhenangst, Lampenfieber, Prokrastination, Winterblues, Liebeskummer, Geldmangel, Krankheit, Depression, Hass, Krieg und Tod.

Dieser erste klare, gestochen scharfe Sommer, den du nie vergessen wirst, dieser erste Sommer deines Lebens, als du wieder ein Teenager bist, ein Teenager mit einer tausend Jahre alten Seele, der nichts, nichts, nichts mehr braucht, um glücklich zu sein, als kaltes, klares Wasser und schwarzen Kaffee und dein weißes Bett und deine nackten Beine auf deinem Fahrrad, mit dem du wie ein Pilot über den nächtlich glühenden Asphalt fliegst, die mit Blumenduft und Nachtigallengesang und Benzin getränkte Luft unter deinem Rock und die Elektrizität unter deiner Haut, die unaufhörlich singt: Alles ist lebendig, alles ist lebendig, alles ist lebendig.

Die Transformation findet tief in deinem Inneren statt, so unsichtbar und geräuschlos für die anderen, so fundamental für dich. Jedes einzelne Ding in deinem Leben, groß und klein, ändert sich.

Deine Haut, dein Schlaf, dein Atmen, deine Freundschaften, deine Liebschaften, dein Sex, deine Küsse, deine Arbeit, deine Freizeit. Was du isst, was du liest, mit wem du schläfst, wo du abhängst, was dich interessiert, wen du magst, was du tolerierst, wen du im Spiegel siehst.

In diesem ersten Sommer deiner Nüchternheit gehört die Stadt dir. Du hast gesiegt. Jeden Morgen, wenn du in deinem blütenweißen Bett aufwachst, fühlst du dich, als hättest du gerade sehr gute Nachrichten erhalten. Du hast einen brandneuen Körper. Du bist fasziniert, wie leicht und durchlässig und biegsam er ist, wie er sich anfühlt, beim Gehen und Aufstehen, beim Laufen und Sport-Machen und wenn dich ein Mann im Arm hält. Deine Muskeln und Sehnen und Knochen sind lebendig und mit Strom versorgt. Alles ist hell, alles ist elektrisch, alles ist Licht, Energie und Bedeutung. Banalitäten versetzen dich in Ekstase. Ein Kuss macht dich tagelang high. Reden ist ein Rausch. Atmen fühlt sich an wie Sex haben. Fahrradfahren fühlt sich an wie Freiheit. Du bist unbesiegbar. Du bist Superbrain. Deine Gedanken, glasklar und hell, jagen sich gegenseitig wie junge Schwalben. Deine Freunde sagen, du siehst toll aus, hast du irgendwas verändert? (Ja. Alles.) Deine Freunde sagen, du bist lustiger als früher. Du hast Small Talk abgeschafft. Du redest nur noch über die großen Themen, die Liebe, den Tod und den Sinn in alldem. Während du dich mit durchgedrücktem Rückgrat und zehn Zentimeter über dem Boden schwebend vorwärtsbewegst, brechen vermeintliche Sicherheiten links und rechts von deinen Füßen weg wie sich verschiebende Erdplatten, stürzen in den Abgrund und gehen spektakulär in Flammen auf. Du guckst zu und denkst lässig: Na ja, das war wahrscheinlich nötig.

Du verstehst alles. Du hast die Antwort auf alle Fragen. Nichts überrascht dich mehr, nichts schockiert dich. Wenn jemand kommt und einen Mord gesteht, weißt du, was zu tun ist. Alle sind sicher bei dir. Du kannst alles aufnehmen, transzendieren, vereinen, verstehen.

Selbsthilfe-Meetings sind wie geheime Zusammenkünfte für Eingeweihte. Du hast das Licht gesehen. Du bist bereit. Du könntest ohne Weiteres eine neue Religion gründen. Du bist der fucking Dalai Lama.

Die Sache mit dem Alkohol

In den Selbsthilfegruppen für Extrinkerinnen, so heißt es oft, ist immer irgendjemand, der einem aus der Seele spricht. Und das stimmt. Doch genau das ist auch das verdammte Problem und einer der Gründe, weshalb ich so lang einen Bogen um die Meetings machte. Wenn mir dort jemand aus der Seele spräche, bedeutete das logischerweise: Ich und diese Person, wir haben die gleiche Krankheit. Ich bin also richtig hier. Und das wiederum hieße: Ich muss mit dem Trinken aufhören. Und die eine verdammte Sache, die eine moderat alkoholabhängige Person am allerdringendsten vermeiden will, ist: mit dem Trinken aufhören.

Erzählt jemand im Meeting etwas, das dir bekannt vorkommt – zum Beispiel, dass er zu Trinkzeiten immer peinlich darauf achtete, seinen Wein in unterschiedlichen Supermärkten zu kaufen, damit keiner der Angestellten auf die Idee käme, er sei möglicherweise Alkoholiker –, dann wird dir klar: Du bist nicht allein. Aber es heißt auch: Deine Geschichte ist nichts Besonderes. Sie ist gewöhnlich, abgedroschen, ein Klischee. Es ist ein regelrechter Witz, dass du dir diese paar banalen Erkenntnisse so hart erarbeiten musstest, dass es dich so unglaublich viel gekostet hat, diese Lektion zu lernen, obwohl doch schon Millionen Leute vor dir genau das Gleiche durchgemacht haben. Das wurde alles schon unzählige Male erzählt. Hast du nicht zugehört?

Und das ist ja auch das grundlegende Missverständnis, mit dem man überhaupt anfängt zu trinken, zu rauchen, Drogen zu nehmen, mit dem Bad Boy mitzugehen, das ist ja genau das Versprechen: Du denkst, es macht dich zu jemand Besonderem. Schneller, wilder, verrückter, tiefsinniger, selbstbewusster, bedeutsamer. Du fühlst dich – und das ist das Unglaubliche daran – wie ein Rebell. Ein Regelbrecher, ein Outlaw, der grinsende Joker in einem Kartenspiel voller langweiliger Spießer.

Und irgendwann, lange nachdem es aufgehört hat, Spaß zu machen, und du aufgehört hast, dir irgendwas davon zu versprechen, erkennst du – Ironie! –: Die Haupteigenschaft der Droge ist es doch, dass sie uns allen einredet, etwas ganz Besonderes zu sein, wie ein erfolgreicher Heiratsschwindler, nur um irgendwann, unvermeidlich, uns alle auflaufen zu lassen, uns alle wie Idiotinnen dastehen zu lassen. Wie konntest du das nicht kommen sehen?

Ich wollte es einfach so gerne glauben.

Während ich noch trinke, nenne ich meine Abhängigkeit nie »Abhängigkeit«. Ich bevorzuge die vage Formulierung »die Sache mit dem Alkohol«. Das hilft mir, das Problem in der Unschärfe zu lassen, die Parallelen zu anderen Abhängigen zu ignorieren, mich selbst als Ausnahme von der Regel zu sehen. Ich muss schon in meinen Zwanzigern zugeben, dass »die Sache mit dem Alkohol« irgendwie optimierungsbedürftig ist. Aber mit einer »Abhängigkeit« hätte ich schnell die tausend Details gefunden, in denen meine Abhängigkeitsgeschichte allen anderen gleicht. Meine Geschichte vom Trinken ist nicht so besonders, wie ich damals denke, denn in Wirklichkeit haben die Geschichten vom Trinken furchtbar viele Gemeinsamkeiten.

Diese Geschichten gehen häufig ungefähr so: Das erste Mal, die Initiation, war wie Magie. Papa hat mich von seinem Bier kosten lassen und gesagt: Nun bist du ein Mann. Ich habe heimlich im Kleiderschrank die Reste vom Wein getrunken und mich an ihm und dem Duft von Mamas Kleidern berauscht. Ich war dreizehn, auf einer

Party, und ich gehörte plötzlich dazu. Es war himmlisch. Endlich war ich selbstbewusst, sexy, witzig, entspannt und okay in meiner Haut. Ich konnte das Mädchen küssen, die coolen Kids beachteten mich. Es war alles, was ich je wollte. Und dann wollte ich natürlich mehr.

Lange ist das Trinken junge Liebe, romantischer Rausch. Es liegt noch kein Zwang darin, nur Wärme, Zauber, Möglichkeit. Betrunken als Studentin, mit einem Bier in der Hand auf dem Dach stehen, in der Stadt, von der du immer schon geträumt hast, den Sonnenaufgang betrachten und das unschlagbare Gefühl haben, dass die Zukunft komplett dir gehört, dass du nur die Hand auszustrecken und sie zu nehmen brauchst. Und vielleicht bekommst du sie auch, oder zumindest viel davon. Den Traumjob oder die Traumfrau oder Kinder oder aufregende Reisen. Aber langsam wird alles immer mehr Alltag, mehr Routine, auch die Träume, die sich erfüllen. Manche fahren ihr Trinken jetzt langsam runter, schleichen es aus, weil sie morgens früh rausmüssen. Andere müssen auch früh raus, trinken aber weiter. Sie nehmen mehr Mühe auf sich, um den Drink weiterhin in ihr Leben zu integrieren, obwohl es immer aufwendiger wird. Kater werden schlimmer mit über dreißig – *versuche diese zehn Hangover-Hacks!* Nun häufen sich für ein paar Jahre lang die Warnsignale. Tropfen von Tinte in einem Glas klaren Wassers, alles wird graduell immer schlimmer. Der Verlust der Unschuld, jeder kennt die Liste, die man checken muss, um sich das Trinken zu versauen: täglich trinken, allein trinken, morgens trinken, heimlich trinken. Und dann, ganz am Ende: es nicht mehr verheimlichen können. Hier wird es headlinewürdig, hier gibt es Dramaporn. Schließlich: der Tiefpunkt. Möglichst ein richtiger Schocker. Mann weg, Kinder weg, Haus weg, Job weg – und dann für die, die es schaffen aufzuhören: Läuterung, Umkehr, Erkenntnis, Beichte. Vorhang. Was danach kommt, weiß niemand so genau, aber es ist wahrscheinlich irgendwie traurig und anstrengend. Unsere Alkoholstorys sind wie Romcoms: vorbei, wenn die eigentliche Geschichte losgeht.

Wenn die Leute in den Meetings immer die gleichen stumpfen Abläufe ihrer persönlichen, dabei jedoch sehr vergleichbaren Suchtverläufe schildern würden – wir würden uns alle zu Tode langweilen. Dramaporn nutzt sich schnell ab. Schon bei der dritten wegen Alkohol erodierenden Ehe und dem vierten Klinikaufenthalt hörst du nicht mehr richtig zu. Erst wenn wir aufhören, wird's interessant. Erst dann können wir wieder die einzigartigen Schneeflocken werden, als die wir auf diesen Planeten gekommen sind, erst nüchtern zeigen wir unsere wahren Farben. Das ist nicht immer angenehm. Obwohl das Ende meines Trinkens sich für mich lange Zeit wie ein Triumph anfühlte, der nicht übertroffen werden konnte oder musste, habe ich verstanden: Die Nüchternheit war nur der erste Schritt – die Eintrittskarte in mein Leben.

Seit meine rosa Wolke vorbeigezogen ist, seit ich mich nicht mehr jeden Morgen erleuchtet fühle, tauchen sie auf, all die faulen Stellen meines Lebens, eine nach der anderen. All die Arten, auf die ich ausweiche. Meine brennende Wut. Meine ungeheilten Kindheitswunden. Mein irrationales Verhältnis zu Geld. Meine Zweifel über meine Arbeit. Mein verrücktes Beziehungsverhalten. Meine Selbstsabotage, mein Selbstmitleid, meine Ausreden, meine falsche Toleranz, mein Trostessen, mein Trostshoppen, meine verdrängten Träume, meine Romanzensucht, meine Angst vor dem Sterben. Meine vielen Strategien, Intimität und die Steuererklärung zu vermeiden. Wie in einem Videospiel begegnet mir jetzt auf jedem Level ein neuer Endgegner. Ich muss mich transformieren, wieder und wieder, eine Haut nach der anderen, immer neue Schichten aus Illusionen und Selbstbetrug und Verdrängungsmechanismen abstreifen. Nüchternheit ist ein Prozess, der nie abgeschlossen ist, und eine Geschichte über das Trinken und das Nüchternwerden handelt nie wirklich von Alkohol. Es geht immer um alles.

DAS ENDE

Gute Gründe

Am ersten Januar sitze ich mit Julian in der Oderquelle und trinke bemerkenswert langsam ein Glas Rotwein. Es ist eine wilde Woche gewesen. Ich bin immer noch mild verkatert – nicht von Silvester, sondern von der Nacht zuvor, als ich mit Ben im Bassy war.

Ben, den ich immer noch als meinen »Exfreund« bezeichne, obwohl unsere Romanze nur ein halbes Jahr gedauert hat und wir seit über zehn Jahren befreundet sind, ist aus Zürich gekommen, um Silvester in Berlin zu feiern. Ich habe ihn in seiner temporären Wohnung in einem dieser seelenlosen Reichenghettos auf der hübschen Seite von Prenzlauer Berg besucht, in dem alles aus Stahl, Beton und bodentiefen Fenstern besteht, und wir haben mit Gin Tonics in der Hand Zigaretten auf dem großen, leeren Balkon geraucht und uns auf den neuesten Stand unserer Leben gebracht. Ich habe kürzlich eine Geschichte mit einem sehr schönen, aber chronisch unzuverlässigen Brasilianer angefangen, den ich partout nicht dazu bringen kann, auch nur ein einziges Mal pünktlich zu einer Verabredung zu erscheinen. Ben ist gerade von einem Horrorurlaub mit einer verrückten Polin zurückgekehrt, die ihn während der Reise für einen vierundzwanzigjährigen Masseur hat sitzen lassen, den sie am Strand kennengelernt hat. Als wir mit dem sarkastischen Kommentieren unserer postmodernen Liebesleben fertig waren, schlug Ben vor, rüber ins Bassy zu gehen.

Ich zögerte, weil ich am nächsten Tag nicht grauenhaft verkatert sein wollte, und das war fast sicher, wenn ich irgendwo hinging, wo es Drinks gab. Das Zögern hielt mich allerdings nicht lange auf. »Ich darf maximal zwei Drinks, dann muss ich gehen«, beschloss ich optimistisch.

Doch wie das immer so ist, verdichteten sich bei unserer Ankunft im Bassy die Umstände derart, dass mein Plan mit den zwei Drinks ins Wanken geriet. Es stellte sich heraus, dass ich mit dem Türsteher schon mal zusammengearbeitet hatte, weswegen wir für lau reingewinkt wurden, und dass ich mit dem DJ mal geknutscht hatte, weswegen er alle Songs spielte, die ich mir wünschte. Ben hatte Hummeln im Hintern. Nach einem monatelangen Arbeitsmarathon wollte er auf die Kacke hauen, und er hatte dafür immer schon Talent gehabt. Wir rauchten Zigaretten und flirteten, der dritte Gin Tonic zog unkommentiert vorbei, wir tanzten und drehten die Kontraste hoch. Ich wünschte mir *Vogue* von Madonna und kriegte es. Eine junge, dralle Blondine mit pinkem Lippenstift hatte es auf Ben abgesehen, und sie ging offenbar davon aus, Ben und ich seien zusammen, denn sie schaltete sofort in die Profistrategie, die auch ich schon oft angewendet hatte: Anstatt sich an den Typen ranzuschmeißen, den man will, macht man erst mal dessen Freundin klar. Sie kam rüber, zog meine Hüften an sich, blickte mir kurz tief in die Augen und küsste mich dann sehr ernsthaft auf den Mund, ohne sich vorzustellen. Ben brachte uns begeistert Gin Tonic Nummer vier, und ich gab der Blondine großzügig die Erlaubnis, mit ihm zu verfahren, wie auch immer sie wollte. Dann verschmolz alles in einem Wirbel aus Kohlensäure, Zigarettenrauch, pinkem Lippenstift und Bass.

Am nächsten Morgen, dem Silvestertag, wachte ich episch verkatert und desorientiert in einem fremden, nach abgestandenem Sex riechenden Bett auf, als die Blondine mit Kaffee im Zimmer stand und sich als Tess vorstellte. Mein Kopf fühlte sich an wie ein Lkw der

Müllabfuhr. Der bekannte kalte Schweiß auf dem Rücken und der abgestandene Geschmack im Mund, den ich so gut kannte, deuteten auf einen Kater hin, mit dem ich jetzt bestimmt zwei Tage beschäftigt sein würde. Ich seufzte tief, nahm dankbar den Kaffee, den Tess mir gab, und schälte mich aus dem Bett. Dieser Tag würde Arbeit werden.

Ben war schon aufgestanden und begrüßte mich in der Küche mit einem selbstgefälligen Siegerlächeln, lässig wie immer, irgendwo hatte er ein Kaugummi aufgetrieben.

In der Silvesternacht standen wir dann Schulter an Schulter auf dem Dach, umringt von betrunkenen, feiernden Freunden, und wir sagten einander: Gott sei Dank ist dieses Drecksjahr vorbei.

»Auf Bowie«, sagte Ben und hob sein Glas zum bunt glitzernden Himmel. Wir ließen unsere Sektgläser aneinanderklirren. Ich hatte nur diesen einen Drink, so verkatert war ich. Der Brasilianer versetzte mich wie üblich, und ich lief allein nach Hause, durch die erschöpfte, verdreckte, weichgezeichnete Stadt, am Neujahrstag im Morgengrauen, eine ganz besondere Leere.

Jetzt sitze ich also erschöpft mit Julian in der Oderquelle, mein Kater ist anderthalb Tage alt, und ich kann wieder trinken. Draußen schneit es. Wir essen Hausmannskost, die in Berlin-Mitte immer ironisch wirkt, Rotkohl und Rouladen, passend zum niemals ironisch gemeinten Rotwein. Julian fragt mich nach meinen guten Vorsätzen fürs neue Jahr.

Ich bin müde, so müde. Zu müde zum Verhandeln, zu müde zum Relativieren, zu müde für Optimismus, zu müde für meinen eigenen Bullshit, den ich ja erstaunlicherweise immer noch zu glauben bereit bin, nach all den Jahren der gebrochenen Trinkregeln, mit all der Erfahrung, die ich habe, nach allen Verwandten, die der Drink ruiniert und umgebracht hat, mit all meinem Wissen und all meiner Schlauheit, nach all den gebrochenen Versprechen, wirkungslosen Strategien, nach den Tausenden von Gelegenheiten, bei denen ich irgendeine Variante des Satzes »Nur zwei Drinks, dann geh ich nach Hause« gesagt und dann wieder vergessen hatte. Nun also ein weiterer guter Vorsatz.

»Mein Vorsatz ist, keine Vorsätze mehr über Alkohol zu machen«, sage ich und hebe mein Glas, cheers, und Julian lächelt urteilslos. Ich gebe auf, denke ich, ich höre auf, über dieses Thema mit mir selbst zu reden. Offenbar funktioniert es nicht. Ich kann nicht trinken, und ich kann nicht nichttrinken, vielleicht sollte ich es einfach akzeptieren, denke ich, vielleicht muss ich aufhören, mich zu wehren, und mich in die weichen Arme dieser Abhängigkeit sinken lassen, sie *umarmen*, sie *ownen*, sie wie einen Signature Style tragen, sie als mein Schicksal annehmen, meine Kultur, meine Identität: Das ist es also, mein Leben. Ich bin eine Trinkerin.

Meist versteht man erst im Rückblick, wo etwas begann oder zu Ende ging. Das Ende meines Trinkens und der Anfang meiner Nüchternheit liegen in diesem unscheinbaren Neujahrsabend. In diesem fatalistischen Vorsatz, meinen eigenen Bullshit nicht mehr zu glauben. Und darin, dass ich das einem anderen Menschen erzähle, was ich sonst nie mache. Ich verheimliche zwar keinen meiner Filmrisse und verstecke das Trinken nie. Aber ich verschweige immer konsequent die Sorgen, die ich mir über mein Trinken mache. Die Sorgen sind das eigentliche Problem, denn sie beweisen, dass mir mein Trinken nicht egal ist.

Es vergehen noch genau achteinhalb Monate, bis ich nüchtern werde. In diesen achteinhalb Monaten lege ich wie schlafwandelnd die Waffen eine nach der anderen nieder. Meine Kapitulation ist unspektakulär. Es gibt keinen plakativen Absturz, keinen nach außen sichtbaren Tiefpunkt. Es ist keine plötzliche Erkenntnis, keine dramatische Explosion, kein Aufwachen im Gefängnis, kein schockierendes Entgleisen meines Lebens. Es ist eine ruhige, langsame Wiederholung des immer gleichen, alten Themas, ein langweiliger, einschläfernder Walzer, der sich immer nur um sich selbst dreht.

Ich kann die Frage nach meinem Tiefpunkt, die in allen Gesprächen über das Aufhören unweigerlich auftaucht, nie befriedigend beantworten. Der Tiefpunkt ist ein beliebtes Thema im Zusammenhang mit Alkoholabhängigkeit, weil er eine Manifestation der magischen Grenze ist, nach der alle Trinkenden jahrelang, manchmal jahrzehntelang, suchen, und die sich dabei immer weiter in die Ferne verschiebt, wie eine Fata Morgana. Der Mythos vom Tiefpunkt gehört zu unserer Erzählung vom Trinken dazu. Er geht Hand in Hand mit dem Bild des Alkoholikers. Der Tiefpunkt ist extrem, damit alle anderen Trinkenden möglichst lange weitertrinken können. Denn es muss schon richtig schlimm werden, bevor ein Einzelner aus der Gruppe sich das Recht herausnehmen kann, allen anderen den Spaß zu versauen. Unser kollektives Trinken ist auf einem so hohen Niveau, dass die Bilder, die wir brauchen, um uns noch abschrecken zu können, extrem sind.

Auch die besorgniserregenden Folgeerscheinungen eines Rausches erscheinen uns ja bemerkenswert hinnehmbar. Blackouts etwa – dieses gruselige Phänomen, wenn man ganze Stunden partieller Amnesie erlebt, in denen man wie ein Zombie herumgelaufen ist, sich unterhalten und am Leben teilgenommen hat, ohne selbst dabei gewesen zu sein. Je länger man darüber nachdenkt, desto erschreckender wird die Idee einer solchen Form von Bewusstlosigkeit. Doch in unserer Welt sind sie sozial akzeptierter als öffentliches Stillen. Stoff für Komödien.

Nicht alle Menschen, die ich kenne, hatten Blackouts. Aber die, die es gab, waren auch nicht so ungewöhnlich, dass man deswegen einen Krisenstab einberufen hätte, nicht einmal bei einem Teenager. Blackouts zählten in meiner Welt nicht als ernst zu nehmende Tiefpunkte – also als Anlässe, das Trinken infrage zu stellen. Ernst zu nehmende Tiefpunkte wären beispielsweise: einen Unfall verursachen (bei dem möglichst nicht nur Sachschäden entstehen), einen Job verlieren (der einem wichtig war), eine Beziehung gegen die Wand fahren (die ernst war), in eine Schlägerei geraten oder, besser noch, im Knast landen. Je dramatischer der Tiefpunkt, desto befriedigter die Normalos. Hören sie von einem Tiefpunkt, der ihre eigenen Eskapaden in den Schatten stellt, können sie beruhigt sein. Denn: Würde es *so* schlimm kommen, ja, dann würde sicherlich jede aufhören! Aber *so* schlimm ist es ja glücklicherweise bei mir noch lange nicht!

Bei mir war es auch noch nicht *so* schlimm. Die wichtigsten Punkte der Katastrophencheckliste waren bei mir noch offen. Nicht täglich getrunken. Nicht morgens getrunken. Keine zitternden Hände. Ich war das, was man nach unserer neoliberalen Verwertungslogik »funktional« nennt. Ich hatte einen Hochschulabschluss, einen Job, einen Boyfriend, eine ebenmäßige Haut und Kleidergröße 36, und niemand, der mich kannte, dachte, dass ich besonders auffällig trank. Ich war eben ein Partygirl. Ein Freigeist. Eine Künstlerin. Ich arbeitete in der Kreativindustrie, in der es üblich ist, dass in Agenturen donnerstags um vier das erste Astra aufgemacht wird. Ich lebte in einer Stadt, in der man sich ganz selbstverständlich auf ein »Spazierbier« verabredete. Und außerdem wurde mir immer gesagt, ich sähe aus wie eine Französin, und die werden ja sowieso mit einem Glas Rotwein in der Hand geboren, wie man aus Modezeitschriften weiß. Mein Trinken passte in mein Branding. Das Leben sah ganz gut aus. Ich hätte noch lange, lange so weitermachen können.

Andererseits hatte ich schon ein paar Dinge erlebt, die vielleicht für eine andere Person, in einer anderen Welt, ausreichend dramatisch gewesen wären, um als Tiefpunkt zu gelten. Die Nacht, als ich in Handschellen in einer Gefängniszelle landete. Oder die Nacht, in der ich mir einen Zahn ausschlug. Oder die Nacht, in der ich mit dem Freund einer guten Freundin rummachte. Oder die Nacht, in der ich in einem Blackout einen Typen mit nach Hause nahm, an den ich am nächsten Morgen nicht die geringste Erinnerung hatte. Ich verkaufte mir diese Storys als reißerische Heldinnengeschichten. Als Zeichen für eine wilde Jugend. Als Ausdruck für meinen Nonkonformismus. Als Berlins Schuld. Was man als schlimm genug qualifiziert, ist immer eine Frage des Kontextes. Wenn man mehr trinken will, umgibt man sich eben mit Leuten, unter denen man die Bravste ist. Und das kann, mit ein bisschen Mühe, fast jede Trinkerin schaffen.

Nach den filmreifen Exzessen meiner Zwanziger hatte sich mein Leben zu Beginn meiner Dreißiger zunehmend normalisiert, und auch meine Abhängigkeit hatte an Dramatik verloren. Ich wachte nun nicht mehr mit wildfremden Lederjackentypen auf, sondern nur noch mit Kater. Ich trank nicht mehr Wodkashots in der 8 MM Bar und endete knutschend unter dem Tisch, sondern ich trank stattdessen gesittet eine Flasche Wein zum Essen mit einer Freundin, ging dann brav um halb elf nach Hause (und trank dort drei Viertel einer zweiten. Aber das bekam niemand mit).

In der englischsprachigen Sobriety-Szene gibt es den Begriff High Bottom Alcoholic – Alkoholiker mit einem hohen Tiefpunkt. Diese Gruppe von Nüchternen hat mit besonderen Herausforderungen zu kämpfen. Ihre Suchtgeschichten eignen sich nicht gut für dramatische Verfilmungen. Sie unterscheiden sich so wenig von dem Boulevardpressen-Headline-Katastrophen-Elend unserer Alkoholismusidee, dass man sich nicht ohne Weiteres von ihnen abgrenzen kann. Bei den Meetings der Anonymen Alkoholiker fühlte ich mich lange wie ein Mauerblümchen und fragte mich manchmal, was ich da eigentlich zu suchen hatte, mit meinem (halbwegs) geregelten Leben und meiner fehlenden Entgiftungsstationserfahrung.

Zwischen den Trinkerinnen, die zweimal in der Woche verkatert sind, und denen, die delirierend auf einer Parkbank liegen, erstreckt sich ein riesiger Graubereich, der in der öffentlichen Debatte kaum vorkommt. In diese Grauzone fallen alle, die gerade eine zarte Abhängigkeit entwickeln; alle, die sogenanntes Risikotrinken betreiben (wie so gut wie alle Leute, mit denen ich in meinen Zwanzigern rumhing); und alle, die als »hochfunktional« durchgehen – die also die äußeren Rahmenbedingungen ihres Lebens (Job, Haus, Familie) zufriedenstellend aufrechterhalten können und deswegen von der Gesellschaft die Erlaubnis bekommen, süchtig zu sein.

Wenn die sichtbaren Katastrophen fehlen, ist Alkoholabhängigkeit schwer greifbar, sind die Konsequenzen lange Zeit vage und uneindeutig. Doch je mehr Suchtgeschichten man hört, desto mehr versteht man Sucht als ein Kontinuum. An welchem Punkt dieser Entwicklung du stehst, ist unwichtig. Wir trinken alle die gleiche Substanz, spielen alle dasselbe Spiel, niemand ist besonders, niemand ist eine Ausnahme von der Regel, denn Drogen sind große Gleichmacher. Sie unterwerfen uns, früher oder später, ihren Regeln. Du kannst nicht gewinnen. Das Spiel hat einen enervierend vorhersehbaren Ausgang: Entweder du hörst irgendwann auf, es zu spielen. Oder es bringt dich um. Und bevor es dich umbringt, nimmt es dir Stück für Stück immer mehr weg.

Der letzten Phase meines Trinkens fehlt jede Aufregung und jeglicher Glamour. Sie ist langweilig und deprimierend wie ein Regentag im Februar. Obwohl ich nicht jeden Tag trinke, bin ich eigentlich immer latent mit dem Trinken beschäftigt. Ich kümmere mich permanent nebenbei um irgendwelche Kater in unterschiedlichen Schweregraden, mache mir darüber Gedanken, der wievielte Kater es in diesem Monat ist, wie ich die Zahl der Kater eindämmen könnte, welche Trinkregeln ich noch nicht ausprobiert habe. Ich denke regelmäßig ängstlich über das totale Aufhören nach, das mir blühte, wenn es wirklich schlimm werden würde. Darüber, wie schwer es wäre, für immer zu verzichten. Ich denke darüber nach, was passieren müsste, um ein Aufhören unvermeidlich zu machen. Darüber, welche Ereignisse einen Regelbruch rechtfertigen.

Dass der Alkohol rechts und links Leute umbrachte, wusste ich nicht nur aus dem Drogenbericht der WHO. Es passierte seit Generationen in meiner eigenen Familie. Dort konnte ich auch besichtigen, was ein richtiger Tiefpunkt war. Leberzirrhose zum Beispiel, wie bei meiner Oma. Oder Bauchspeicheldrüsenentzündung, eine der vielen Krankheiten, die mein Vater gegen Ende seines Lebens gehabt hatte.

Aber so weit war ich noch lange nicht. Ich hätte zu keinem Zeitpunkt auch nur im Entferntesten in Erwägung gezogen, dass mich das Trinken umbringen könnte. Sorgen machten mir schlimmer werdende Kater und eine schlechter werdende Haut.

DER ANFANG

Mathilde

Als meine Eltern sich in den späten Siebzigern in einem westdeutschen Dorf verliebten, war die Mutter meines Vaters gerade in einer Entzugsklinik. Damals sagte man, Mathilde sei »auf Kur«. Als ich klein war, waren viele Frauen in regelmäßigen Abständen »auf Kur«. Ich stellte mir vor, dass die Frauen auf Kur waren, um für ihre harte Arbeit belohnt zu werden, und dass sie dort permanent Schaumbäder nahmen, in malerischen Parks lustwandelten und in weißen Leinenkleidern auf sonnenbeschienenen Terrassen in der frischen Brise saßen wie Damen auf Renoir-Gemälden. Heute frage ich mich, wie viele der Mütter in Wirklichkeit in Kliniken waren, um Abhängigkeit, Depressionen oder Burn-out behandeln zu lassen – alles Leiden, die man höchstens inoffiziell hatte.

Mathilde war eine rheinische Frohnatur. Wenn ich das Wort »Hausfrau« höre, erscheint sie vor mir. Mit türkisfarbenen Plastikperlen, geblümter Kittelschürze und dem Kopf voller Lockenwickler. Sie hatte eine laute, heisere Stimme, klimpernde goldene Armreifen, lachte dröhnend und hatte jede Menge Meinungen. Sie sammelte allen möglichen Nippes, Porzellanvögelchen und Glastierchen, sie strickte, stickte und häkelte wie eine Maschine, produzierte riesige, hochkomplexe Tischdecken und Taschentücher und Gardinen aus weißem Garn, spielte Keyboard und sang dazu, arbeitete Teilzeit im Presswerk, in der Bäckerei und nachts in der Autobahnraststätte, kochte täglich mehrere Mahlzeiten für sechs Personen und rauchte wie ein Schlot. Sie war nie ohne eine Zigarette zwischen den Fingern zu sehen. Wenn sie in der Dreizimmerwohnung, die sie zusammen mit ihrem Mann und den vier Kindern bewohnte, putzend und Staub wischend umherging, lag in jedem Zimmer eine brennende Kippe, die sie im Vorübergehen alle synchron rauchte. Die Tapeten der kleinen Wohnung waren dunkelgelb vom Nikotin. Meine erste Zigarette, eine HB, die ich mit zehn heimlich spätabends in einem Baum rauchte, hatte ich von ihr geklaut.

Mathilde war die erste Trinkerin, die ich kannte. Lange bevor ich geboren wurde, hatte sie die Krankheit schon an meinen Vater weitergegeben. Und als ich lernte, was Alkoholismus ist, lebte sie schon lange nicht mehr.

Mathildes Mutter Käthe war noch keine richtige Trinkerin, sie hatte bloß ein hartes Leben, wie alle Frauen damals. Käthe war allein mit fünf Kindern. Ihr Mann hatte sich kurz vor Kriegsende in der Ruhr ertränkt – offiziell, weil er den Krieg nicht verkraftet hatte, inoffiziell, weil er ein glühender Nazi gewesen war. Aachen war kaputt, und es gab nichts zu essen. Zu dieser Zeit schickte es sich für Frauen noch nicht zu trinken, wie die Männer tranken. Käthe bekam ihren Stoff noch aus der Apotheke. Sie war immer müde, und sie bewegte sich schnaufend und seufzend vorwärts, in der Sommerhitze hielt sie häufig inne, um Päuschen zu machen. Dann tröpfelte sie ein bisschen Klosterfrau Melissengeist auf ein Zuckerstückchen und ließ es sich auf der Zunge zergehen, für neuen Schwung. Käthe hatte außerdem zu allen Zeiten ein mit Kölnisch Wasser getränktes Taschentuch im Dekolleté, mit dem sie sich gelegentlich über die verschwitzte Stirn wischte. Hier und da genehmigte sie sich auch zu Hause ein Schlückchen. Im späten 19. Jahrhundert grassierte unter Frauen der sogenannte Kölnisch-Wasser-Alkoholismus: Sie tranken Duftwasser, Parfum oder hochprozentige Tinkturen aus der Apotheke, um sich den harten Alltag zu erleichtern.

Klosterfrau Melissengeist tat den Konsumentinnen immerhin den Gefallen, offiziell zum Verzehr vorgesehen zu sein. Die Marke, die es seit zweihundert Jahren gibt, bewirbt ihr bekanntestes Produkt auch heute noch als ein natürliches, auf Heilpflanzen basierendes Arzneimittel gegen eine Liste von über zwanzig Leiden, von Erkältung über Muskelkater und Verspannungen, Schlaflosigkeit und Stress bis hin zu Verdauungsproblemen und Blutergüssen oder einfach »zur Besserung des Allgemeinbefindens«. Die klare Flüssigkeit, die laut Webseite »von Jung bis Alt geschätzt« wird, enthält fast achtzig Prozent Alkohol, doppelt so viel wie handelsüblicher Wodka und ungefähr so viel wie Stroh-Rum, der stärkste Schnaps, den man diesseits der Sowjetunion so auftreiben kann.

Schnaps als Medizin zu verwenden war vielleicht nie so naheliegend wie im Nachkriegsdeutschland der Fünfzigerjahre. Eine ganze Generation, traumatisiert von Erlebnissen, die für uns, ihre Enkel, unvorstellbar sind. Erst als ihre Kinder und Enkelkinder schon längst erwachsen waren, erzählten sie, manchmal ganz nebenbei, was sie selbst in ihrer Kindheit erlebt hatten. Von Leichenbergen, die sich auf den Straßen gestapelt hatten, von jüngeren Geschwistern, die von Schokolade halluzinierend verhungert waren, von Müttern und älteren Schwestern, die von Horden einfallender Soldaten vergewaltigt worden waren, von den Bomben, die bei der Flucht aus Königsberg auf sie hinabgeregnet waren. Nach dem Krieg, kaum volljährig, stürzten sie sich in den Wiederaufbau, therapiert wurde niemand. Eine ganze Generation mit posttraumatischer Belastungsstörung, prädestiniert für Substanzmissbrauch.

Käthes jüngste Tochter Mathilde, meine Oma, war schon als Jugendliche eine Draufgängerin gewesen. Sie war die Einzige der fünf Geschwister, die regelmäßig zu Fuß über die holländische Grenze lief, um Kaffee, Zucker und Butter zu schmuggeln, die von ihren Tanten auf der anderen Seite der Grenze in zentimeterdicken Schichten zwischen zwei Brotscheiben geschmiert wurde.

Als sie achtzehn war, lernte sie auf einer Tanzveranstaltung einen gut aussehenden, wortkargen Ostpreußen kennen – schnittig, Anfang zwanzig –, der mit seinen beiden Brüdern ins Ruhrgebiet gekommen war, um im Bergbau Arbeit zu finden. Er war bereits verlobt, aber Mathilde wurde schwanger. Er löste seine Verlobung – sehr zum Kummer seiner Mutter – und heiratete Mathilde. Die beiden zogen in ein Wohngebiet in der Nähe der Zeche. 1955, Mathilde war neunzehn, wurde die erste Tochter geboren.

Mathilde gehörte der Generation Frauengold an. Nachdem die Nazis alle Keime des Fortschritts und damit auch die hoffnungsvolle Emanzipationsbewegung der Zwanzigerjahre, zunichtegemacht hatten, ging alles zurück auf null. Für die Frauen hieß das: zurück an den Herd, ins Haus, in die Bedeutungslosigkeit. Je nach Einkommensklasse des Ehemannes waren sie privilegierte Hausfrauen, die nicht auf Lohnarbeit angewiesen waren, oder sie waren Hausfrauen am Tag und Lohnarbeiterinnen in der Nacht, wie Mathilde.

Um ihnen in diese deprimierende alte Rolle hineinzuhelfen, hatte der in Westdeutschland aufkeimende Konsumismus Frauengold erfunden, ein »belebendes Herz-Kreislauf-Tonikum«, das 1953 auf den Markt geworfen wurde und sich sofort sensationell verkaufte. Frauengold versprach eine beruhigende, stimmungsaufhellende Wirkung, erholsamen Schlaf, »seelische Entspannung« und »jugendliches Aussehen«, sollte bei Menstruationsbeschwerden, Traurigkeit, Erschöpfung und weiblicher Lustlosigkeit helfen und war im Grunde nichts anderes als mit Kräutern aufgepeppter und in Arzneimittelflaschen abgefüllter Likörwein.

Mathilde trank meines Wissens kein Frauengold, denn erstens

lebte sie in einem Milieu, in dem es schlicht als irrsinnig betrachtet worden wäre, den doppelten Preis für Sprit zu bezahlen, nur weil er in Medizinflaschen verkauft wurde. Und zweitens, weil sie ja schon damals mindestens so hart schuftete wie ein Mann und folglich auch trinken durfte wie einer. Ihre Familie war kinderreich und gesellig. Immer war gerade jemand zu Besuch; Brüder, Schwestern, Schwager, Schwägerinnen, Cousins und Cousinen, Tanten und Onkel. Und wenn Besuch da war, wurde gefeiert, gekocht, gestritten, musiziert und getrunken, als gäbe es kein Morgen. Meine Familie in den Sechzigerjahren war wahrscheinlich ziemlich genau der hedonistische Haufen, nach dem jeder Berlintourist in den Clubs der Stadt auf der Suche ist.

Mathildes älterer Bruder Kurt betrieb in Übach-Palenberg ein Hotel mit Bar, in der es hoch herging. Ihr jüngerer Bruder Helmut war ein bekannter Sozialist, der mit steigendem Alkoholpegel immer politischer wurde. Der Jüngste, Willi, war Musiker, der durch die Clubs und Bars tingelte. Sie waren alle wild entschlossen, sich zu amüsieren. Trinken gehörte dazu, war Freiheit und Luxus. Sowohl Tabak als auch Hochprozentiges wurden im Nachkriegsdeutschland der Sechziger mit einer Sorglosigkeit konsumiert, die heute sprachlos macht. Es gibt ein Foto, auf dem Mathilde ihren Sohn mit einer Kippe im Mundwinkel neben einem Tisch voller leerer Weinflaschen wickelt.

Mit dreißig hatte Mathilde vier Kinder. Mit vierzig kam sie mit Leberzirrhose ins Krankenhaus. In der Klinik sagte man ihr, dass sie sterben würde, falls sie nicht sofort aufhörte zu trinken. Nach ein paar Tagen Krankenhaus ging es für acht Wochen zur Entwöhnung in die Reha Bad Kissingen.

Sobald Mathilde weg war, brach daheim das Chaos aus. Ihr Mann arbeitete inzwischen Vollzeit im Katasteramt der Stadt und hatte weder die Zeit noch die Fähigkeiten, den Haushalt zu schmeißen und sich um die Kinder zu kümmern. Mathildes Schwester kam zu Hilfe. Und meine Mutter, noch ein Teenager, frisch verliebt in meinen Vater, Mathildes ältesten Sohn. Sie kam jeden Tag zu ihm nach Hause und kochte anstelle von Mathilde das Abendessen. Nach zwei Monaten kehrte Mathilde zurück, nüchtern.

Ich wüsste gern, was man meiner Oma Ende der Siebzigerjahre in der Reha über das Trinken und die Sucht erzählt hat. Ich wüsste gern, ob sie mal bei einem AA-Meeting gewesen ist, und falls ja, was sie wohl darüber gedacht hat. Ich vermute, dass sie das alles für abgehobenen Spiri-Quatsch gehalten hätte. Alles, was ich weiß: Ihr war klar, dass sie nie wieder trinken durfte, weil es sie sonst umbringen würde, und sie hielt sich eine ganze Weile auch daran. Pragmatisch, ohne fremde Hilfe. Sie hatte zu tun. Man musste keine Kosten kalkulieren, um zu wissen, dass sich die Familie ihren Tod nicht würde leisten können.

Das Alkohol-Gen

Alkoholismus ist eine Familienkrankheit. Hat man Verwandte ersten Grades, die alkoholabhängig sind, vervierfacht sich das Risiko, selbst eine Abhängigkeit zu entwickeln. Deswegen wird schon lange unermüdlich nach dem »Alkohol-Gen« gesucht. Gefunden hat man viele unterschiedliche. Bislang gibt es Erkenntnisse über neunundzwanzig unterschiedliche Gene, die mit einem problematischen Alkoholkonsum verknüpft zu sein scheinen. Einige Faktoren, die mit der Wirkweise von Alkohol in Zusammenhang stehen, könnten also genetisch sein. Manche Gene verstärken die stressmindernde oder die euphorisierende Wirkung des Alkohols, manche bewirken, dass mehr Dopamin ausgeschüttet wird – der Stoff, der uns dazu motiviert, Verhaltensweisen zu wiederholen, und damit die Grundlage jeder Sucht ist. Der wichtigste genetische Faktor scheint jedoch die Toleranz zu sein: Man kann Trinkfestigkeit erben. Aber das eine Alkohol-Gen, das man zu finden hofft, gibt es nicht.

Stattdessen sind sich die meisten Forschenden einig darüber, dass das soziale Umfeld den bei Weitem stärksten Einfluss auf unser späteres Trinkverhalten hat. Wir lernen, wie andere Säugetiere auch, durch Nachahmen. Je mehr trinkende Rollenmodelle wir sehen, desto besser können wir lernen, zu welchen Gelegenheiten getrunken wird und was das Trinken bedeutet. Können wir beobachten, dass Alkohol von unseren Bezugspersonen zur Stimmungsregulierung benutzt wird, machen wir das vermutlich später auch. Je jünger wir sind, wenn wir das erste Mal trinken, desto höher die Wahrscheinlichkeit einer späteren Abhängigkeit. Je leichter der Alkohol zu haben ist, desto eher greifen wir danach.

In Deutschland dürfen Kinder ab vierzehn in Anwesenheit einer Aufsichtsperson trinken – eine in Europa einzigartige Regelung. Die CDU/CSU-Fraktion hält am sogenannten »betreuten Trinken« fest, da es sich bewährt habe, dass Kinder »im geschützten Umfeld ihrer Eltern über Alkohol aufgeklärt« würden. Wie auch immer diese Aufklärung aussehen mag, statistisch ist klar: Kinder von trinkenden Erwachsenen trinken später mit hoher Wahrscheinlichkeit selbst.

Hört man sich die Geschichten der Leute in Selbsthilfemeetings an, wird schnell deutlich, dass Sucht ein Familiending ist. Wie könnte es auch anders sein: In unseren Familien lernen wir zu leben. Wir lernen alles von ihnen. Die Art, wie wir sprechen und gestikulieren, wie wir Eier braten und Zwiebeln schneiden, welche Parteien wir wählen, welche Berufe wir in Betracht ziehen, wie wir unsere eigenen Fähigkeiten einschätzen, wie wir lieben und Konflikte lösen und wie wir mit unserem unvermeidlichen Schmerz umgehen. Wenn der Vater abends nach einem langen Tag nach Hause kommt, sich in seinen

Sessel fallen lässt und mit einem langen, befriedigten Seufzer den ersten Schluck eines in der Abendsonne schimmernden Biers trinkt, dann brennt sich das in den Kopf einer Achtjährigen ein – wird zu einem ersten, archetypischen Bild von Entspannung, Freizeit, Männlichkeit, Zuhause.

Ich bin acht oder neun, und Mathilde steckt mir zehn Mark zu und schickt mich die Straße hoch zu Dimi's, eine Pommesbude, wo es einen Kühlschrank mit Bier und einen Zigarettenautomaten gibt. Der Deal ist sensationell: Ich kaufe für Mathilde ein, und den Rest des Geldes darf ich behalten. Ich renne barfuß aus dem Haus, der Asphalt ist warm, fast heiß, sodass ich die fünfzig Meter bis zur nächsten Straßenecke zu rennen versuche, ohne den Boden zu berühren. Die kühlen Kacheln in der Pommesbude sind wie die Belohnung für meinen Sprint. Dimi, der Inhaber, ein gut aussehender Grieche mit Haar, so schwarz glänzend, dass es nass wirkt, nickt mir kollegial zu, als ich die Münze in den Automaten werfe und unter großem Metallgerassel eine Packung HB ziehe. Mit einem Bier und den Zigaretten mache ich einen kurzen Stopp gegenüber im Zeitungsladen und kaufe zwanzig rote Gummischnüre und zehn Gummierdbeeren in einer weißen Papiertüte. Mein Honorar.

Ich passiere das quietschende Gartentor, die Wiese voller Schaumkraut und komme zurück in den Garten, wo Mathilde gerade mit den Nachbarn von gegenüber einen Snack einnimmt. Sie schneidet Fleischwurst in zentimeterdicke Scheiben, sagt »Kind, hier haste 'n Bütterken!« und stopft zwei Scheiben Butterbrot in mich hinein, bevor sie mir erlaubt, mich meinen Gummischnüren zu widmen. Opa steht in Arbeitsstiefeln und Jeansoverall am anderen Ende des Gartens und schneidet die Johannisbeerhecke zurück, Zigarrenstummel im Mundwinkel. Die Nachbarn sitzen mit Bier in der Hand auf der Gartenbank, die Hecke hinter ihnen ist schwer von duftendem Flieder. Ich verziehe mich an den Gartenteich, hänge meine nackten, schwarz verdreckten, gar gebrutzelten Füße ins kühle Wasser, hake meine Zehen in die schwankenden Stiele der Seerosen, schaue in die Wolken, verfolge die um mich herumschwirrenden Libellen, metallisch schillernd wie Raumschiffe, groß wie Männerhände, und senke die Gummischnüre Zentimeter für Zentimeter in meinem Mund.

Als Kind habe ich den Alkohol nie bewusst wahrgenommen. Wenn ich alte Fotos anschaue, ist er überall: Immer steht Bier und Wein auf dem Tisch, manchmal auch Schnaps. Aber während ich schon recht frühe Erinnerungen daran habe, Zigaretten als gefährlich dumme, schlechte Angewohnheit zu erkennen, kommt der Alkohol überhaupt nicht vor. Alkohol war einfach immer da, selbstverständlich und unsichtbar, wie die Tapete an der Wand.

Ich war nicht das einzige Kind, das von den Erwachsenen geschickt wurde, um Kippen und Bier zu besorgen. Wir machten das alle. Wir waren kleine, emsig umherflitzende Kuriere, dankbar für das leicht verdiente Taschengeld, das wir in Glitzersticker und Schnuckeltüten umsetzten, die Typen an der Tankstelle und die Kassiererinnen im Supermarkt kannten uns.

Ich wusste immer schon: Trinken gehört zum Erwachsensein wie Autofahren, ins Büro gehen, Heiraten und Kinderkriegen. Erwachsene, die nicht tranken, kannte ich nicht. Immer, wenn es schön und besonders war, gab es Alkohol. Auf Familienfeiern und wenn man im Garten saß. Immer, wenn Leute zusammenkamen und irgendwo verweilten, wenn Freunde zu Besuch waren, wenn Karten gespielt wurde, wenn es ein gutes Essen gab, wenn man sich Zeit nahm, wenn man Spaß hatte. Wir Kinder profitierten davon, wenn unsere Eltern sich amüsierten, denn dann waren wir frei. Wir durften aufbleiben, so lange wir wollten, bis spät in die Nacht draußen im Garten sein, Feuer machen, Leuchtkäfer beobachten, man ließ uns in Ruhe, vergaß, dass wir eigentlich schon hätten im Bett sein müssen. Wenn wir uns leise verhielten, erhaschten wir vielleicht sogar das ein oder andere achtlos ausgeplauderte, erwachsene Geheimnis.

Die Eltern meiner Mutter hatten sich ebenfalls beim Tanzen kennengelernt. Sie hatten beide kurz vor dem Mauerbau von Leipzig und Cottbus aus in den Westen rübergemacht. Didi war ausgebildeter Maurer mit einer Menge Unternehmergeist. In den frühen Sechzigerjahren hatte er eine Gruppe handwerklich begabter Freunde um sich geschart, die sich gegenseitig halfen, ihre Häuser zu bauen. Später gründete er ein Glasbausteingeschäft, das in den Siebzigern boomte. Materiell ging es der Familie gut. Didi hatte eine Leidenschaft für schicke Autos. Es gab ein Haus in Spanien und eine kleine Segelyacht. Seine Frau Ursula musste nie einer Lohnarbeit nachgehen. Stattdessen kümmerte sie sich erst um die beiden Töchter und später um Mode und Style. Sie trug immer Chanel N°5 und immer roten Lippenstift. Als Kinder spielten meine Freundinnen und ich stundenlang Verkleiden in ihren zahlreichen begehbaren Kleiderschränken, die bis zum Rand vollgestopft waren mit Cocktailkleidern, Pelzmänteln, Lederkoffern randvoll mit Modeschmuck und aufregenden Accessoires wie Schlangenledertaschen, Turbanen und Seidenschals.

Leider hatten Ursula und Didi nach einer kurzen Honeymoonphase festgestellt, dass sie einander nicht besonders gut leiden konnten, und waren trotzdem noch weitere dreißig Jahre verheiratet geblieben. Mein Großvater hätte gern Söhne gehabt, aber musste sich stattdessen mit zwei Töchtern zufriedengeben, was vielleicht ein Grund dafür war, dass er seine Kinder und seine Frau triezte und schikanierte, wann immer er übellaunig war – was oft vorkam. Es gab viele strenge Regeln und jede Menge Verbote. So hatte Didi meiner Mutter, seiner Tochter, auch (vorübergehend, erfolglos) den Umgang mit meinem Vater verboten, der alles war, was sich ein Mädchen mit einer Schwäche für Bad Boys nur wünschen konnte. Er fuhr Motorrad, trug Schlaghosen und die Haare lang bis zu den Schulterblättern. Er war für meinen Großvater so was wie der Antichrist. Auf einem orange getönten Foto aus den späten Siebzigern sitzt er cool mit übereinandergeschlagenen Beinen, Kippe im Mundwinkel und offenen Haaren auf der Motorhaube seines mintgrünen Mercedes und sieht aus wie das gemeinsame Kind von Patti Smith und Mick Jagger. Es überrascht kein bisschen, dass es nicht in Didis Macht stand, seine Tochter von ihm fernzuhalten. Sobald sie achtzehn war, kehrte sie ihrem verhassten Elternhaus den Rücken und zog mit ihm zusammen.

Die Kriegsgeneration hatte sich kollektiv darauf geeinigt, die Vergangenheit totzuschweigen und sich stattdessen mit Verve in das aufblühende Wirtschaftswunder zu stürzen. Der von den Amerikanern angebotene Konsumismus wurde dankbar angenommen und zelebriert. Der kapitalistische Glanz legte sich wie dünner Firnis über die Schuld und die Scham der Vergangenheit. Ehemalige Parteimitglieder waren mehrheitlich zurück in die Gesellschaft integriert worden und hatten ihre alten Posten zurück. Die Väter schwiegen sich darüber aus, was sie an der Front anderen angetan hatten und was ihnen angetan wurde. Die Kinder dieser Generation wuchsen unter schweigenden Schatten und mit namenlosen Erinnerungen ihrer Eltern auf. Viele erfuhren psychische und physische Gewalt. Mathilde prügelte. Didi strafte mit Kälte. Alle tranken.

Meine Eltern wollten alles anders machen. Sie wählten andere Parteien, hörten andere Musik, kleideten sich anders und erzogen ihre Kinder anders. Meine Eltern zogen mit ihren Freunden in eine WG (was damals in dem westdeutschen Dorf skandalös war), traten den Grünen bei (die ebenfalls skandalös waren), besetzten Häuser, rauchten Gras, sympathisierten testweise mit der RAF, erzogen ihre

Kinder gemeinschaftlich und antiautoritär, hörten Pink Floyd, fuhren mit dem Wohnwagen nach Griechenland, wo sie drei Wochen wie Hippies lebten. Mein Vater eröffnete den ersten Bioladen des Dorfes, in dem es immer nach Bananenchips roch und in dem er mit befreundeten Sozialarbeiterinnen mit bunten Röcken und unrasierten Beinen schäkerte, die allesamt in ihn verknallt waren, mir Bio-Lakritzschnecken schenkten und mir erzählten, ich sei hochbegabt.

Kurz gesagt, meine Eltern waren jung, wild, schön und gegen alles, was ihre eigenen Eltern verkörperten. Dieser Generationenkonflikt ging selbst an mir nicht vorbei. Mein Klassenlehrer in der Grundschule achtete sorgfältig darauf, welche Kinder die Brut der Hippies waren, und ließ uns das dann gern auf seine Art spüren. Einmal zerrte er mich aus einer Schulhofprügelei heraus, starrte mich mit kleinen, kalten Greifvogelaugen an und zischte: »Ich weiß genau, wer dein Vater ist.« In dieser Hinsicht hatte er mir einiges voraus.

Das Trinken einte die Generationen. Alle tranken, viele tranken zu viel. Der Alkohol ist ein Gestaltwandler – er macht immer das, was er machen soll. Aber er tut nicht für alle das Gleiche. Er holt die Schüchternen aus sich heraus und gibt den Nervösen Ruhe. Er macht die Ängstlichen mutig und die Wütenden versöhnlich. Er ermöglicht es den Verschlossenen, ihre Gefühle auszudrücken, und den Sensiblen, ihre Gefühle zu betäuben. Er macht die Angepassten zu Rebellen und die Außenseiter zu Mitläufern. Wir können ihn benutzen, um uns aufzuputschen oder runterzubringen.

In der Werbung steht der Drink für die unterschiedlichsten Ideale, einige davon sind Widersprüche: Romantik und Abenteuer, Rebellion und Tradition, Aufbruch und Zugehörigkeit, Klassik und Rock'n'Roll, Eleganz und Punk.

Wonach auch immer wir uns sehnen, es gibt garantiert den passenden Drink dafür. Was das Trinken für alle Trinkenden bereithält:

Es betäubt das, was wir vergessen wollen, es macht uns unempfindlich gegen den unumgänglichen Schmerz des Lebendigseins. Jeder Mensch findet Gründe zu trinken.

Für meine Großeltern lag das Kriegsende erst zehn Jahre zurück, als sie Familien gründeten – halb so lange, wie für uns 09/11 zurückliegt. Für sie war Alkohol Treibstoff. Ohne die Vergangenheit zu vergessen, wäre es den Männern nicht möglich gewesen, wie Maschinen zu funktionieren und, wie Didi, die wirtschaftliche Existenz ihrer Familien aus dem Nichts aus dem Boden zu stampfen. Die Frauen tranken sich passend, um sich in die enge und intellektuell wenig anregende Rolle der Hausfrau und Mutter zu pressen, die in erster Linie erforderte, dass alle eigenen Bedürfnisse verschwinden mussten.

Die Sechzigerjahre waren die goldene Ära der Werbung. Westdeutschland übernahm die Zeichen der US-amerikanischen Identität; die eigene war für Generationen zerstört. Alkohol wurde das, was er auch in den Staaten war: schick, mondän, luxuriös, weltbürgerlich. Das Tätervolk brauchte neuen Stolz und fand ihn im Materiellen. Der Vergangenheit vollständig den Rücken zu kehren, war nicht nur Sehnsucht. Es war Überlebensstrategie.

Erst den Kindern war es möglich, die verschlossenen Räume zu öffnen und Licht auf die Monster der Vergangenheit zu werfen. Sie lehnten sich auf gegen ein bigottes, verknöchertes, rassistisches und nie entnazifiziertes System, in dem ein absurdes Maß an Verdrängung der Normalzustand war: In der politischen Schulbildung meiner Mutter wurde die Zeit zwischen 1933 und 1945 konsequent ausgespart. Die verbotenen Türen im Schloss eine nach der anderen aufzubrechen – auch mit Gewalt –, war die Essenz der deutschen Gegenkultur. Und auch dabei diente der Drink als Katalysator: Er löste die Zunge und flößte den Furchtsamen den nötigen Wagemut ein, zusätzlich konnte er helfen, das, was zum Vorschein kam, erträglich zu machen. Trauma funktioniert im persönlichen Erleben wie im Kollektiv: Erst mit Abstand wird es möglich, Aufarbeitung zu leisten.

Als Mathilde aus der Kur zurückkehrte, war sie das, was manche heute »kampftrocken« nennen würden: Sie ließ den Drink weg, aber sonst blieb alles beim Alten. Sie wusste, sie konnte durchziehen. Sie konnte hart arbeiten, wenn es sein musste, sie konnte dem Trinken entsagen, wenn es sein musste. Also trank sie nicht. Stattdessen häkelte sie. Mathilde hatte schon vorher Handarbeiten gemacht, aber nun hob sie die Produktion auf ein neues Level. Sie erschuf riesige, hochkomplexe Gardinen und Tischdecken aus feinstem mikroskopischem Garn mit Abertausenden Verästelungen wie grafische Darstellungen weißer Lungenflügel. Sie bestickte Taschentücher mit den filigransten Bordüren und Blumenornamenten, mit Garn, so zart wie Spinnweben. Sie umhäkelte kompromisslos alle Objekte in der Wohnung mit erdbeereisrosa und zitronengelbem Faden – sogar die Klorollen im Badezimmer wurden zu Dekorationsobjekten, bekamen ihre eigenen, berüschten Kleidchen, auf denen jeweils eine kleine stolze Tänzerin thronte.

Mathildes Hände waren immer in Bewegung. Wenn sie nicht arbeiteten, hielten sie eine Zigarette. Das Rauchen gab sie nie auf, denn schließlich sagte ihr nie ein Arzt, dass es sie sonst umbrächte. Sie legte sich aber auch andere Angewohnheiten zu. Über ihre nüchternen Jahre entwickelte sie eine immer stärker werdende Kauflust. Es war die Zeit der Versandhauskataloge – analoges Onlineshopping. Es konnte vorkommen, dass der Gatte von der Arbeit nach Hause kam und eine komplett neue Sofagarnitur im Wohnzimmer vorfand. Später lieh sie sich manchmal Geld von ihren Kindern – um ihnen damit Geschenke zu kaufen.

Sucht ist wie Wasser. Es hilft nicht, bloß den einen Kanal zu verstopfen. Wenn man nicht die Quelle ausmacht, wird sie sich andere

Wege suchen, durch das Gewebe sickern, alle Ritzen füllen, sich anstauen, geräuschlos, geduldig, unaufhaltsam.

Mathilde hatte immer schon miserables Emotionsmanagement gehabt. Ihr Temperament war feurig und impulsiv – sie war laut, lachte gern, machte Musik und sang dazu. Sie war sehr verliebt in ihren Mann, und ich kann mir gut vorstellen, dass sie ihn im Sturm erobert haben muss, diesen ruhigen und sanftmütigen Preußen. Sie konnte sich jedoch in über vierzig Jahren Ehe nie ganz von der Aufrichtigkeit seiner Liebe überzeugen. Sie war rasend eifersüchtig und machte ihm regelmäßig dramatische Szenen, in denen sie mit Geschirr schmiss und mit Scheidung drohte. Einmal prügelte sie sich im Flur des ersten Hauses mit einer Nachbarin, die sie bezichtigte, mit ihrem Mann herumzumachen. Manchmal ließ sie ihre Wut an den Kindern aus.

Ihre Rolle in der Familie war die der schwierigen Kratzbürste, der emotionalen Dramaqueen. Unter den Nachbarskindern ging die Legende, dass sie vor Jahren den Familienhund vergiftet haben sollte.

Als ich elf war, wohnte ich ein paar Wochen bei meinen Großeltern und provozierte unabsichtlich in kurzer Zeit gleich mehrere hitzige Emotionsausbrüche bei Mathilde, die ich mir selbst nicht erklären konnte. Einmal flippte sie aus, weil ich zerrissene Jeans zur Schule trug (es war die Zeit des Grunge). Um meiner Liederlichkeit einen Riegel vorzuschieben, schmiss sie die Jeans und dazu gleich noch mein geliebtes, neongelbes Michael-Jackson-T-Shirt in den Müll, während ich schlief. Ein anderes Mal löste ich einen Schrei- und Weinanfall aus, als ich nach der Schule nicht direkt nach Hause kam, sondern spontan entschied, noch eine Weile in der Stadt zu bleiben und meinen Onkel zu besuchen. Dieses Level an Eigenständigkeit war für mich ganz normaler Alltag, weswegen mich der Emotionsausbruch meiner Großmutter, als ich dann schließlich am späten Nachmittag zu Hause eintrudelte, ziemlich überraschte.

Damals trank sie schon wieder. Sie hatte auf einer Party, sieben Jahre nach ihrem letzten Drink, beschlossen, dass ein Gläschen sicher nicht schaden könnte. Und es ging, wie es immer geht; die Sucht nahm sich triumphierend den angestammten Platz in ihrem Leben zurück, als wäre sie nie weg gewesen, nun noch stolzer und entschiedener als zuvor.

Warum hängte sie ihre Nüchternheit an den Nagel? Es war bestimmt kein Zufall, dass der jüngste Sohn gerade von zu Hause ausgezogen war. Vielleicht war sie nie für sich selbst nüchtern geworden, sondern immer nur für ihre Funktion als Mutter. Es gab nun mehr Zeit und weniger Pflichten als je zuvor. Aber der Schmerz war immer noch da. Wartete.

Mathilde hörte nie wieder auf zu trinken. Ihr Mann schwieg. Stoisch ertrug er ihre Abhängigkeit. Die Männer dieser Generation waren nicht dafür berühmt, sich im Konfliktmanagement auszukennen. Als er mit Anfang siebzig krank wurde und kurz darauf starb, gab Mathilde den letzten Lebenswillen auf, ließ das Steuer endgültig los. Sie versprach an seinem Grab, ihm bald zu folgen. Und so geschah es auch. Sie zog in eine eigene Wohnung, unweit vom Familienhaus, und trank sich schnell zu Tode. Ein Jahr später, während das erste Flugzeug ins World Trade Center krachte, starb sie allein in ihrer Wohnung.

Alle Kinder von Mathilde erbten die Krankheit ihrer Mutter. Die älteste Tochter nutzte ihre Ausbildung in einer Arztpraxis, um schnell und unkompliziert an Medikamente zu kommen, und hatte bald schon eine rasende Alkohol- und Tablettensucht entwickelt, die erst zum Stillstand kam, als ihr erster Mann sie rettete – alle Pillen in der Toilette runterspülte und sie mitnahm auf eine Insel, weit weg von zu Hause. Der mittlere Sohn zog nach dem Mauerfall nach Berlin, um ein kreatives Leben zu führen, und verlor sich lange Zeit in der Berliner Kunst- und Barwelt der Neunzigerjahre. Der jüngste Sohn blieb und wurde Musiker. Sein Trinken war am besten kontrolliert, denn er hatte die letzte Phase von Mathildes Trinken miterlebt.

Der älteste Sohn, mein Vater, war schon mit Anfang zwanzig süchtig. Er war mit zwölf das erste Mal wirklich betrunken gewesen. Das Ereignis sorgte für Aufsehen, weil er nach Hause getragen werden musste. Mathilde lachte nur.

Als er mit seiner ersten Frau, meiner Mutter, in die erste gemeinsame Wohnung zog – ich war gerade geboren worden –, dekorierte er seine Notizbücher mit aus Magazinen ausgeschnittenen Jägermeister-Anzeigen und augenzwinkernden Partybildern. Manchmal schloss er sich tagelang ein, schrieb und trank Whiskey. Seine Helden waren Udo Lindenberg, Janis Joplin und Charles Bukowski. In seinen frühen Dreißigern war er schon tief in seiner Abhängigkeit.

Nachdem er gestorben war, landeten ein paar seiner frühen Tagebücher bei mir. Darin finden sich viele autobiografisch anmutende Notizen. Immer wieder geht es um die trinkende Mutter, um Rückfälle und frühe Kontrollversuche und Trinkregeln aus der Zeit, in der ich ein Kleinkind gewesen war. »Weniger rauchen und weniger trinken, ich kann es machen, wenn ich mich auf das Schreiben konzentriere.«

Er notierte seine Trinkregeln: »Nur ein kleines Glas Whiskey pro zehn Buchseiten.« Es gibt auch viele Seiten geplanter Romane, Notizen über Handlungsstränge und Figuren. Alkohol spielt auch in diesen fiktionalisierten Texten immer eine Rolle. Die Geschichten sind von heuchlerischen Erwachsenen bevölkert, die ihre dunklen Geheimnisse schlecht verstecken und denen nicht zu trauen ist.

Im wahren Leben war mein Vater ein Faktotum – er war abwechselnd Schriftsteller, Politiker, Unternehmer, Koch und Gastronom. Das Trinken war die eine Konstante in seinem Leben. Zuerst wurde es noch in Partys verpackt, die sich manchmal über Tage hinzogen. Ich höre noch die Wahnsinnsreibeisenstimme von Brigitte, unserer Nachbarin von oben, einer exaltierten Kölnerin mit blonder Dauerwelle, die fast so viel rauchte wie meine Oma und die ihre besondere Leidenschaft für das Trinken mit meinem Vater gemeinsam hatte. Die Partys waren wild und ausschweifend, und ich habe zugegeben angenehme Erinnerungen an sie. Während die Erwachsenen sich auf der Terrasse in den Punsch warfen, lagen wir Kinder auf dem Dach des Schuppens unter dem Pflaumenbaum und erzählten einander Geschichten aus unseren Leben, während wir so lange nach oben griffen und die reifen Früchte in uns reinstopften, bis uns schlecht war.

Doch das Trinken blieb natürlich kein Partyding. Allmählich sickerte der Alkohol in jede Ritze des Alltags. Meine Mutter sah ein paar Jahre hilflos zu, wie ihr Mann Abend für Abend schweigend am Küchentisch eine Flasche Grappa austrank. Sie beschwor ihn, eine Therapie zu machen. »Aber ich habe überhaupt kein Problem«, antwortete er mit leerem Blick. »Du hast das Problem.«

Schließlich verließ sie ihn. Später sagte sie mir, hätte sie kein Kind gehabt, dann wäre sie auf dem sinkenden Schiff geblieben. Der Tag, als er auszog, hängt wie ein Schatten über meiner Kindheit. Was ich für immer mit mir herumtrage, ist der Schmerz meiner Mutter, die noch lange um ihre verlorene Liebe trauerte.

Nach der Trennung wurde er einer dieser weitverbreiteten Jedes-zweite-Wochenende-Väter, der nie so richtig wusste, was er mit seiner Tochter anfangen sollte. Er ging mit mir ins Kino und in den Freizeitpark. Er nahm mich mit auf seine Geschäftsreisen nach London. Er brachte mir englische Wörter bei, kaufte mir Fish and Chips, und wir versuchten, die Wachposten vor dem Buckingham Palace zum Lachen zu bringen.

Einmal wachte er nicht auf, als wir ein paar Tage in einem Hotel am Meer verbrachten. Ich war vielleicht sieben Jahre alt und aus einem Albtraum hochgeschreckt. Statt sich um mich zu kümmern, mich zu beruhigen, war er bewusstlos – weder durch Schütteln oder Rufen noch durch Wasserspritzen zum Aufwachen zu bewegen. Ich nahm Geld aus seiner Jacke und schlich mich in die Lobby des Hotels, wo ein Münztelefon hing. Ich rief meine Mutter an, die mir mit unterdrückter Panik in der Stimme sagte, ich solle mich mit einem Buch einkuscheln, sie würde mich am nächsten Tag abholen kommen. Ich tat, wie mir geheißen, versuchte mich auf *Die kleine Hexe* zu konzentrieren und wartete auf sechs Uhr morgens, als wäre die Uhrzeit das andere Ufer der Nacht. Danach waren Ferienreisen mit meinem Vater Geschichte, und mir blieb jahrelang ein tief sitzendes Unwohlsein, wenn Erwachsene vor mir einschliefen, das ich immer noch nicht ganz losgeworden bin.

Abgesehen von diesen wenigen schlaglichtartigen Extrembeispielen habe ich wenige Kindheitserinnerungen an meinen Vater. Die meisten Stellen, an denen er hätte sein sollen, sind weiße Flecken. Auch an sein Trinken erinnere ich mich nicht. Er war nie ausfällig oder aggressiv, er war immer nur weit weg.

Als ich ein Teenie war, kam er mit einer seiner Bioladen-Sozialarbeiterinnen zusammen, die sich hauptsächlich dadurch auszeichnete, dass sie mit ihm trank, statt ihm deswegen die Hölle heiß zu machen. Eine Matrone im Blumenkaftan, die diese ganz bestimmte Sorte übergriffige sexuelle Offenheit an den Tag legte, die mir bis heute Schauer der Fremdscham über den Rücken schickt. (Als ich dreizehn war, erklärte sie mir einmal ungefragt, wie ich die Konsistenz meines Vaginalschleims untersuchen könne, um meinen Zyklus zu bestimmen. So eine.)

Wenn sie zusammen waren, hatten die beiden diese typische, pöbelige Achtlosigkeit an sich, die Trinkende auszeichnet. Sie waren immer ein bisschen zu laut, unempfindlich gegenüber Stimmungen und Menschen um sie herum. Ihre Bewegungen grob, die Augenlider schwer.

Obwohl es allgegenwärtig war, sah ich das Trinken nie direkt an, auch nicht, als ich ins Teenageralter kam und die Pubertät meine Eltern als normale Menschen enttarnte. Dass mein Vater mich nie nach vierzehn Uhr mit dem Auto abholen konnte, weil er zu dieser Tageszeit grundsätzlich fahruntüchtig war, entging meiner Aufmerksamkeit. Oder das seltsame Phänomen des Somnambulismus, das meinen Vater und seine Brüder heimsuchte wie eine unheimliche Familientradition. Alle Männer bei uns schlafwandelten. Sie wanderten nachts umher wie freundliche Zombies, putzten sinnlos leere Tische, verliefen sich im Bademantel im Wald, aber redeten ganz normal mit einem, wenn man ihnen bei ihren nächtlichen Streifzügen begegnete. Als Kind schon wusste ich, wie man ruhig und nachsichtig mit dem Schlafwandler spricht, wie mit einem trotzigen Kind, um ihn sicher zurück ins Bett zu dirigieren. Erst viel später lernte ich, dass Schlafwandeln ein Symptom des Trinkens ist.

Meine Beziehung zu meinem Vater, als ich älter wurde, war von Ambivalenz geprägt. Einerseits spürte ich, dass ich buchstäblich sein Ebenbild war. Wir sprachen die gleiche Sprache, hatten die gleiche Art, zu denken, den gleichen Musikgeschmack, die gleichen Talente, den gleichen Humor, das gleiche Gesicht. Manchmal, wenn ich Jahrzehnte später in mein Heimatdorf komme, starren mich ehemalige Bekannte meiner Eltern entgeistert an. Leute, denen ich nie zuvor begegnet bin, erkennen ihn in mir. Uns verband eine seltsame Komplizenschaft. Als ich älter wurde und mit meiner Mutter in Berlin lebte, schrieben wir uns lange Briefe. Er war begeistert, dass ich endlich alt genug war, um über Politik zu diskutieren. Wie viele Männer konnte er mit Erwachsenen mehr anfangen als mit Kindern.

Aber es blieb, wie mit allen Süchtigen, immer eine Distanz, die ich nie überwinden konnte. Er ließ niemanden so nah kommen, dass er durchschaut werden konnte, und ich war ganz oben auf der Liste der Leute, die auf keinen Fall den Schleier lüften durften.

»Niemand kommt an ihn ran, damit müssen wir alle leben«, sagte seine ältere Schwester einmal zu mir. Süchtige sind immer allein. Sie verabschieden sich in eine Isolation, die Nähe unmöglich macht. Sucht lässt die Menschen um die Süchtigen vereinsamen. Sie gehen, wie Caroline Knapp in ihrem Memoir *Drinking: A Love Story* schreibt, in einen dunklen Raum in sich selbst und schließen die Vorhänge. Außen bleibt nur ihre Unempfindlichkeit, grobmotorische Bewegungen, ihre polternden Stimmen, alles vorgetäuschte Selbstsicherheit, die eigentlich bloß die Betäubung von Angst und Scham ist.

Erst als mein Vater tot ist und ich bereits erwachsen, verstehe ich, dass das Trinken schon immer der Grund für alles war – für die Trennung, für die Distanz, für die Streitereien, für die Geldsorgen, die Unsicherheiten und die Ängste, für alle losen Bodendielen und alle weißen Flecken meiner Kindheit. Seit ich nüchtern bin, habe ich diese Momente plötzlicher Erkenntnis. Einmal sitze ich in einem AA-Meeting, in dem jemand von seiner zerbrochenen Ehe erzählt: »Ich hörte auf, sie trank weiter. Es war klar, dass das nicht gut gehen würde.« Und ich sitze da mit offenem Mund, weil ich plötzlich verstehe, warum die Ehe meiner Cousine zerbrochen ist; natürlich. Er hat aufgehört, und sie nicht. Wie in aller Welt konnte mir das entgehen?

Es ist, als ob das Trinken sich so lange diskret im Hintergrund aufhält, bis man sich bewusst dazu entscheidet, es wahrzunehmen. Es erfordert einen Paradigmenwechsel, es zu sehen. Aber wenn man es einmal gesehen hat, kann man es nicht mehr ungesehen machen. All die Geheimnisse der Erwachsenen, alles, was nicht zusammenpasst, ergibt plötzlich Sinn. Alles, was ich früher Melancholie oder Weltschmerz nannte, oder Sarkasmus oder schwarzer Humor. Alles

Morbide, Düstere, das sich wie ein Charakterzug bestimmter Leute anfühlte, wie eine bestimmte Art von Nonkonformismus, gehörte eigentlich zur Symptomatik von Alkoholismus. Ich konnte das erst erkennen, als ich meinen Blick direkt darauf richtete, es war, als hätte man in einem dunklen Zimmer das Licht angeknipst, und alle Dinge erhielten schlagartig ihre Konturen. Und erleichtert und enttäuscht erkennst du: Die mysteriösen Dämonen und Märchenfiguren, die du dir ausgemalt hat, sind in Wirklichkeit nur ein Garderobenständer und eine Jacke über einer Stuhllehne.

Als Kind war so vieles rätselhaft: die Nacht, in der mein Vater nicht aufwachte. Das Schlafwandeln. Die Nacht, die meine Eltern nach ihrer Trennung noch mal miteinander verbrachten, um danach weitaus unglücklicher zu wirken, als der Anlass meiner achtjährigen Meinung nach verlangte. Aber auch als Erwachsene blieb Alkohol unsichtbar für mich. Er tarnte sich immer so überzeugend als Symptom von etwas Größerem – etwas Eigentlichem –, dass ich ihn nicht sah.

Vielleicht war diese Allgegenwart dafür verantwortlich, dass sich, trotz der Verwüstungen, die es in meiner Familie hinterlassen hatte, das Trinken langsam auch zum Protagonisten meines eigenen Lebens entwickeln konnte, vollkommen unbehelligt von meinem wachsamen Verstand – und trotz meiner Fähigkeit, einen Alkoholiker mit traumwandlerischer Sicherheit zu identifizieren. Ein Paar am Nebentisch, eine Frau vor mir im Supermarkt, der Typ von der Marketingagentur in dem Start-up, für das ich arbeite, der Gastprofessor in meiner Uni – wie alle Kinder von Trinkenden habe ich diesen untrüglichen Instinkt, der zielsicher in einer Gruppe von Menschen die Trinkerin erkennt. Es reichen für Normalos kaum wahrnehmbare Anzeichen. Die leicht veränderte Haltung. Der Körperbau, bei dem man manchmal aus einem bestimmten Winkel den Eindruck hat, die Beine seien wie Streichhölzer in einer Kastanienfigur in den Rumpf gesteckt, die fehlende Wahrnehmung anderer Körper im Raum, die Unsicherheit im Gang, der vage Asche-Unterton der Haut, diese Nicht-Anwesenheit im Blick, ein Blick, der direkt durch einen hindurchgeht. Schon als Kind hatte ich diesen Sinn, diesen Alkoholikerradar. Ich konnte nur noch nicht benennen, was er mir zeigte.

Was wäre gewesen, wenn der Alkohol nicht gewesen wäre? Wir hätten endlos glücklich sein können. Die sonnenflimmernden, nach Flieder duftenden, mit Kirschen und Pflaumen beladenen Libellengärten meiner westdeutschen Achtzigerjahre-Kindheit wirken in meiner Erinnerung wie ein orangestichiger Garten Eden. Mein Leben als Heranwachsende war von einer Wirtschaftsaufschwungs-Sorgenfreiheit, die heutigen Kindheiten fehlt. Meine Eltern waren crazy in love. Die Geschäfte gingen gut. Die Familie zankte sich zwar, aber hielt eisern zusammen, wenn es drauf ankam. Die Großeltern waren zwar versehrte Feindbilder, an denen man sich abarbeitete, aber sie waren auch Charismatiker. Wenn es hart auf hart kam, verstanden sich alle als Einheit.

Es ist sicher, dass alles anders gewesen wäre, wenn der Alkohol nicht gewesen wäre. Mathilde war ein zäher Hund, sie wäre bestimmt alt geworden, vielleicht hätte ich ihr in meinen Zwanzigern von meinen Liebeskummern erzählen können, und sie hätte mir von der Gaudi erzählt, die sie mit einem amerikanischen GI hatte, bevor sie sich für meinen Opa entschied. Meine Eltern hätten sich nicht getrennt – obwohl er vielleicht eines Tages trotzdem mit einer seiner Sozialarbeiterinnen durchgebrannt wäre, die Heartbreakerqualitäten hatte er durchaus. Vielleicht hätte er wirklich das gemacht, was er immer schon machen wollte: Romane schreiben. Er würde wahrscheinlich noch leben, sich in seiner Rolle als Patriarch gefallen, meine Texte redigieren und mit mir über Identitätspolitik und Vegetarismus streiten.

Aber vielleicht hätten sie sich auch nie verliebt. Vielleicht war das Trinken und das damit verbundene Bad-Boy-Image auch ein Grund, weshalb meine Mutter es auf ihn abgesehen hatte; vielleicht hat sie ihn gerade deswegen ausgesucht, weil sie in ihm den unerreichbaren Vater bezwingen wollte. Vielleicht hat sie sich zu seiner Distanziertheit hingezogen gefühlt. Vielleicht hätte es ohne das Trinken und den damit verbundenen Schmerz gar kein Schreiben gegeben. Vielleicht wären sie alle bloß langweilig, spießig und glücklich gewesen.

Was hätte es gebraucht, um Mathilde dazu zu bewegen, zu einer Selbsthilfegruppe zu gehen? Ich unterhalte mich in meiner Fantasie mit ihr, auf der Bank vor der Fliederhecke. Sie, mit türkisfarbenem Strickpullover, Kippe, pinken Fingernägeln, kratziger Lache, sie würde mir sagen, Kind, bist du jeck, ich hab Besseres zu tun, als zu den Spinnern zu gehen. Wenn die Leber nicht mehr mitmachen würde, dat wär wat anderes. Spirituelle Konsequenzen? Nichts als Kappes.

Meinen Vater kann ich mir noch weniger bei AA vorstellen. Die Spiritualität hätte ihn abgeschreckt. Er hatte eine ausgeprägte Religionsantipathie, die dazu führte, dass ich über mehrere Briefe hinweg mit ihm stritt, als ich beschlossen hatte, Islamwissenschaft zu studieren. Aber eigentlich vermute ich, dass es weniger seine Abneigung gegen den Glauben als sein großes Ego war, das ihn abgehalten hätte. Ich glaube, seine Abhängigkeit, seine Sehnsucht nach Selbstauslöschung war einfach stärker und älter als alles andere in seinem Leben.

Ein paar Jahre vor seinem Tod erwartete man schon seinen Tod. Auch so eine unausgesprochene Übereinkunft, die mir erst bewusst wurde, als mein älterer Onkel mich eines Tages anrief und mir sagte, dass mein Vater im Krankenhaus liege (wegen irgendeiner typischen Trinkersache; Bauchspeicheldrüse, Nieren), und ich, ohne dass die Dringlichkeit je ausgesprochen worden wäre, sofort ein Zugticket kaufte, um dort zu sein. Für den Fall.

Der Fall trat nicht ein, er entließ sich selbst eine Woche später aus dem Krankenhaus und spielte die ganze Sache routiniert herunter. Erst einige Jahre später, er war sechsundfünfzig, wurde ein besonders weit fortgeschrittener Krebs diagnostiziert, der sich bereits überall in seinem Körper befand. Es war kurz vor Weihnachten, ich war gerade dreißig geworden. Als der Anruf kam, saß ich im Zug zu meiner besten Freundin Nike, wir wollten gemeinsam ihr neues Schlafzimmer renovieren. Er informierte mich knapp über seine Krankheit, sagte, dass er an den Feiertagen niemanden sehen könne, dass ich ihn bitte bei allen abmelden solle. Niemand solle sich aufregen.

»Ich habe keine Angst«, sagte er. Dann reichte er mich an seine Frau weiter. Als ich bei Nike ankam, wusste ich, dass es sich bestenfalls noch um wenige Wochen handeln würde. Wir renovierten Nikes Schlafzimmer. Zwölf Tage später war er tot.

Er war schon so lange von sich selbst entfernt, dass ihn die Aussicht auf seinen Tod vermutlich am allerwenigsten kümmerte. Er bekam Morphium und interessierte sich von da an nicht einmal mehr für Alkohol. Er verbrachte sein Leben und das Ende seines Lebens betäubt, abgespalten von jeder Empfindung.

»Ich wollte sowieso nie alt werden«, war so ein typischer Satz von ihm, der rebellische Udo Lindenberg noch tief in ihm. Nur dass Udo eines Tages aufhörte, die Seiten wechselte, so wie alle Helden seiner Jugend, die sich doch noch gegen ihre eigenen Ideale und für ein Spätwerk entscheiden.

An dem Morgen, als wir von seinem Tod erfahren, sitzen sein Bruder, seine Schwester, meine Mutter und ich gemeinsam am Frühstückstisch. Es ist nicht winterlich, sogar so hoch im Norden ist es regnerisch und mild, Fernsehwetter. Seine Witwe teilt eifrig seine Besitztümer auf, bevor er überhaupt beerdigt ist. Ich habe das Gefühl, dass ich auf kein konkretes Gefühl der Traurigkeit, geschweige denn der Trauer Zugriff habe. Ich rauche, starre in den Garten und überlege, wie ich mich fühlen soll. Der ältere Onkel kommt zum Rauchen raus auf die Terrasse.

»Ich werde der Nächste sein«, sagt er.

»Ich weiß«, sage ich.

Es sind erstaunliche Wahrheiten, die wohl immer schon da gewesen sein müssen, so selbstverständlich sprechen wir sie aus. Aber es wird nicht wahr, nicht für uns. Mein Onkel trinkt an diesem Tag das letzte Mal Alkohol.

Als mein Vater beerdigt wird, bin ich mit meiner Tante auf Gran Canaria, trinke Weißwein am Swimmingpool und beobachte junge Väter, die mit ihren kleinen Kindern im Wasser spielen. Ich habe nicht die geringste Lust dazu, der betrunkenen Witwe meines Vaters beim Abwickeln seiner Weltlichkeit zuzuschauen, auf einer Trauerfeier zu sein, auf der schröderige alte Männer mit Bier auf ihn anstoßen, oder mir selbstgefällige Küchenpsychologie darüber anzuhören, warum genau dieser Tod ein von ihm selbst gewählter sei. Deswegen halte ich mich von seinem Grab fern.

Die Abwesenheit meines Vaters in meinem Leben hatte schon viele Jahre vor seinem Tod begonnen, auf gewisse Weise war er nie etwas anderes als abwesend. Der Schmerz darüber ist irgendwo, unzugänglich. Ich kann seine Abwesenheit nicht beweinen, weil er nie wirklich anwesend war. Ich habe ein anekdotisches Wissen darüber, wer er war, aber dieses Wissen blieb immer oberflächlich. Manchmal schmerzt es mich, dass die Nüchternheit in seinem Leben, wie in allen anderen von Sucht zerstörten Leben, immer so nah war. Immer nur im Nebenzimmer, immer nur eine einzige Entscheidung entfernt. Aber er traf sie nie.

Es bleibt trotzdem nicht alles umsonst. Der Tod des ältesten Sohns erschüttert die Familie buchstäblich im Kern. Und in den folgenden Jahren, eine nach dem anderen, werden wir nüchtern, unabhängig voneinander, jede auf ihre eigene Art. Dann finden wir uns eines Tages gemeinsam auf der anderen Seite des Trinkens, wischen uns den Schlaf aus den Augen und sehen: Wir haben den jahrzehntelangen Kreislauf zum Stillstand gebracht.

Und dann werden tatsächlich noch zwei neue Kinder geboren. Nach mindestens drei Generationen Sucht wachsen die Kinder meines jüngeren Onkels anders auf. Sie lernen das Trinken nicht als die Normalität kennen, sondern als die Ausnahme. Sie sind umgeben von lauter Erwachsenen, die nie trinken. Nicht zu Geburtstagen, nicht zum Feierabend, nicht auf Partys, nicht im Urlaub, nicht zu Silvester.

Vier Jahre nach dem Tod meines Vaters treffen wir uns alle an Weihnachten in Berlin. Der Berliner Onkel macht Wildschweingulasch, seine Frau macht Dessert, ich habe Freunde eingeladen, die Kinder sind auch mit. Lotte, meine achtjährige Cousine, hat Geschenke dabei. Mein Päckchen ist golfballgroß und sorgfältig beschriftet mit meinem Namen. Ich wickle es auf, und Lotte sieht mir gespannt dabei zu. Ein Wiedererkennen wie ein kühler Windhauch: In dem Papier ist ein kleines blaues Porzellanvögelchen, genau so eins, wie Mathilde sie gesammelt hat. Ich nehme es in die Hand und frage meine Cousine, wo sie das gefunden hat. Sie zieht die Schultern hoch, kichert und sagt: »Geheimnis!«

»Unsere Oma hatte richtig viele von diesen kleinen Vögelchen«, sage ich. Lotte macht große Augen. Sie findet es faszinierend, dass wir eine gemeinsame Oma haben. Und ich erzähle ihr ein bisschen was von Mathilde.

VERZAUBERUNG

Pubertät im Postfeminismus

Im Spätsommer meines zwölften Lebensjahres komme ich in Gittas kleinem Opel Kadett in der Perleberger Straße in Berlin an. Es ist ein heißer Sommertag, ich steige aus dem Auto, meinen Hamster Spiderman schlafend in seinem kleinen Käfig unterm Arm, schaue an der Fassade der Nummer 31 hoch und atme das erste Mal den rußigen Dreck- und Steingeruch Berlins ein.

Ich werfe mich sofort in die Arme der Stadt und will nie wieder weg. Ich liebe alles an Berlin. Die laute Straße, die rund um die Uhr geöffneten Läden. Unsere Haustür, die zehnmal so groß ist wie die Türen in der Kleinstadt. Den Geruch in den Fluren, nicht nach Braten und Sauerkraut und Waschküche, sondern nach Kohle und Stein. Es gibt überall Kinos, manche sogar unter freiem Himmel, die selbst wie Filmkulissen aussehen. Man kann auf die Dächer aller Häuser gehen und kilometerweit laufen, ganze Straßenzüge entlang. Ich liebe den süßkalten Dreckgeruch der U-Bahn, ich liebe die vielen, seltsamen Cafés und Menschen, ich liebe die unzähligen Second-Hand-Läden, die sind wie Omas Kleiderschrank, nur hundertmal so groß. Ich liebe es, dass es Läden gibt, wo man fünfzig unterschiedliche Haarfarben kaufen kann, und Friseure, bei denen man eine Wartenummer zieht, und Klamottenläden in umfunktionierten Parkhäusern und Buchläden in umfunktionierten Postämtern und Kunstgalerien in umfunktionierten Shoppingcentern. Es gibt ein Café in einem alten S-Bahn-Waggon und einen Bus, der halb in die Erde eingegraben wurde. Ich liebe die Street Art, die alles bedeckt, die riesigen Fassaden, die Bands, die überall auftreten, die Straßenfeste. Alles ist größer, wilder und interessanter als überall sonst. Ich fahre täglich U-Bahn und esse täglich Döner. Brötchen heißen Schrippen, Berliner heißen Pfannkuchen, und Pfannkuchen heißen Eierkuchen. Im Radio sagen sie »Icke« und spielen zwanzigmal am Tag *Killing Me Softly* von den Fugees.

Und ich liebe Gitta. Meine Mutter und Gitta sind beste Freundinnen, seit Gitta in unsere Familie getreten ist – als die Freundin des jüngeren Onkels war sie so was wie meine Tante. Und als Gitta und mein Onkel sich trennen und meine Mutter immer noch keine großen Fortschritte gemacht hat, was die Trauer über ihre eigene Trennung betrifft, beschließen die beiden – in einer Rotweinlaune, wie ich mir später ausmale –, gemeinsam mit mir nach Berlin durchzubrennen. Sie mieten eine Wohnung in Moabit, der ältere Onkel, der bereits in der Stadt lebt, besorgt meiner Mutter einen Job in dem Architekturbüro, in dem er arbeitet, und unter anhaltendem Protest der restlichen Familie werde ich in die große Stadt verpflanzt, die mich – da sind sich mein Vater, seine Frau und meine Großeltern absolut sicher – korrumpieren wird.

Gitta ist damals fünfundzwanzig. Sie ist die coole ältere Schwester, die ich nie hatte. Sie ist die Komplizin, die mir und meinen Freundinnen hilft, wenn wir uns die Haare blau färben oder einem Jungen unsere Liebe gestehen wollen. Gitta zeichnet uns ein paar Jahre später die Clubs im Stadtplan ein und deckt uns, wenn wir später als vereinbart nach Hause kommen. Mit Gitta zusammenzuwohnen, ist ein anarchischer Traum.

Mitte der Neunziger, als ich in meiner Frauen-WG aufwachse, hat sich der Feminismus offiziell erledigt. Es ist die Zeit der Girlies und der Frauenpower, die Spice Girls und Tic Tac Toe singen darüber, dass weibliche Freundschaft wichtiger ist als romantische Liebe und dass man besser allein ist, als mit einem miesen Typen zusammen. Mädchen sind idealerweise rotzig und laut, sagen »Scheiße«, zerlegen Hotelzimmer und strecken permanent die Zunge raus.

Ein Ratgeber mit dem Titel *Gute Mädchen kommen in den Himmel, böse kommen überall hin* ist laut SPIEGEL das »Neue Testament der Frauen«. Auf dem Cover: eine Frau auf der Spitze eines rauen Felsens, eine siegreiche Amazone mit ausgestreckten Armen im Wind, the sky's the limit. Die Frauen haben es geschafft, sie müssen bloß laut sagen, was sie wollen, und offensiv sexy sein, dann können sie alles haben, wie die Männer.

Gitta und meine Mutter erziehen mich in diesem Geist der Unabhängigkeit. Sie nennen es nicht Feminismus, weil es Normalität ist, und obwohl Simone de Beauvoir in unserem Bücherschrank steht, habe ich mit dreizehn nicht das Gefühl, dass sie für mich und meine Zeit relevant ist. Unsere WG ist der ultimative Beweis dafür, dass die Befreiung der Frauen abgeschlossen ist.

Jahrzehnte später, als ich schon nüchtern bin, finde ich ein Heft mit Kurzgeschichten, die ich als Pubertierende geschrieben habe, um mich selbst zu unterhalten. Eine Geschichte beginnt am Morgen nach einer wilden Party. Die Hauptfigur – ein pubertierendes Mädchen – wacht auf und findet die erwachsenen Familienmitglieder verkatert und von Kopfschmerzen geplagt, alles ist voller Konfetti, Chaos und schlafender Freunde. Das Mädchen startet den Tag damit, dass es für alle Erwachsenen Aspirin in Sektgläsern serviert.

Ich bin fasziniert und ein bisschen entsetzt, wie sehr meine Kurzgeschichte vom damaligen Lifestyle-Ideal der Frauenmagazine gefärbt ist: Weiblicher Spaß ist geprägt von langen Nächten, nach denen man mit verschmiertem Lippenstift und wirren Haaren im Bett irgendeines Hallodris aufwacht. Trinken, Party, Entgleisung und auch der dazugehörige Kater sind integraler Bestandteil davon. Weibliche Freiheit bedeutet auch immer: trinken und rauchen wie die Jungs.

Bei Gitta und meiner Mutter sieht das Trinken immer wie ein Heidenspaß aus. Sie trinken, wie man so sagt, verantwortungsvoll – das heißt, sie verpassen keinen einzigen Arbeitstag. Wilde Partys wie die in meiner Kurzgeschichte kommen selten vor. Doch sie sind ein Highlight. Wenn die Nacht kurz gewesen ist, freue ich mich, weil die Chancen gut stehen, dass wir abends fettige Pizza bestellen und zum fünfundzwanzigsten Mal *Pretty Woman* auf VHS gucken werden.

Die Droge der Spießer

Westberlin war wegen seiner besonderen sozialpolitischen Situation immer schon ein Nest der Gegenkultur gewesen: Es gab keine Wehrpflicht, dafür jede Menge spottbilligen Wohnraum und »Begrüßungsgeld« für Zugezogene. Was dazu führte, dass in den Jahren vor dem Mauerfall etliche junge Männer in die Stadt kamen, die in ihren Heimatorten Außenseiter, Freaks und Nonkonformisten gewesen waren. Alle, die in den Siebzigerjahren überall sonst in Deutschland mit ihren Meinungen oder ihrem Lebenswandel aneckten, Pazifisten oder Künstler oder Kiffer waren, gingen nach Westberlin. Und die Auswirkungen dieser Bewegung strahlen bis in die siebte Klasse des Westberliner Gymnasiums aus, auf dem ich mit dreizehn eingeschult werde: Alle meine Freundinnen sind die Töchter von Hippies.

Miris Vater hat seine kompletten Zwanziger auf LSD in Goa verbracht. Lolas kinderreiche Familie ist aus einer Art Kommune hervorgegangen. Und Annes Vater war bei ihrer Geburt so blutjung, dass er selbst noch damit beschäftigt ist, all die Sachen auszutesten, die andere Eltern ihren Kindern verbieten.

Wir sind ganz selbstverständlich in der Nähe alternativer Musik, alternativer Drogen und alternativer Lebensentwürfe aufgewachsen. Wir können uns Extravaganzen leisten, die den meisten Landkindern mit konservativeren Eltern versagt bleiben. Wir dürfen in Nachtclubs rumhängen, die zwanzig Jahre später als legendär gelten, wir dürfen zu Hause Sex haben und müssen weder unser Rauchen noch unseren Cannabiskonsum verheimlichen. Unsere Eltern haben verhältnismäßig wenig gegen Kiffen oder Sex einzuwenden, solange sie über unser Kommen und Gehen im Bilde sind, und wir sind daran gewöhnt, dass sie die Regeln mit uns »ausdiskutieren«, statt uns Dinge einfach zu verbieten.

Miri wohnt mit ihrem Vater in einer mit indischen Tüchern und hellen Korbmöbeln dekorierten Dachetage ein paar Straßen entfernt von der Schule. Dort können wir nachmittags ungestört Wasserpfeife rauchen und Pink Floyd hören. Von Miris Vater beziehen wir die Accessoires unseres Lifestyles: Platten der Beatles, Donovan und Janis Joplin, selbst gezogenes Gras, Räucherwerk, Heilsteine, abgegriffene Taschenbuchausgaben der Romane von Hermann Hesse. Wir gehen jeden Samstag auf den Flohmarkt auf dem 17. Juni und kaufen Silberschmuck, päckchenweise Räucherstäbchen der Marke Nirvana, Hennapulver, Zigarettenspitzen aus Perlmutt, Bindis, die wir uns auf unser Drittes Auge kleben, flaschengrüne oder scharlachrote Schlaghosen mit psychedelischen Mustern, CDs obskurer Hippie- und Indie Bands, die niemand mehr kennt (The Incredible String Band, The Feelies) oder die noch niemand kennt (Madonna HipHop Massaker, Kittie). Wir planen die Tattoos, die wir uns stechen lassen werden, sobald wir achtzehn sind, rauchen Gras aus kleinen Glaspfeifen und verwandeln unsere Kinderzimmer mit orientalischen Sitzkissen, flachen Teetischen und ornamentalen Wandtüchern in fernöstliche Teehäuser. Miri nennt ihren Vater mit beeindruckender Selbstverständlichkeit beim Vornamen, seit sie ein kleines Kind ist, und ich gewöhne mir das gegenüber meiner Mutter ebenfalls an.

Miri hat zwei ältere Halbgeschwister, die am Bodensee leben, in der Landschaftsgärtnerei arbeiten und ansonsten durch die Welt reisen, freie Liebe praktizieren und sich auf trippigen Goa-Festivals herumtreiben. Jule und Gabriel sind uns in Sachen Coolness um Lichtjahre voraus. Sie kommen gelegentlich zum Feiern nach Berlin. Für uns ist das so, als käme der Papst. Besonders Jule beeindruckt uns tief, indem sie der Inbegriff von Weltgewandtheit ist. Sie benutzt Worte wie »verspult«, hat Liebhaber in Vietnam und bestellt nachts in der Bar Espresso. Gabriel ist schon Anfang zwanzig und fungiert als Autoritätsperson, wenn es darum geht, an einem der seriöseren Türsteher vorbeizukommen. Wir rauchen bei Miri zu Hause, Jule zeigt uns, wie man sich eine Halskette so um die Stirn wickelt, dass sie wie ein Diadem aussieht, und dann quetschen wir uns alle in Gabriels klapprigen Golf, und Gabriel fährt uns durch das nächtliche Berlin auf Goa-Partys, im Kassettendeck läuft *Around the World* von Daft Punk, und wir starren mit großen Augen in die verheißungsvolle Nacht, die uns hoffentlich ein unvergessliches Erlebnis oder vielleicht sogar Sex schenken wird.

Am frühen Nachmittag des 11. September 2001 liege ich nach der Schule auf dem Teppich bei meinem Freund Matthias zu Hause, wir essen Tiefkühlpizza und gucken in Endlosschleife die Tool-Videoclips an, die er auf VHS-Kassetten auf MTV aufgenommen hat. Ich habe seit Kurzem mein erstes Handy – ein klappbares Motorola, das meine Mutter auf dem Ku'damm gefunden hat –, und jetzt ruft mich darauf mein Boyfriend Jascha an und schreit, der dritte Weltkrieg sei ausgebrochen, wir sollen den Fernseher anmachen. Auf allen Fernsehsendern das gleiche Bild: riesige New Yorker Hochhäuser, die in Slow Motion in einem schmutzigen Ascheregen zusammenbrechen.

Wir starren gebannt auf den Fernseher und fragen uns, ob das echt ist. Wir versuchen, emotional zu reagieren, weil sich das alles nicht weniger abstrakt und popkulturell anfühlt als Werbespots oder Katastrophenfilme.

Am Abend ruft mein westfälischer Onkel an und sagt mir, dass Mathilde gestorben ist. Die Nachricht geht im Dröhnen des 11. September unter. Am nächsten Tag haben wir in der ersten Stunde Bio, und fünf Mädchen weinen, und Herr Wuttke stammelt hilflos herum, und wir haben früher Schluss. Die vielen farbigen Emotionen, die andere um mich herum haben, lassen meine eigenen verblassen.

Ich habe Mathilde ein paar Monate zuvor das letzte Mal gesehen. Nachdem ihr Mann gestorben war, hatte sie körperlich und geistig rasant abgebaut. Sie erzählte uns detailreich von einem ekligen Ekzem, das sich an ihre Hüfte klammerte, und ich fürchtete mich vor ihr, vor dem Verlust ihres Schamgefühls, das mir wie ein eindrückliches Zeichen ihres Wahnsinns erschien. Es war klar, dass sie mit dem Leben fertig war.

Dass sie sich mit Alkohol umbrachte, dass sie sich schon immer mit Alkohol umgebracht hatte, das wurde mir erst bewusst, als ich ungefähr Anfang zwanzig war und mein westfälischer Onkel erzählte, wie er sie gefunden hatte, wie sie keine Kontrolle mehr über ihre Körperfunktionen hatte, wie sie den schlimmstmöglichen Tod gestorben war, den Tod durch Trinken.

Sie war knapp über sechzig, als sie starb, und damals, als ich selbst sechzehn war, erschien mir sechzig uralt, wie ein vernünftiges Alter zum Sterben.

Wenn ich heute darüber nachdenke, wird mir klar, dass sie eine der wenigen alkoholkranken Menschen in meinem Leben war, die dem Schreckensbild eines richtigen Alkoholikers tatsächlich nahekamen. Für mein sechzehnjähriges Selbst bot sie keinerlei Identifikationspotenzial.

Es ist die letzte Zeit in meinem Leben, in der Trinken kein Teil meiner Welt ist und nicht vermisst wird. Tatsächlich kann ich mich kaum erinnern, dass wir je Alkohol getrunken hätten, abgesehen von einem Abend, an dem Miris Vater nicht zu Hause ist und Miri und ich aus purer Langweile große Mengen puren Blue Curaçao exen, den wir auf der Suche nach Süßigkeiten im Küchenschrank finden. Anschließend knutschen wir auf dem Balkon rum – das machen wir gelegentlich, um das Küssen zu üben – und kotzen dann zu unserer eigenen Erheiterung Schlumpfblau.

Alkohol ist die Droge der Erwachsenen – also der Spießer. Nichts am Alkohol erscheint mir damals besonders attraktiv. Sein Rausch ist flach und vorhersehbar und verglichen mit richtigen Drogen völlig uninteressant. Ich erkenne den Reiz darin, Musik als bunte Muster um meinen Kopf herumtanzen zu sehen oder mit Bäumen zu kommunizieren, aber sieben Euro dafür auszugeben, dass mir schlecht wird, leuchtet mir überhaupt nicht ein. Auf Partys sind meine Getränke alkoholfrei. Kirschsaft auf Eis ist mein Signature Drink. Er passt zu meinem Signature Look, dem Schneewittchen-Style: schwarze Haare, rote Lippen, weiß gepuderte Haut.

Trinken wir doch mal Alkohol, dann tun wir das aus rein ästhetischen Gründen. Als ich mit fünfzehn anfange, mich auf Gruftipartys herumzutreiben, trinke ich Kirschsaft aus Rotweingläsern, was mich völlig ohne Nebenwirkungen tiefsinnig und sexy aussehen lässt. Lola bringt aus dem Weinladen, in dem sie jobbt, eine Flasche Honigmet mit, der in unseren bekifften Augen golden leuchtet wie ein Serum aus einer Feenwelt. Oder wir trinken Portwein aus einem rituellen Silberkelch, als Bestandteil eines Bannzaubers, den wir veranstalten, um Miris Vater durch Magie dazu zu bringen, sie bei ihrem zweifelhaften Boyfriend übernachten zu lassen.

Aber verglichen mit meinen Freunden, die auf dem Dorf zurückgeblieben sind, trinken wir so gut wie nie. Verbringst du deine Pubertät in der Provinz und bist noch zu jung zum Autofahren, ist Trinken meist die einzige Droge in Reichweite und somit die einzige Möglichkeit, deinen eigenen Kopf zu verlassen. Aber ich und meine Freundinnen sind privilegiert genug, Alkohol spießig, hohl und langweilig zu finden. Mit Trinken lässt sich schlecht rebellieren. Mit Besäufnissen zu rebellieren wäre genauso abwegig, wie mit einer langfristigen monogamen Beziehung, guten Noten oder einer linken politischen Haltung zu rebellieren; es ist einfach zu nah dran an der Lebenswelt unserer Autoritätspersonen.

Ich und Jascha benutzen gelegentlich den Alkohol als Requisit, wenn wir »erwachsen« spielen. Ich ziehe mich schön an und schminke mich konservativer, als ich das normalerweise tue, um ihn dann mit einem Martini Bianco auf Eis im Glas zu »verführen«, wie die Frauenmagazine meiner Mutter das nennen. Oder wir gehen auf die Geburtstagsparty von Jaschas älterer Schwester, wo wir das jüngste Pärchen sind, und trinken, weil ein Weißwein im Glas uns dazuzählt. Das Trinken gehört uns nicht. Wir eignen es uns an wie einen Dialekt, eine soziale Geste, ein Stilmittel aus einer anderen Kultur.

Die Drogenaufklärung in der Schule bestärkt uns nur in unseren Lifestyle-Entscheidungen. Im Biologieunterricht zeigt man uns allen Ernstes den Film *Comic Stars gegen Drogen*, einen US-amerikanischen Propagandastreifen der Bush-Regierung aus dem Jahr 1990, in dem Teenagern von Charakteren aus dem Cartoon-Universum der Drogenkonsum ausgeredet werden soll. Eine wahllos zusammengecastete Supergroup aus Comic-Helden von Garfield bis Duffy Duck geben zugunsten der Anti-Drogen-Mission ihre Persönlichkeiten auf und verwandeln sich in Sprachrohre der konservativen Regierung und ihres War on Drugs. Die Handlung: Ein Teenager namens Michael wird von vermeintlichen Freunden an den Cannabiskonsum herangeführt, und sein Laster macht ihn schnell kriminell, krank, cholerisch und halb wahnsinnig. Seine Haut verfärbt sich grün, und er magert gefährlich ab. Eine Gefahr, die, wie wir aus Erfahrung wissen, definitiv nicht besteht. Zumindest nicht bei dem Gras, das wir rauchen.

Wir sind fünfzehn, sitzen kichernd mit Sonnenbrillen in der hintersten Bankreihe und fragen uns, ob die Lehrkräfte in der Schule uns für komplett bescheuert halten oder ob sie – was verstörender wäre – an diesen Unsinn womöglich selbst glauben. Wir verstehen jedenfalls schon damals, dass sie nicht daran interessiert sind, uns etwas über Drogen beizubringen, was uns tatsächlich nützt oder interessiert. Sie erzählen uns, Heroin sei das Gleiche wie Marihuana, und sie verschweigen uns das eine Detail, das für eine seriöse Drogenaufklärung essenziell ist: nämlich dass Drogen nehmen krass Spaß macht. Warum hätten wir davon sonst so vehement abgebracht werden sollen?

Ein paar Jahre später stellen wir im Chemieunterricht Apfelwein her. Wir lernen dabei alles über den chemischen Prozess der alkoholischen Gärung und nichts über die Wirkweise von Alkohol im menschlichen Gehirn. Es ist eine seltsam abstrakte und unvollständige Geschichte, die uns da präsentiert wird. Wir zeichnen Reaktionsgleichungen und Ethanolmoleküle in unsere Hefte und lernen, dass es sich bei der Weinherstellung um eine jahrhundertealte Kulturtechnik handelt. Das Thema Abhängigkeit wird nicht einmal angeschnitten. Es ist, als versuchte man jemandem die Fortpflanzung zu erklären, ohne den Sex zu erwähnen.

Hunger

Im Rückblick überrascht es mich überhaupt nicht, dass ich alkoholabhängig wurde. Ich glaube sogar, dass die Abhängigkeit für mich schon immer der vorgezeichnete Weg war, schon deswegen, weil sie in meiner Familie so schweigend wie allgegenwärtig herrschte. Der Alkohol hielt sich zwar bemerkenswert lange aus meinem Leben raus. Dass ich als Teenie nicht trinke, bedeutet aber keineswegs, dass ich nicht an Rausch interessiert wäre. Und der Rausch, der mich mit sechzehn brennend zu interessieren beginnt, ist der Rausch der romantischen Liebe.

Es ist kein Zufall, dass viele Trinkerinnen und Suchtis schon lange vor ihrer Substanzabhängigkeit zu romantizistischem Drama neigen und oft noch weit in ihre Nüchternheit hinein auffällige Schwierigkeiten haben, stabile, gesunde Liebesbeziehungen zu führen.

Die Prinzipien und Verhaltensmuster, das Ziehen und Drücken der Sucht, lässt sich in romantischen Beziehungen fantastisch ausleben. Die Kicks, die durch heiß-kalte Wechselbäder der Gefühle mit unerreichbaren Liebhabern ausgelöst werden, sind die gleichen, die auch Drogenkonsum liefert. Das chemische Feuerwerk aus Dopamin und Serotonin, das unser Gehirn flutet, wenn wir frisch verliebt sind, sieht einem substanzinduzierten High zum Verwechseln ähnlich. Der unwiderstehliche Sog einer romantischen Obsession, der angenehm verengte Blick, der Hyperfokus, die Taubheit gegen die Indifferenz und Komplexität der Realität, die betörend einfachen Antworten, das brachiale Schwarz-Weiß-Denken – Verliebtheit fühlt sich genauso an wie eine erblühende Abhängigkeit.

Meine bevorzugte Geschmacksrichtung der Romantik ist von Anfang an die dunkle, gefährliche, unerfüllbare, skorpionische Liebe. Mit rosaroter Zärtlichkeit und Disneykitsch will ich schon mit neun nichts zu tun haben, als ich das erste Mal verknallt bin. Mein erster Crush ist David Bowie als dunkler, manipulativer Koboldkönig Jareth in dem Fantasy-Film *Labyrinth*.

Die Geschichte handelt von Sarah, einer verwöhnten Mittelstandstochter, die sich zu Beginn des Films genervt damit herumschlagen muss, dass sie auf ihren kleinen Bruder aufpassen soll, obwohl sie lieber Sonette auswendig lernen und sich selbst im Spiegel betrachten will. Als sie fuchsteufelswild das schreiende Baby im Arm schaukelt, spricht sie einen Fluch aus: Sie will, dass der Koboldkönig ihr das Baby vom Hals schafft. Koboldkönig Jareth (Bowie), mit aschblonder New-Wave-Mähne, anzüglichen Leggins und durchdringendem Blick, kommt ihrem Wunsch gern nach. Er entführt das Baby, und Sarah bereut ihre Worte augenblicklich. Um das Kind zu retten, muss sie ein Labyrinth durchqueren, das direkt ins Herz der Finsternis, in Jareths Schloss führt. Der Koboldkönig macht Sarah den Weg so schwer wie möglich: Er hetzt ihr seine Schergen auf den Hals, vergiftet sie, manipuliert sie, gaslightet sie.

Schon als Kind verstehe ich die unterschwellige Botschaft der Geschichte: Die größte Gefahr für Sarah sind nicht die Monster, denen sie auf dem Weg begegnet oder die Falltüren des Labyrinths, sondern Jareths sexuelle Macht. Er will sie verführen – und er ist verführerisch. Der eigentliche Test ist nicht das Labyrinth, sondern Sarahs eigenes Verlangen.

Der Film endet mit einem dramatischen Showdown; Sarah hat Jareths Schloss erreicht und tanzt einen letzten Engtanz mit ihm. Er beschwört sie, sich nicht länger zu wehren, erinnert sie daran, dass der Zauber von Anfang an ganz allein ihre Idee war, verspricht ihr alles, was jede Droge je versprochen hat: »Lass mich dich beherrschen. Und du kannst alles haben, was du willst.«

Sarah, schon fast vollständig unter Jareths hypnotischem Charme dahingeschmolzen, fühlt ihre Klarheit schwinden und sucht in ihrer

Erinnerung fieberhaft nach der rettenden Formel, die den Bann brechen kann, und kurz bevor sie der Verzauberung ganz erlegen ist, fällt sie ihr doch noch ein, und sie spricht den magischen Satz, der Jareth besiegt: »Du hast keine Macht über mich.«

Als ich *Labyrinth* zum ersten Mal sehe, hat meine eigene Verzauberung gerade erst begonnen. Die Anzeichen für eine dunkle Unterströmung in meiner Seele machten sich aber schon länger bemerkbar. Ich bin Vampirfan. Meine Mutter muss mir zu drei aufeinanderfolgenden Karnevals schwarze Capes nähen, mir das Gesicht weiß pudern und mir die Haare toupieren. Ich lasse nachts das Fenster offen stehen, in der Hoffnung, dass ein hübscher, hungriger Untoter hereingeflattert kommt und mich beißt.

Vampire als erotische Projektionsfläche kommen nie aus der Mode. In *Bram Stokers Dracula* verfällt die schöne, bleiche Winona Ryder dem schönen, bleichen Herrscher der Unterwelt. In *Interview mit einem Vampir* kämpft der schöne, bleiche Brad Pitt mit der moralischen Bürde des Bluttrinkens. In *Buffy, die Vampirjägerin* verliebt sich die Protagonistin unvermeidlich in die schönen, bleichen Gestalten der Nacht, die sie eigentlich zur Strecke bringen soll. In *True Blood* verliebt sich die Heldin unvermeidlich in die schönen, bleichen Untoten, die allesamt nach ihrem Blut trachten. In Stephenie Meyers *Biss*-Trilogie liebt Bella Swan den schönen, bleichen Edward, der Tag und Nacht davon fantasiert, sie umzubringen.

Die *EMMA* ist der Ansicht, der Vampirhype, der heranwachsende Mädchen in regelmäßigen Wellen erfasst, sei eine Verklärung häuslicher Gewalt. Ich denke, das ist ein bisschen zu einfach gedacht. Wenn man sich diese Frauen anschaut, ekstatisch weggetreten mit einem schönen Mann an ihrem Hals, dann erkennt man, dass es hier um einen erotischen Rausch geht. Um den Wunsch, sich durch Ekstase selbst auszulöschen.

Ville Valo, ein finnischer Schnulzensänger, der Anfang des Jahrtausends ein paar Jahre als der neue Jim Morrison gehandelt wird, ist der menschgewordene Vampirlover, nach dem ich mich mit vierzehn sehne. Der Durchbruchsong heißt *Join Me (in Death)*. Valo schwebt in dem Videoclip in einem unklar begrenzten industriellen Raum auf grünen Laserstrahlen mit nacktem, weißem Oberkörper und schwarz geschminkten Augen als geschlechtslose dunkle Elfe und wiederholt mantrahaft den hypnotischen Refrain: *This life ain't worth living / Baby, join me in death.*

Im Englischunterricht besprechen wir unsere Lieblingssongs. Ich bringe *Join Me* mit und erkläre der Klasse, dass der romantische Kitsch mir gefiele. Meine Englischlehrerin guckt entsetzt und sagt, das sei doch nicht romantisch, da gehe es darum, dass sich zwei Jugendliche gemeinsam umbringen. Sie versteht rein gar nichts. Sie hat wahrscheinlich nie geliebt.

Ich halte ein leidenschaftliches Plädoyer für den adoleszenten Suizidkult. »Was gibt es für eine größere Romantik, als zu wissen, dass dieser Mensch, dieser Moment in seiner Schönheit unerreichbar bleiben wird, für immer? Was gibt es für einen größeren Liebesbeweis, als den Augenblick für immer behalten zu wollen, bevor das Leben einen demoralisiert und wieder auseinanderreißt?«

Es ist die *Leiden des jungen Werther* für adoleszente Millennialmädchen.

Warum Ville Valo und seine Angebetete so schrecklich traurig sind, wird nie abschließend geklärt. Doch das spielt auch keine Rolle. Das einzig Wichtige: Ihre Liebe erfüllt sich nie. Sie muss immer unerreichbar bleiben, immer nur ein Versprechen, ein Sehnsuchtsort. Es ist das Motiv, das jeder Suchterkrankung zugrunde liegt: die Überlegenheit der Sehnsucht gegenüber ihrer Erfüllung.

Hätte man ganz genau die Lifestyle-Präferenzen meiner Kindheit und Adoleszenz betrachtet, hätte man darin den Keim meiner Abhängigkeit finden können. Schon damals verstehe ich das Grundprinzip der Sucht und lebe danach: Es geht nicht darum, satt zu werden, sondern darum, hungrig zu bleiben. Es geht nicht um die Erfüllung meiner Sehnsüchte, sondern um das brennende Ziehen der Sehnsucht selbst. Liebe ist nur so lange interessant – also berauschend –, bis sie sich erfüllt hat und sicher ist. Ich verstehe: Satt sein lähmt. Hunger elektrisiert. Mehr-Wollen ist immer dem Genug-Haben vorzuziehen. Genug-Haben ist gleichbedeutend mit Kapitulation. Genug-Haben ist Zufriedenheit und somit spießig, langweilig und traurig. Zufriedenheit heißt Mittelmäßigkeit und Resignation, Pauschalurlaub, Reihenhaus, Kleinfamilie, Sexlosigkeit. Zufriedenheit ist der faule Kompromiss, den man mit dem Leben schließt, wenn man für echtes Glück und echte Leidenschaft nicht die Eier hat. Zufriedenheit ist der Windows-PC unter den Gefühlszuständen. Sehnsucht ist der Mac. Sehnsucht ist das, was ich will; Sehnsucht und Schmerz und Leidenschaft.

In dem Sommer, bevor ich sechzehn werde, passiert etwas, das alles verändert: Mein Körper tritt auf den Plan. Über Nacht hat sich etwas fundamental in meinem Gesicht verschoben; es ist plötzlich irgendwie schmaler und katzenhafter geworden, Wangenknochen sind erschienen, meine Proportionen haben sich neu geordnet, und alles hat seine kindliche Speckigkeit verloren. Männer beginnen, wie die Schmeißfliegen um mich zu kreisen.

Die neu gewonnene Macht meiner Sexualität elektrisiert und verstört mich. Ich kann nun von Männern bekommen, was ich will – Sex und romantische Kicks –, und nutze meinen neuen Seinszustand unverzüglich, um mich von einem doppelt so alten Punk entjungfern zu lassen, den ich in einem Gruftiklub kennenlerne. Er trägt einen ultramarinblauen Iro, viele Tattoos und Springerstiefel und genügt meinen Anforderungen an einen Bad Boy genauso lange, bis ich herausfinde, dass er bis vor Kurzem noch verheiratet war und die CDU wählt.

Liebeskummer habe ich wegen des Punks nicht, denn die Stadt ist brechend voll von Männern. Und schon kurz nachdem ich meine Unschuld verloren habe, lerne ich auf einer Gruftiparty im Kato Jascha kennen, einen schönen, elfenhaften ostdeutschen Jungen vom Dorf, der gerade siebzehn geworden ist und ähnliche Freiheiten genießt wie ich. Als wir uns das erste Mal sehen, rauchend vor der Tür, ist es, als ob Amor höchstpersönlich über uns erscheint und zwei Pfeile direkt in unsere Herzen schießt. Ich trage mein rotes Lieblingskleid aus der *Garage*, das ein Zigarettenbrandloch hat, weswegen ich immer meine Hand auf Hüfthöhe halten muss, um es zu kaschieren. Jascha sieht aus wie die Verkörperung all meiner feuchten Vampirträume. Er trägt ein aufwendiges Goth-Make-up, inklusive schwarzem Lippenstift. Dazu einen schwarzen Minirock, zerschnittene Nylons und eine weiße Kontaktlinse. Wir starren einander durch den Raum hinweg an, während ich zu *The Dope Show* tanze und er rauchend auf der Tanzfläche sitzt, und am Ende der Nacht kritzele ich ihm meine Telefonnummer auf einen roten Zettel und stecke sie ihm im Vorübergehen zu.

Wir kommen sofort zusammen und verbringen fortan jede freie Minute miteinander. Jascha holt mich täglich von der Schule ab, immer in voller Gruftimontur, immer mit einer einzelnen Blume in der Hand. Wir gehen zu mir, machen rum und hören Depeche Mode, Leonard Cohen und Nick Cave. Wir schreiben einander Briefe und schicken sie mit der Post, obwohl wir in der gleichen Stadt leben. Wir essen Fruit Loops nach der Schule und schauen MTV und selbst aufgenommene VHS-Videos von *Natural Born Killers*, *Sleepy Hollow* und *Im Auftrag des Teufels*. Wir verbrauchen zu zweit irrsinnige Mengen an süßlich stinkendem Haarlack. Wir brechen nachts auf dem Friedhof ein, wofür wir den alten Cockerspaniel Jessie, Jaschas Familienhund, in halsbrecherischen Manövern über die Friedhofsmauer bugsieren. Wir haben Sex in unseren Kinderzimmern und versuchten, leise zu sein, während unsere Mütter nebenan Wäsche aufhängen. Unser Sex ist ein warmer, goldener Meteoritenschauer mit Pfirsichgeschmack, unsere Liebe fühlt sich so schicksalhaft an, dass wir sie in einem Zustand der Ehrfurcht erleben.

Obwohl Jaschas ganze Aufmachung nach Rebellion und Gefahr aussieht und immerhin meinen Vater schockiert und meine Mitschüler beeindruckt, ist Jascha eindeutig überhaupt keine gefährliche Versuchung, sondern das ganze Gegenteil: Er ist der perfekte Boyfriend. Er liebt mich. Er ist mir sicher. Und weil ich weiß, dass ich ohne unerfüllte Sehnsucht nicht leben kann, ist es nur eine Frage der Zeit, bis ich mehr will.

Nie genug

Viele, die vom Alkohol abhängig wurden, erinnern sich an ihren ersten Drink. An die Türen, die er für sie öffnete, an die Gefühle, die er auslöste, an die spezifischen Bedürfnisse, die er befriedigte. Sie erinnern sich daran, dass er sie mutiger, witziger, lockerer machte, dass sie plötzlich dazugehörten. Ich erinnere mich nicht an diesen ersten Drink. Vermutlich, weil er mir nichts bedeutete.

Viele, die nüchtern werden, durchlaufen eine Phase, in der sie versuchen, die Gründe für ihre Abhängigkeit zu finden. In einer Welt, in der scheinbar alle maßvoll trinken können, warum hat es ausgerechnet mich getroffen? Warum bin ausgerechnet ich abhängig geworden?

Ich habe keine letzte, befriedigende Antwort.

Ja, der Alkohol lag in meiner Familie. Aber auch die Eltern der meisten meiner Freundinnen tranken.

Ja, der Alkohol war in meiner speziellen kulturellen Blase ein Symbol für Freiheit und Emanzipation. Aber auch meine Freundinnen wuchsen im Klima des Postfeminismus auf.

Ja, der Alkohol hilft dabei, Kindheitswunden wie die Trennung meiner Eltern zu betäuben. Aber keine meiner Freundinnen war in einer Bilderbuchfamilie aufgewachsen.

Vielleicht war doch alles Berlins Schuld? Die Stadt gibt sich seit Jahrzehnten Mühe, ihren Ruf als hedonistische Partymetropole zu ihrem Markenkern zu machen, und in vielen Texten über Abhängigkeit und die Gesundheitsrisiken des Nachtlebens wird Berlin als entscheidender schlechter Einfluss angeführt. Die Journalistin Eva Biringer, die, wie viele andere, mit Anfang zwanzig nach Berlin kam, um zu studieren und zu feiern, und die mit Anfang dreißig ein Buch über ihre Alkoholabhängigkeit veröffentlichte, schrieb einen Text mit der Überschrift: *Berlin brutal. Wie mich der Alkohol in der Hauptstadt ruinierte.*

Doch auch viele andere bringen eine wilde Jugend in Berlin hinter sich, ohne abhängig zu werden. Und viele andere werden abhängig an anderen Orten Deutschlands. Überall im Land werben Städte mit ihrer speziellen Sorte Suff: Im Süden gibt es das Oktoberfest, im Westen den Karneval, im Norden die Reeperbahn. Spitzenreiter, was Sucht angeht, ist eine Gegend, die für keine Sorte Spaß bekannt ist: Mecklenburg-Vorpommern hat deutschlandweit die meisten Alkoholkranken. Und wer schon mal ein paar Tage in der nassgrauen Osttristesse eines mecklenburgischen Dorfes verbracht hat, versteht irgendwie auch, warum.

Die Frage *Warum ich?* hört auf, mich zu interessieren, als ich erkenne, dass Abhängigkeit viel weiter verbreitet ist, als ich noch zu meinen Trinkzeiten glaubte.

Es ist am Ende unmöglich zu klären, warum eine Person abhängig wird und eine andere nicht, warum es ausgerechnet mich getroffen hat. Ich kann retrospektiv keinen Zeitpunkt ausmachen, an dem mein Trinken sich von dem aller anderen zu unterscheiden begann, keine Weggabelung, an der ich anders abbog, keine Monokausalität. Die einzige eindeutige Ursache für eine Alkoholabhängigkeit ist das Abhängigkeitspotenzial des Alkohols.

Und doch habe ich keinen Zweifel daran, dass die Disease of More, wie Caroline Knapp die Abhängigkeit mal genannt hat, immer schon für mich bestimmt war.

Ich war nie charakterlich prädestiniert für die Substanz Alkohol. Aber ich kannte immer schon den Rausch der Sehnsucht. Und streckte ich meine Hand aus, waren das die ersten Drogen, die ich zu fassen bekam: Alkohol und Romantik.

Wenn ich einen Moment für den Beginn meines eigenen, persönlichen Trinkens einkreisen müsste, für eine Trinkerfahrung, die meine eigene Trinkkultur begründete, die sich nicht wie eine geliehene Geste oder wie Nachahmung anfühlte, sondern nur mir allein gehörte – dann wäre das *Sex and the City*.

Genauer gesagt, die Doppelfolgen der HBO-Serie, die zu Beginn des 21. Jahrhunderts donnerstagabends auf ProSieben ausgestrahlt werden. Ich konsumiere die Serie mit religiöser Hingabe. Dazu trinke ich manchmal zusammen mit meiner Mutter süßen Dessertalkohol. Baileys oder Amaretto mit Eiswürfeln, in kleinen, dekorativen Gläschen. Natürlich nie so viel, dass ich betrunken werde. Und dann gibt es Abende, an denen ich ein paar mehr davon trinke, allein. Nicht heimlich. Nur unbeobachtet.

Ich stehe in unserem warmgelb beleuchteten Badezimmer, probiere Ohrringe an, übe, wie man sich Smokey Eyes schminkt und sexy guckt, trinke ein bisschen schokobraunen Amaretto aus einem gravierten Likörglas und lerne es lieben, das kleine Feuer, das er hinter meinen Schlüsselbeinen entzündet, das große Versprechen von erwachsenem Sex und Weltgewandtheit und Erfolg und Femininität. Ich stelle mir vor, wie ich eines Tages wie Carrie rauchend am Fenster meiner eigenen Stadtwohnung sitzen, verzweifelt aufregende Männer lieben und Kolumnen über mein einzigartiges Leben schreiben würde.

HONEYMOON

Sex und die Stadt

Wenn man in den Nullerjahren eine Frau sagen hörte, dieser oder jener Typ sei »ihr Mister Big«, wusste man genau, was damit gemeint war. Es bedeutete: Hier ist ein Mann, der selten für einen da ist, wenn man ihn braucht, und der nicht weiß, wie man kommuniziert, weswegen es unmöglich ist, eine erwachsene Beziehung zu ihm zu haben, aber trotz alledem halte ich ihn für einen unfassbar tollen Typen und die Liebe meines Lebens, und egal, wie dysfunktional diese Beziehung ist, und egal, wie oft ich mir sage, ich lasse jetzt ein für alle Mal die Finger von dem Lauch, ich komme doch nicht los von ihm, weil – *fatalistisches Seufzen und mildes Da-kann-man-eben-nichts-machen-Lächeln* –, wir sind eben füreinander bestimmt.

Die Geschichte von Carrie und Big hat mich nachhaltig beeindruckt – ich hielt sie lange für romantisch. Sie entsprach meinem früh verfestigten Glauben, dass etwas nur dann wertvoll sein kann, wenn es gefährlich, berauschend und nie wirklich zu haben ist.

Die Erklärung dafür, dass es mit Mister Big nicht funktioniert, ist natürlich einfach: Es ist eine sadomasochistische Beziehung, die wenig mit Liebe zu tun hat, stattdessen sehr viel mit Rausch. So wie die meisten unserer popkulturellen Liebesnarrative. Mit achtzehn, als ich von zu Hause ausziehe und mein eigenes Leben beginne, bin ich mehr als bereit für meine eigene romantische Grenzerfahrung.

Es ist mein letztes Teeniejahr, als ich »meinem Mister Big« begegne. Ich gehe noch zur Schule und sitze meine Zeit dort widerwillig ab wie eine Gefängnisstrafe. Ich trage schwarze Samtkleider aus dem Second-Hand-Laden und blutroten Lippenstift. Ich finde es reaktionär, mir die Haare zu kämmen, lese Henry Miller, lege Tarotkarten, höre Janis Joplin und schreibe mir mit meinem Freund Philipp (kleinervampir@gmx.de), der in Bonn wohnt und den ich in einem Grufti-Chatroom kennengelernt habe, lange, pathetische E-Mails, die klingen, als wären wir frühzeitig vom Leben enttäuschte Kinder eines Stahlgroßhändlers im Kiel des 19. Jahrhunderts. Wir schreiben einander, wie unerträglich die anderen Leute in der Schule sind und wie neurotisch unsere aktuellen Love Interests und wie unglaublich irgendein französischer Autor (Baudelaire), den wir gerade entdeckt haben. Auf meinem Tagebuch habe ich ein Zitat von Bukowski gemalt: *Find what you love and let it kill you.* Überhaupt verehre ich bemerkenswert viele besoffene, männliche Schriftsteller mit eindimensionalen, problematischen Ansichten über Frauen. Ich streife durch die Stadt, in meiner Handtasche ein zerfleddertes Exemplar von *Betty Blue* und ein Notizbuch, das ich fieberhaft mit blumiger Prosa vollkritzele: *Sei die Beute, die dem Jäger auflauert.* Ich bestelle mir Rotwein in zwielichtigen Bars, starre mich selbstverliebt in verschmierten Spiegeln rot beleuchteter Toiletten an, versuche, geheimnisvoll zu wirken, und stelle mir vor, eine Figur aus Henry Millers oder Milan Kunderas Romanen zu sein.

Meine Freundin Claire und ich wohnen beide erst seit kurzer Zeit in unseren eigenen Wohnungen, fern von der Aufsicht und dem Schutz unserer Mütter, tun unser Bestes, um Unabhängigkeit auszustrahlen, aber sind innerlich so unsicher wie zu früh aus dem Nest gefallene Vögelchen.

Unsere Frauen-WG hat sich aufgelöst. Gitta ist irgendwann unweigerlich von einem Mann abgeworben worden, was sich für mich anfühlt, als hätten sich meine Eltern erneut getrennt. Danach wird Berlin meiner Mutter immer fremder. Sie will zurück nach Hause, zu den alten Freunden, in die Nähe ihrer Eltern. Ich bin achtzehn und weiß zwar nicht, ob ich bereit bin, allein zu leben, aber ich weiß, dass ich nur über meine Leiche zurück in die Provinz ziehen werde.

Meine Mutter findet, dass es noch zu früh ist. Aber was soll sie machen. Sie seufzt, packt mir Handtücher, Bettzeug, Teller und Tassen, Töpfe und Pfannen zusammen, schreibt mir ein Kochbuch und entlässt mich in die Welt.

Ich lerne mit Ach und Krach, für mich selbst zu sorgen. Ich hänge eine Lichterkette und ein Foto von Marilyn Monroe in einem himmelblauen Kleid und mit einer Rose zwischen den Zähnen über die auf dem Fußboden liegende Matratze, auf der ich schlafe, und klebe über den selten genutzten Gasherd einen Zettel mit einem Zitat von Henry Miller: *Die Welt gehört denen ohne feste Essenszeiten.*

Ich besitze wenig – zwanzig Bücher, einen Schrank voller Lifestyle-Magazine, ein gebrauchtes, weißes MacBook – und bin selten zu Hause. Ich wasche meine Wäsche in einem Waschsalon an der nächsten Straßenecke, der gleichzeitig eine Bar ist. Ich arbeite für 6,30 Euro die Stunde als Hostess im Theater, dessen Intendant dafür bekannt ist, sich jeden Abend gelangweilt blickend ein Glas Champagner bei uns abzuholen. Wir Barkeeperinnen trinken einmal im Monat ironisch die schalen Reste des Champagners aus, während wir nach unserer Schicht in der schwülwarmen Küche hinter dem Foyer Gläser polieren.

Claire und ich sitzen tagsüber müde in der Schule und streifen nachts durch temporäre, halb legale Clubs, die regelmäßig in zweckentfremdeten Erdgeschosswohnungen eröffnet werden und in denen die Bar einfach die Küche ist, in deren Tür jemand horizontal ein Tresenbrett genagelt hat.

Wir wissen nicht, wie Erwachsensein geht oder sich anfühlt, deswegen performen wir es. Wir trinken Rotwein aus gravierten Gläsern, rauchen Zigaretten, reden über die Typen, mit denen wir gerade rummachen, und die, mit denen wir stattdessen gerne rummachen würden, und zählen die Tage runter, bis die Schule endlich vorbei ist und wir frei sind, unser richtiges Leben zu beginnen, von dem wir allerdings nur sehr vage Vorstellungen haben. Wir sind randvoll mit unbestimmter Sehnsucht. Sehnsucht, erwachsen zu sein, Sehnsucht, zu lieben und Sex zu haben, Sehnsucht zu reisen, abzuhauen, durchzudrehen, das Leben durch einen Kurzschluss zu starten, Sehnsucht, uns zu entzünden, zu befreien. Wir warten begierig auf ein Zeichen, darauf, dass endlich irgendwas passiert, irgendwas, das unser bisheriges Leben in die Luft sprengt und uns und die ganze Welt erneuert.

Einer der Läden, in denen Claire und ich uns gern nach der Schule treffen, um zu reden und zu flirten und zu trinken, ist die Bar eines kleinen Off-Kinos im berüchtigten Kunsthaus; ein besetztes Haus im Zentrum der Stadt, in dem Nacht für Nacht eine Suppe aus Sünde und Verheißung köchelt.

Das Kino liegt im zweiten Stock und hat einen Saal mit roten Kunstledersofas und einer bläulichen Aura von Zigarettenrauch. Die Bar sieht aus wie das Innere meines Herzens. Alles ist rot und schwarz, alles ist aus Samt und Metall gemacht. Die Bar hat große Panoramafenster zur Freifläche raus. Da unten baut ein Metallkünstler riesige Stiere aus Stahl, ein Bus versinkt in der Erde wie in Treibsand, ein Typ mit einem Bauchladen voller Drogen zieht an den Touris vorbei und ruft: »Kokain, Cannabis, LSD!« Es geht die Legende, dass sich einmal eine Selbstmörderin vom Dach des Kunsthauses gestürzt hat und eine Gruppe Touris am nächsten Morgen ihre Leiche begeistert aus allen Winkeln fotografierten, weil sie sie für eine besonders lebensechte Skulptur hielten.

Draußen schneit es, drinnen am Fenster versinken Claire und ich in roten Ledersesseln, träge Lider und violette Lippen vom Rotwein. In einem halben Jahr machen wir Abi, und innerlich sind wir schon ganz weit weg.

Claire erzählt mir gerade, dass sie eine Liebeserklärung von ihrem fünfzigjährigen Chef bekommen hat. Bis #MeToo ist es noch eine Weile hin, also besprechen wir das Thema unfeministisch: Was kann Claire dabei rausschlagen?

Am Nebentisch in der Ecke sitzen zwei Typen, reden und gucken dabei zu uns rüber. Der eine ist dunkel und hat ein spöttisches Grinsen und eine Kerbe im Kinn wie dieser Filmschauspieler aus den Fünfzigern. Der andere ist hell und hat blaue Laseraugen. Diese typischen Skorpionaugen, die Stein, Metall und Fleisch durchdringen. Sie schauen rüber auf diese Art, die wir nun schon seit ein paar Jahren kennen. Diese konzentrierte, zielgerichtete Aufmerksamkeit von Männern ist eine machtvolle Energiequelle, ein Stromnetz, an das wir uns hängen können, um uns mit Lebenskraft zu versorgen. An manchen Abenden ist diese Energiequelle der einzige Grund, das Haus zu verlassen.

Als ich das nächste Mal aufstehe, um zur Bar zu gehen, springt Laseraugen mir nach und hechtet hinter den Tresen. Dort angekommen empfängt er mich, als hätte er schon den ganzen Abend auf mich gewartet.

»Hey«, sagt er und lächelt so selbstbewusst, als wüsste er schon längst, worauf das alles hinauslaufen wird.

Ich weiß nichts über die Liebe. Was bedeutet: Ich weiß sehr viel über die Liebe aus den Filmen und Büchern alter weißer Männer und aus der Musik unglücklicher Leute. Ich habe mein Liebesideal aus *Betty Blue*, *Sex and the City*, Romcoms und Garbage-Songs zusammengebaut und aus dem, was mir Klamottenmarken seit Jahren über die

Liebe erzählen. Ich weiß Sachen wie: Wenn es passiert, wird es mich treffen wie der Blitz, werde ich *ihn* sofort erkennen, wird es sich unvermeidlich anfühlen, lodernd, schicksalhaft. Ich weiß, es wird wie ein Wolkenbruch, eine Naturkatastrophe sein, und ich werde mich nicht wehren können. Ich weiß, solange ich mich noch wehren kann, ist es nicht echt. Ich habe in tausend Wiederholungen die Fahrstuhlszene aus *Sex and the City* gesehen, in der Big Carrie so überzeugend küsst, dass sich ihr wütendes *Fuck you* binnen Sekunden in ein schmelzendes *Fuck me* verwandelt. Nichts daran erscheint mir problematisch. Ich weiß, dass alle großen Lieben sich genauso anfühlen müssen: dringlich, feurig, unwiderstehlich, rauschhaft, big.

»Soso«, sage ich zu Laseraugen, »du bist hier also der Barkeeper.«

Er guckt angepisst und sagt: »Mir gehört der Laden.«

Als ich eine Stunde später durch den Flur gehe, kommt er mir entgegen, und nachdem er meinen Blick aufgefangen hat, der sagt: Ich bin daran interessiert, gejagt zu werden, entscheidet er sich dafür, meinen Unterarm zu packen, mich an sich zu ziehen, gegen die rote Wand zu drücken und entschieden zu küssen. Es ist ein durchaus überzeugendes Remake von Carries und Bigs Fahrstuhlkuss.

Danach schmeißt Laseraugen alle Gäste aus der Bar und lädt mich zu einer Privatvorführung ins Kino ein, wir schauen die ersten paar Minuten von *Ocean's Eleven* und beißen uns ineinander fest. Nachdem wir staubig und zerzaust und mit aufgeschürften Knien vor der Leinwand wieder zu uns gekommen sind und auf einer der roten Ledercouches eine Zigarette teilen, stellt er sich als Heiner vor und sagt ohne den geringsten Hauch Ironie: »Ich werde dich zu einer Frau machen.«

Ich bin sehr beeindruckt, lasse mir das aber nicht anmerken.

Am Ende der Nacht nimmt er mich mit zu sich nach Hause, und am nächsten Morgen wache ich als seine Freundin auf. Es gibt kein Kennenlernen und keine Testphase. Wir rasten klickend ein wie Handschellen.

Heiner ist alles, wovor Mütter ihre heranwachsenden Töchter beschützen wollen. Er ist der Inbegriff des schlechten Umgangs. Er hat den Schlüssel zu genau der schmutzigen, glamourösen Unterwelt, zu der ich unbedingt gehören will, und er macht die Tore weit auf. Er ist zweiundzwanzig Jahre älter als ich und verdient sein Geld damit, ins Kino zu gehen und Partys auszurichten. Er fährt einen alten Porsche, trägt sein Geld in losen Bündeln in den hinteren Taschen seiner Jeans mit sich herum, schläft bis Mittag, trinkt Whiskey Sours, kauft Kunst und fliegt spontan nach Thailand, wenn es ihm in Berlin zu kalt ist. Er ist der Boss.

Und er ist ein Rattenfänger. Die Supermarktkassiererin war eben noch grantig, nach fünfundvierzig Sekunden ist sie verknallt in ihn, errötet und kichert wie ein Schulmädchen. Der Streifenpolizist wollte ihm eben noch richtig Stress machen, weil er angesoffen Auto fährt, aber tätschelt ihm schon im nächsten Moment jovial die Schulter und ist sein bester Kumpel. Seine Businesspartner werden von ihm übervorteilt und sind, noch während sie den schlechteren Deal machen, davon überzeugt, das sei alles von Anfang an ihre eigene Idee gewesen. Er wickelt sie alle mühelos um den Finger. Er kriegt alles, was er will.

»Es macht überhaupt keinen Sinn, dass du irgendwo anders arbeitest«, sagt Heiner eines Tages zu mir, als wir bei einem späten Frühstück mit Bacon und Eiern an seinem Küchentisch sitzen. Wir kennen uns seit wenigen Wochen. Ich bin seit einer gefühlten Ewigkeit nicht mehr in meiner Wohnung gewesen, und mein früheres Leben ohne ihn kommt mir bereits rein theoretisch vor. Also kündige ich mit der Sorglosigkeit einer Lottogewinnerin meinen schlecht bezahlten Job im Theater, um stattdessen in seinem Laden anzufangen.

Ich muss mir dafür alle Filme anschauen, die erscheinen, also verbringe ich einen großen Teil meiner Zeit versunken in samtene Kinosessel, eine Flasche Rotwein zwischen den Knien, und konsumiere wahllos alle Filme im Programm: verstörende Hanekes, depressive von Triers, knallige Tarantinos, ätherische Coppolas, lakonische Jarmuschs, gruftige Burtons, skurrile Andersons, albtraumhafte Lynchs. Als Mitarbeiterin des Kinos habe ich einen Kinoausweis. Das bedeutet, ich kann jederzeit in jedes Kino der Stadt. An manchen Tagen tauchen wir gar nicht mehr auf, sondern leben vollständig in den wechselnden, nur langsam verblassenden atmosphärischen Nachklängen der Filme.

Auch unser Leben ist eine Inszenierung. Heiner und ich sind krachend verliebt. Wir wälzen uns ekstatisch auf Fischgrätenparkett herum, fahren mit offenem Verdeck nach Italien, haben Sex auf dem Dach und am Strand und im Vorführraum, zwischen laut ratternden Filmprojektoren. Wir streiten uns in warmen Sommernächten im Trevibrunnen, gehen tanzen in riesigen Technoclubs, die wie eigene Welten sind, wie eigene Universen. Wir essen ausschließlich in Restaurants, und ich ernähre mich mein gesamtes einundzwanzigstes Lebensjahr nur von Sachen wie Vitello tonnato, Risotto mit Wodka und Pizza mit Pferdefleisch.

Dazu trinken und trinken wir – Rotwein zum Fleisch, Weißwein zum Fisch, Cocktails, wenn wir ausgehen, Bier im Garten, Sekt zum Knutschen, Champagner aus Flaschen, wenn uns nach Dekadenz ist, White Russians mit Milch im Herbst, White Russians mit Sahne im Winter, Sambucas gegen Erkältung, Gin Tonic zum Tanzen, Whiskey zum Reden, Absinth zu Silvester. Wir schlafen lange. Wir sind immer müde. Wir streiten leidenschaftlich, immer dramatisch, immer über Nichtigkeiten.

Mein Interesse an dem Leben, das ich zurückgelassen habe – an der Schule und meinen anstehenden Abiturprüfungen – ist zu diesem Zeitpunkt auf einem historischen Tiefstand, und ich wickle es mit dem geringstmöglichen Energieaufwand ab, wie ein insolventes Unternehmen. Ich sitze mit riesiger, schwarzer Sonnenbrille und riesigem, schwarzen Kaffee in der hintersten Bank, mache nur das Allernötigste und schwänze so viel wie möglich.

Auf dem Abiball stehen Claire und ich im kleinen Schwarzen mit unseren Rotweingläsern am Rande und beobachten unsere Mitschülerinnen, die sich in pastellfarbenen Ballkleidern auf der Tanzfläche drehen wie Zuckerwatte und allen Ernstes heulen, weil »die beste Zeit unseres Lebens« vorbei ist. Ich kann immer nur denken: *endlich frei.*

Daddy Issues

Im zweiten Sommer mit Heiner gehöre ich bereits fest zur Kunsthaus-Entourage. Wir liegen barfuß im Sand auf der Freifläche herum, 0,75 l-Flasche Champagner in der einen, Zigarette in der anderen Hand. Gelegentlich stehe ich auf, um zur Bar zu gehen, dann schlendere ich an ihm vorbei und schlinge meine Arme um ihn, und er sagt: »Na, Puppe, bist du glücklich?«

Ich bin randvoll mit glücklich. Ich kann selbst entscheiden, wann ich aufstehe und wann ich schlafen gehe, es ist Sommer, und ich bin sexy und betrunken und verliebt, und ich verstehe das erste Mal in meinem Leben, was richtiger Sex ist und warum alle Welt so ein Theater darum macht. Ich will mich nirgendwo einschreiben oder bewerben, ich will kein freiwilliges soziales Jahr und kein Volontariat, ich habe kein Interesse an meiner Zukunft, ich will ausdrücklich nur das Jetzt.

Das einzige Zugeständnis, das ich mache, um dem Wunsch meiner Eltern nach einer Berufsplanung nachzukommen: Ich organisiere mir ein Praktikum in der Redaktion eines Kulturmagazins, wo ich barfuß herumlaufe, Filmrezensionen schreibe, Interviews mit den Gründern von extrem nischigen Indiemusik-Labels führe und mit meinem direkten Vorgesetzten Ron, einem schläfrigen, gutmütigen Musikredakteur, ein kleines Büro im dreizehnten Stock des *Berliner Zeitung*-Gebäudes teile. Wir gehen in der Mittagspause Burritos essen, Ron erzählt mir von den Beziehungsproblemen, die er mit der Mutter seines Kindes hat (kein Sex), und ich erzähle ihm von meinem wilden Alltag im Kunsthaus (viel Sex). Ron ist einer dieser weißen alten Männer, die in ihrer Jugend zu viel Philip Roth gelesen haben und junge Frauen wie verhasste Ikonen bewundern – aber einer von der freundlichen, harmlosen Sorte. Wenn ich mich in der Nacht zuvor mit Heiner gestritten habe und schon vor der Mittagspause Tränen in meinen Wimpern hängen, gibt er mir den Rest des Tages frei.

Mein ernsthaftes Trinken beginnt hier, im Kunsthaus, mit Heiner, es beginnt mit einem großen Trara. Mein frühes Trinken ist laut, frenetisch, üppig, luxuriös, opulent. Es ist schön.

Alkohol verwandelt mich in eine Romanfigur, er macht mich tiefsinnig, er verstärkt die Kontraste meines Innenlebens, sodass sie grell und kitschig werden wie Fotos von David LaChapelle. Ich erzähle mir selbst mein Leben in der dritten Person Singular: *Sie lag in einem zerfetzten schwarzen Seidenneglig\u00e9 auf dem Fischgrätenparkett und trank Rotwein, während sie auf ihn wartete.*

Mein Leben ist ein Lana-Del-Rey-Song, und alles, was ich will, ist, dass es knallt. Moderates, harmonisches Dahinsegeln interessiert mich nicht, Zufriedenheit interessiert mich nicht. Ich will mehr. Ich will brennen. Die Qualität meiner Gefühle ist irrelevant, nur ihre Intensität zählt. Ich kann mich nicht zufriedengeben mit Freude, ich will Euphorie. Traurigkeit reicht nicht, ich will untröstlich sein. Wut reicht nicht, ich will die ganze Welt niederbrennen.

Der Drink ist das Benzin, das ich auf meine Gefühle schütte, und Heiner ist der Funke, der das Feuer entfacht. Heiner ist schon länger Alkoholiker, und er ist die perfekte Begleitung für meinen halsbrecherischen Selbstversuch, so viel zu fühlen, wie ich kann. Egal, wie viel ich trinke, ich kann ihn nie unter den Tisch trinken. Er kennt kein Ende.

Und weil unser Lebensraum die Bar und unsere Tageszeit die Nacht ist, ist das Trinken immer zu haben, immer normal, immer umsonst. In der Bar mit den Gästen zu trinken, ist nicht nur eine Form von Gastfreundschaft. Es ist ein knallharter Geschäftsfaktor. Ich bin ein süßes, milchhäutiges, rosenmundiges Schneewittchen, das sich geschmeichelt fühlt, wenn es objektifiziert wird und mit den Gästen für acht Euro die Stunde morgens um drei Four Roses on the Rocks trinkt. Ich bin der feuchte Traum eines jeden Barbesitzers.

Und diesen speziellen Barbesitzer liebe ich mit unerschütterlicher Bedingungslosigkeit und bewundere ihn für die banalsten Sachen. Dafür, dass er einen Steuerberater hat. Dafür, dass er blutiges Steak bestellt. Dafür, dass ihm schon mal das Herz gebrochen wurde. Ich bin voller unvoreingenommener Begeisterung und gleichzeitig absolut anspruchslos. Ich weiß bereits, dass nur Zicken Kopfschmerzen haben, wenn ihr Typ Sex will, und dass gechillte Mädchen ihrem Typen keinen Stress machen, wenn er nächtelang verschwindet oder betrunken Auto fährt. Ich bin die Traumfreundin. Ich habe endlos Zeit, keinen Plan für mein Leben, weiß nichts über die Welt, mir wurde nie das Herz gebrochen. Ich bin ein gefundenes Fressen.

Eines Herbstabends sitzen wir zu viert in der Küche. Ich und Heiner und seine beiden besten Kumpels Mehmet und Bela. Wir trinken Wein und essen Lammragout. Seine Freunde haben begonnen, mich testweise zu respektieren, weil ich nun schon anderthalb Jahre durchgehalten habe und zudem geistreicher und unterhaltsamer bin als die Durchschnittsmätresse. Mehmet rührt im Ragout, Bela gießt Wein nach, Heiner macht, was er routinemäßig macht: Er zweifelt unsere Beziehung an. »Du bist viel zu jung für mich«, sagt er, »das kann gar nicht funktionieren.«

Damals denke ich noch, dass er das wirklich glaubt, und fühle mich herausgefordert, ihm unsere Beziehung besser zu verkaufen. Heute weiß ich, dass Männer, die Frauen vögeln, die halb so alt sind wie sie, zumindest nach außen hin den Schein wahren müssen – sie wissen, das, was sie da machen, ist nicht gerade ein Zeichen für ihren gefestigten Charakter oder gar für Liebe, deswegen fühlen sie sich dazu verpflichtet, eine kleine Relativierung unterzubringen. Meistens läuft es darauf hinaus, dass sie eine Evaluation des Entwicklungsstandes ihrer Gespielin abgeben und dabei wie creepy Grundschullehrer klingen: »Weißt du, sie ist einfach sehr reif für ihr Alter.«

Mehmet erzählt, dass er Beziehungen mit Frauen anstrengend findet, weil es all diese nervigen Regeln gibt, wann man sich melden muss. »Ich rufe an, wenn ich anrufen möchte! Wenn mir danach ist! Und nur, wenn ich es wirklich will!«, sagt er, »das ist doch viel besser, viel gesünder. Dann weiß sie immer, dass es wirklich so gemeint ist.«

Bela hat schon vor Jahren aufgehört, mit gleichaltrigen Frauen zu schlafen; seine Freundin Jil ist ungefähr in meinem Alter. Die Beziehungen sind kurzlebig, aber genau wie die anderen Männer, die ich damals kennenlerne, hat er nie Schwierigkeiten, die Rolle neu zu besetzen. Die Männer können sich an einem scheinbar unerschöpflichen Büfett bedürfnisloser, rehäugiger Twens bedienen, um sie, eine nach der anderen, »zu Frauen« zu machen. Es ist nicht primär deren Jugend und ihre Eignung als Trophäe, die diese Frauen so attraktiv machen – das ist nur ein Bonus. Junge Frauen sind vor allem eins: anspruchslos, gierig zu gefallen, spielend leicht zu kontrollieren.

Den jungen Frauen, die mit älteren Männern zusammen sind, diagnostiziert man üblicherweise einen Vaterkomplex und lenkt damit Aufmerksamkeit und Verantwortung weg von den Männern. Das *Daddy Issue* wird zu ihrem Charakterfehler umgedeutet. So ist praktischerweise weder der Verursacher (der gewaltvolle, emotional abwesende oder missbräuchliche Vater) noch der spätere Profiteur (der ältere Mann) verantwortlich.

Wenn die für-ihr-Alter-reifen Frauen nach ein, zwei Jahren auf Augenhöhe herangewachsen sind, ziehen sie im besten Fall erschöpft weiter, mehr oder weniger versehrt, und die alternden Peter Pans ersetzen sie durch neue, frischere und weniger abgekämpfte Exemplare, um mit ihnen immer wieder das erste Level einer Beziehung zu spielen.

Es ist ein entgrenztes Leben für die Männer, denn diese Frauen haben keine Grenzen. Sie fordern nichts, weil sie ihre eigenen Bedürfnisse für eine peinliche Schwäche halten, aus der sie sich durch harte Persönlichkeitsarbeit herausentwickeln müssen. Der höchste Wert für sie ist es, in einem Spiel zu gewinnen, dessen Regeln dazu entworfen wurden, sie kleinzuhalten. Wenn sie leiden, geben sie die Schuld nie dem System. Immer nur sich selbst.

Mir kommt es während der Beziehung mit Heiner nie in den Sinn, dass es Männer geben könnte, die regelmäßig zurückrufen, weil sie daran interessiert sind, dass es ihren Freundinnen gut geht. Dass ich keiner Naturgewalt ausgeliefert bin, sondern dass ich selbst die Regeln machen könnte. Dass ich Verbindlichkeit einfach zu einer Bedingung erklären könnte, um in meiner Nähe zu sein. Dass Verbindlichkeit keine anmaßende oder utopische Forderung irgendwelcher Radikalfeministinnen ist, sondern bloß eine simple Art, Sicherheit und allgemeines Wohlbefinden herzustellen.

Stattdessen passe ich mich der Logik der Männer an, die Verbindlichkeit als Zumutung empfinden und persönliche Freiheit als den höchsten Wert deklarieren, den es gibt – als sei die Freiheit, ihre Freundinnen nicht zurückzurufen, das Recht auf Selbstverteidigung.

Der Alkohol ist für mich und Claire und Jil und all die anderen für-ihr-Alter-reifen Frauen ein elementarer Bestandteil des Spiels. Da wir konsequent unsere eigenen Bedürfnisse missachten, haben wir permanent Schmerzen und brauchen folglich permanent Schmerzmittel. Alkohol wirkt wie Magie, wenn es darum geht, unerträgliche Zustände erträglich zu machen. Er sediert uns, wiegt uns in der Illusion, er würde die Ecken und Kanten des Lebens schleifen, aber das stimmt nicht, er schleift bloß unsere eigenen Ecken und Kanten, drückt uns in Form, macht uns passend. Und lässt uns währenddessen in den Augen der Typen sexy, sinnlich und fun aussehen.

Die Zusammenhänge von Substanzabhängigkeit und zerstörerischen Beziehungen sind vielschichtig. Für viele Menschen sind Liebesbeziehungen und Konsum so eng verbunden, dass sie das eine nicht ohne das andere denken können. Viele suchen sich immer wieder Beziehungen mit Menschen, die der Beziehung zum Drink zum Verwechseln ähnlich sieht. Die Hochgefühle der Verliebtheit sind einem substanzinduzierten High auch biochemisch so ähnlich, dass Verknalltheit nicht selten einen Rückfall auslöst. Bei manchen wird das Objekt der Begierde einfach zur Droge umfunktioniert. Bei manchen ist die Beziehung zu einem süchtigen Elternteil die Schablone für alle späteren Liebesbeziehungen; nur Co-Abhängigkeit fühlt sich dann überhaupt wie Liebe an.

Eine tiefe, ehrliche Beziehung zu einer süchtigen Person ist unmöglich. Nicht nur, weil ihr Suchtmittel immer wichtiger sein wird als die Beziehung, sondern weil Abhängige kein funktionales Innenleben haben, das sich mit anderen Menschen auf eine natürliche Weise verbinden kann. Abhängigkeit erzeugt Isolation. Abhängige haben keine intimen Beziehungen, sie haben Arrangements.

Toxic

In der Bar spiele ich immer gegen zwei oder drei Uhr *Toxic* von Britney Spears, und die Leute rasten komplett aus. Damals war Britney die Einzige, die das Wort *toxisch* in Bezug auf Liebe verwendete. Auf- und abgeklärte Millennials und GenZs wissen heute genau, was eine toxische Beziehung ist und woran man sie erkennt, und falls man nicht zu diesen Leuten gehört, muss man nur googeln und findet einen Selbsttest auf der Webseite jedes beliebigen Lifestyle-Magazins. *Toxische Beziehung erkennen.* 1 910 000 Treffer.

Genau wie auch bei einem problematischen Alkoholkonsum beginnt die Gefahrenzone dort, wo man anfängt, sich diese Fragen zu stellen. Was ist zu viel? Gehen oder bleiben? Ungefähr 371 000 000 Ergebnisse. Ich stelle mir diese Fragen damals noch lange nicht, und Begriffe wie »Trauma«, »Narzissmus«, »Gaslighting« oder »Red Flag« werden noch nicht so nonchalant in ganz normale Unterhaltungen unter Freundinnen eingeflochten wie heute. Wenn ich die Beziehung zu Heiner retrospektiv einstufe, wird allerdings schnell klar: Sie checkt alle Boxen. Meine Beziehung zum Drink bald auch.

Zehn Zeichen, dass deine Beziehung (zu irgendwas oder irgendwem) toxisch ist:

1 – Er ist genau dein Typ

Du siehst ihn und denkst: Ah, da bist du ja endlich. Du musst nichts erklären, denn es ist alles schon klar. Die ganze Story ist wie ein präzise durchchoreografiertes Theaterstück, das ihr seit Monaten probt, obwohl ihr euch überhaupt nicht kennt. Wenn alles sich sehr bekannt und er sich sehr vertraut anfühlt, obwohl er eigentlich immer noch ein Fremder ist, gemessen an der kurzen Zeit eurer Bekanntschaft, dann ist das ein Zeichen dafür, dass du etwas in ihm siehst, das mehr mit dir und deiner Vergangenheit zu tun hat als mit ihm. Oder, wie es mein gründlich durchtherapierter Freund James formulierte: »When someone is exactly your type – run.« Und zwar schnell, denn diese Romanze wird sich nicht langsam und stetig entfalten. Sie wird detonieren.

2 – Du kannst nicht Maß halten (und willst auch nicht)

Alles ist überdimensional. Je schlimmer der Streit, desto leidenschaftlicher der Versöhnungssex. Je überzeugter du dir gestern versprochen hast, dass du das nicht noch einmal mitmachst, desto ausgehungerter fällst du zurück in seine Arme. Je überzeugter du dir letzten Monat geschworen hast, dass du nie wieder dieses Spiel mitspielen wirst, desto entschiedener stürzt du dich in die nächste Eskalation. Es ist immer höchste Euphorie oder tiefste Verzweiflung, nichts dazwischen.

3 – Du entwickelst Toleranz

Deswegen kannst du auch nicht begreifen, wie langweilig und spießig die Beziehungen anderer Leute sind. Die normalen, netten Beziehungen deiner Freundinnen haben für dich so viel Sexappeal wie Kamillentee. Je schriller und kontrastreicher dein eigenes Liebesleben, desto schaler und langweiliger erscheint dir Harmonie. Du stumpfst ab gegen subtile Gefühle. Frieden und Zartheit knallen dir nicht genug. Du brauchst mehr, du brauchst Leidenschaft, alles andere nimmst du nicht ernst, alles andere hat keine Bedeutung.

Behandelt dich jemand anständig und achtsam, kannst du das zwar anerkennen, aber es löst keine romantischen Gefühle in dir aus. Du findest das dann ein bisschen langweilig. Du findest das dann »zu nett«.

4 – Du brauchst Regeln

Du kannst nicht einfach mit ihm zusammen sein. Du kannst nicht einfach bloß du selbst sein. Du brauchst Strategien. Du musst taktieren. Du darfst nicht anrufen, wenn ihr euch gerade gestritten habt: Das würde ihm zeigen, dass du schwächer bist. Je weniger er mitkriegt, was er dir bedeutet, desto mehr wird er dich wollen. Wenn du es schaffst, ihn eifersüchtig zu machen, dann hast du die Oberhand. Wenn er sieht, wie wenig du auf ihn angewiesen bist, dann hast du dir selbst bewiesen, dass du frei bist, also: bei ihm bleiben kannst. Es geht immer darum, deine wahren Gefühle zu verschleiern. Und ihm und dir selbst zu beweisen, dass du die Kontrolle hast. Obwohl dein Bauchgefühl dir etwas ganz anderes signalisiert.

5 – Dein Bauchgefühl hat recht

Dein Körper versucht dir zu sagen, dass etwas nicht stimmt. Du fühlst dich oft nicht gut. Du hast diesen schweren Stein im Magen, diese Enge in der Brust. Du hast einen Tinnitus oder kannst nicht schlafen, oder du hast Panikattacken oder Atemnot, oder du weinst ohne ersichtlichen Grund. Dein Körper weiß genau, was hier läuft. Dein Körper lässt sich nicht verarschen. Aber dein Kopf ist ein mächtiger Gegner. Dein Kopf versteht das alles erst viel später.

6 – Du tolerierst die abgefahrensten Nebenwirkungen, um dich nicht trennen zu müssen

An deinem einundzwanzigsten Geburtstag hält er vor einem Klamottenladen, drückt dir fünfzig Euro in die Hand und sagt: »Kauf dir irgendwas Schönes. Du hast zehn Minuten.« Als ihr einmal mit seinem Cabrio nach Italien fahrt, liest du die Straßenkarte falsch, und er trennt sich daraufhin von dir. Einmal schmeißt er dich aus einem fahrenden Auto. Ein anderes Mal wirft er dich nackt aus einem Hotelzimmer. Er hat cholerische Ausbrüche, in denen er dir sagt, dass du es niemals zu etwas bringen wirst, weil du zu durchschnittlich bist. Wenn du nicht mit ihm schläfst, spricht er manchmal tagelang nicht mit dir. Einmal flippt er vollkommen aus, weil du vergisst, eine der Stehlampen ganz hinten in der Bar anzuschalten. Du bist davon überzeugt, dass du nie tiefer geliebt hast.

7 – Du rechtfertigst die Beziehung

Deine Freundinnen haben einen unemotionalen, klaren Blick auf das ganze Dilemma, deswegen sehen sie auch schon viel früher, dass die Beziehung ungesund ist. Wenn sie zaghaft sagen: »Bist du sicher, dass das gut für dich ist?«, verteidigst du die Beziehung, als ginge es um dein Leben. Er ist nicht immer so, sagst du ihnen. Cholerische Ausfälle sind die Ausnahme, er hat nur gerade einen schlechten Tag, Stress im Job, Stress mit seiner Mutter, es ist nicht immer so schlimm. Was deine rhetorischen Fähigkeiten betrifft, läufst du zur Höchstform auf. Niemand wird dir die Bedeutung dieser epischen Lovestory ausreden. Niemand wird dir sagen, dass du damit nicht umgehen kannst. Die haben alle keine Ahnung.

8 – Wenn er nicht da ist, geht es dir besser

Immer, wenn ihr euch kurzzeitig trennt (und das passiert oft), gehst du nach Hause, in deine fremde, kalte Alibiwohnung, und leidest. Du sitzt im Waschsalon, trinkst Tee mit Rum, liest Zeruya Shalev und schreibst verzweifelt in dein Tagebuch.

Nach ein paar Tagen hat sich dann jedes Mal fast unmerklich eine leichte, helle Entspannung eingestellt. Du hebst den Blick, das erste Mal seit Monaten, und spürst dich ohne ihn, merkst, dass du noch da bist, dass du ein ruhiges, inneres Zentrum hast, ein Zimmer, in dem er nie war, einen Ort, an dem du herrschst, an dem du frei bist. Du erinnerst dich an ein Leben vor ihm. Der Schmerz ist weg. Und kurz bevor du den Zusammenhang kapierst, kurz bevor du wieder vollständig bei Sinnen bist, ganz so, als gäbe es wirklich dieses magische, telepathische Band zwischen zwei Menschen, ist genau das immer exakt der Moment, in dem er anruft und mit schmelzender Stimme sagt: »Ich vermisse dich.«

9 – Es wird immer schlimmer

Deine Hoffnungen darauf, dass er sich ändern wird, dass ihr euch ändern werdet, dass du bloß irgendeinen geheimen Trick anwenden musst, damit alles gut wird, in der Zukunft, irgendwann, werden sich nicht erfüllen. Du hast es schon hundertmal erlebt. Es wird nicht besser. Die besten Zeiten eurer Beziehung liegen hinter dir, und es geht von nun an nur noch bergab. Das beweist du dir immer wieder von Neuem. Zehnmal. Hundertmal. Tausendmal. Egal wie oft du versuchst, die Balance zu halten, du bist immer schnell wieder zurück im Status quo. Der Status quo ist das Beste, was du hier noch bekommen wirst.

10 – Es dauert, solange es dauert

Wenn du später zurückblickst, denkst du dir, du hättest das alles schon viel früher kapieren müssen. Du hättest dir so viel ersparen können. Es ist doch immer wieder und wieder das gleiche Elend gewesen, wie dumm konntest du sein, nicht zu begreifen, dass es hier nichts zu gewinnen gibt?

Abhängigkeit lässt sich nicht mit dem Kopf allein bekämpfen, und ihre Überwindung – so esoterisch bin ich dann doch – liegt nie allein in deiner Hand. Du erlebst magische Momente, in denen sich der Nebel plötzlich lichtet, die Wolken aufbrechen und du ganz genau weißt, dass du gehen willst. Der Gedanke fühlt sich unglaublich gut an, wie Erlösung, wie Freiheit. Dieser Moment wird kommen, und wenn du Glück hast, ergreifst du ihn. Das ist deine Chance auf Kapitulation. Kapitulation ist der einzige Weg.

Es soll noch zehn Jahre dauern, bis ich das alles kapiere. Mit Heiner jedenfalls kapiere ich es noch nicht. Wir schlagen stattdessen zusammen alles kurz und klein und sprengen das Schlachtfeld in die Luft, damit nichts mehr übrig bleibt, damit am Ende keine Chance mehr besteht, die Leiche dieser Liebe zu identifizieren.

Der Sommer der Liebe

In unserem dritten Sommer übernehme ich zusammen mit meinem Kollegen Çan eine der Strandhütten auf der Freifläche. Es ist ein kleiner Bungalow mit einem Tresen und einem Dach, der dazu dient, den Menschen, die im Garten in den Hängematten herumliegen, den Weg zum nächsten Bier so kurz wie möglich zu machen.

Ich stehe auf einer Klappleiter und streiche die Hütte rosa und gelb an. Dabei trage ich, als Hommage an mein Lieblingsbuch *Betty Blue*, einen sehr kurzen Jeansrock. Zum Schluss male ich in verschnörkelter rosa Schrift *Flittchen Bar* auf das Schild. Heiner schlendert mit dem Chef vom Guevara vorbei und bringt mir ein Bier. Die beiden grinsen und sind mit alldem – der Hütte, der Bar, meinem Rock und der Aussicht auf die Umsätze, die wir damit machen werden – höchst zufrieden.

Çan zimmert ein Regal für die Hütte, Heiner stellt drei Paletten Cocktailgläser, drei Kisten Bier und drei gebrauchte Kühlschränke hinein, ich wickle eine Blumengirlande um das Dach, wir packen die Bar voll mit Schnaps, und schon kann's losgehen. Wir machen die Türen auf, und das Geld kommt hereingeflattert. Der Gewinn wird geteilt. Çan und ich wechseln uns mit den Schichten in der Flittchen Bar ab und lernen den Unterschied zwischen Unternehmertum und Angestelltenleben: Wir machen genau das Gleiche wie zuvor –

Longdrinks verkaufen, mit den Kunden flirten und betrunken *Fuck Forever* von den Babyshambles mitgrölen –, verdienen jetzt aber viel mehr Geld damit.

In diesem Sommer ist Fußballweltmeisterschaft in Deutschland. Es ist der Sommer der Liebe. Das ganze Haus profitiert vom euphorischen Partytourismus, der die Stadt flutet. Wir verstehen es alle, den legendären Ruf des Kunsthauses zu nutzen und weiter zu befeuern. Wir inszenieren uns als eine Bande von sexy Gesetzlosen, bei denen die Drinks immer ein bisschen stärker sind als bei der Konkurrenz. Der Alkohol fließt in Strömen. Alle sind Freunde. Der Easyjetset landet seit Kurzem massenhaft in Tegel, unser Bürgermeister ist inoffizieller Partykanzler der Herzen, das Berghain ist der beste Club der Welt, schreibt die *New York Times*. Aus ganz Europa kommt man nach Berlin, in der Erwartung, einen gesetzlosen Ort vorzufinden, wo Milch und Honig fließt – und das ist auch so. Hier wird Hedonismus großgeschrieben.

Amy Winehouse singt: *They tried to make me go to rehab, I said no, no, no.* Wir machen Party in der Nacht und schlafen tagsüber. Am Nachmittag wachen wir langsam auf, gehen ins Bateau Ivre, frühstücken stundenlang und lesen *Gala,* und dann geht es wieder von vorne los. Im Morgengrauen fahren wir in Heiners Cabrio nach Hause und werfen das Geld erschöpft in die Badewanne, um es am nächsten Tag zu zählen.

Die *Gala* schreibt, Kate Moss war neulich im Berghain. Sie ist letztes Jahr mit Koks erwischt worden, und der Skandal hat sich vitalisierend auf ihre Karriere ausgewirkt. Die Presse berichtet scheinheilig-schockiert über *Cocain Kate*, die laut ihres Biografen einen normalen Tag mit einer Linie Koks und einem halben Glas Weißwein beginnt. Das ist nicht so weit von unserer Realität entfernt. Heiner raucht zum Frühstück seinen ersten Joint, trinkt am frühen Nachmittag seinen ersten Cuba Libre und zieht gegen neun seine erste Line. Als ich ihn kennenlerne, beginnt gerade seine Weiße Periode, die nie wieder aufhören wird. Ich weiß, dass sich seine schöne Exfreundin Jasmin deswegen von ihm getrennt hat. Ich mache mir ebenfalls Sorgen wegen des Kokains, aber ich begegne meinen Bedenken damit, dass ich selbst damit anfange. Beim ersten Mal bin ich überrascht davon, wie wenig passiert. Ich finde Trinken besser. Weicher.

Wein ist mir auch deswegen lieber als Koks, weil ich es nervig finde, dass ich auf Kokain keine Geduld habe, auch nur einen einzigen verdammten Song zu Ende zu hören. Ich beginne zwar gefährlich schnell, das Koks zu vermissen, wenn es nicht da ist, doch eine richtige Sucht entwickle ich nie, was hauptsächlich daran liegt, dass ich mir eine ausgewachsene Kokainabhängigkeit schlicht nicht leisten kann. Mit einer Schicht in der Bar verdiene ich ungefähr so viel Geld, wie ich für ein Gramm Koks ausgeben müsste, deswegen mache ich zwar immer mit, wenn Leute eine Runde Lines ausgeben – und das kommt oft vor, da Kokser notorisch großzügig sind –, aber ich kaufe selten selbst ein.

Der Alkohol rutscht unterdessen unauffällig durchs Raster. Er ist zu preisgünstig, um nur etwas für besondere Anlässe zu sein, zu schick inszeniert, um einen schlechten Ruf zu haben, zu allgegenwärtig, um zu alarmieren, zu legal, um ein gesellschaftliches Problem zu sein. Nicht nur der Konsum ist normalisiert, sondern auch die Abhängigkeit. Auf AA-Meetings treffe ich heute ständig Leute, die erst, als sie ihre Speed-, Koks- oder Medikamentenabhängigkeit zu bekämpfen begannen, überhaupt mitkriegten, dass sie nebenbei – upsi! – auch alkoholabhängig sind.

Ich gewöhne mir an, noch zu bleiben, nachdem ich den Laden um drei oder vier Uhr morgens zugemacht habe, um allein an der Bar zu sitzen, Musik zu hören, Zigaretten zu rauchen und Whiskey auf Eis zu trinken. Ich will nicht nach Hause, ich will nicht schlafen gehen.

Ich schaue mir selbst beim Traurig- und Betrunkensein zu; es sieht stylish und kinematografisch aus. Das Mädchen, dessen Liebe so tief ist, dass sie dabei draufgehen wird. Das Mädchen, das so rebellisch ist, dass sie ein Leben jenseits aller Konventionen führen muss. Ich bin eine alte, traurige Seele, eine Künstlerseele.

Nach zwei Jahren Nachtleben und Heiner bin ich psychisch also bereits ziemlich fertig mit der Welt. Zustände innerer Ruhe, ein emotionales Normalnull, kenne ich nicht mehr, ich bin immer vollkommen aufgepeitscht. Aber ich merke das gar nicht. Ich verliere den Kontakt zu mir.

Eines Tages fährt Heiner eine Woche weg, mit einem Kumpel nach Spanien oder Italien. Es ist meine Schicht in der Flittchen Bar, ein heißer Nachmittag, ein feuchter Film auf der Haut, Beyoncé singt: *Your love's got me looking so crazy right now.*

Wir haben uns mal wieder gestritten. Was der Anlass für den Streit war, weiß ich nicht mehr. Vielleicht habe ich irgendeine Tür nicht richtig verschlossen, oder ich habe mich verzählt, oder ich habe zu irgendetwas die falsche Meinung gehabt, jedenfalls straft er mich mit Schweigen oder einer verletzenden Bemerkung, dreht sich um und lässt mich stehen. Selbst das hat er mir voraus, er kann einfach gehen, während ich hierbleiben muss, eingezäunt von diesem Tresen, ich kann nicht einfach einen Exit machen wie ein würdevoller Mensch. Ich bin zum tausendsten Mal die schwache Seite dieses nicht enden wollenden Krieges. Aber dieses Mal schnappt irgendwas zu. Eine scharfe, helle Wut dreht sich lautlos in mir, glänzend im Sonnenlicht wie eine Messerklinge.

Bela taucht wenige Minuten später an der Bar auf. Er hat ein versteinertes Gesicht, und ich reime mir zusammen, dass in Heiners aktueller Explosion ein Schrapnell wohl auch ihn getroffen hat. Ich bin nicht die Einzige, die unter Heiners Launen leidet. Die Typen zicken einander genauso an. In diesen Männergebitches geht es immer darum, wer mehr zu sagen hat, wer das größere Ego oder die heißere Freundin hat, oder wer mehr Geld macht. Heiner gewinnt den Kampf mit Bela meistens, weil er keine Kunst verkauft, sondern Bier. Kunst ist moralisch überlegen, aber wirtschaftlich klar unterlegen. Heiner wird in dem Geprotze also immer die Oberhand behalten. Seine Achillesferse, wird mir jetzt unterschwellig klar, bin ich.

Bela setzt sich an die Bar und schweigt laut vor sich hin. Ich stelle wortlos einen Cuba Libre vor ihn auf den Tresen und lächle ihn an. Ich habe eine zerstörerische Energie in mir, die mich vorwärtspusht, wie das Grölen der Menge einen Boxer in den Ring treibt. »Was ist los?«, frage ich sanft wie eine Therapeutin und deute mit dem Kinn auf ihn.

»Nichts Besonderes. Ich hatte nur gerade eine kleine Auseinandersetzung mit deinem Freund«, sagt er, Gesicht immer noch versteinert, das »Freund« betont er, als wäre es ironisch gemeint.

»Der ist jetzt erst mal weg«, sage ich, immer noch lächelnd.

Als Heiner ein paar Stunden später zum Flughafen aufbricht, ist eine Last von mir genommen. Ich atme den halben Tag lang aus. Ich arbeite die ganze Woche in der Flittchen Bar und warte, ohne es zu ahnen, auf eine Gelegenheit. Die Gelegenheit kommt eines regnerischen Abends, als nichts los ist. Es nieselt, der Hof ist fast menschenleer, nur ein paar Touris irren herum, verloren auf der Suche nach Berlin. Es ist immer noch warm, aber wenn der Wind geht, frieren meine Beine ein bisschen. Nur der harte Kern ist in der Nähe. Easy und Reza, die irgendwas hinter dem Container aufräumen, der Chef vom Guevara, der seine übliche Runde macht, Gilo, der sich selbst mit Small Talk unterhält, Birol, der sich auf dessen zweitklassiges Koks einlässt.

Bela kommt an die Bar, als ich gerade Feierabend mache. Zum Ende der Schicht gehe ich mit ihm hinten in den Container, wo die

Bierkisten sich bis zur Decke stapeln, und zähle das Geld, und er guckt dabei auf meine Hände. Als ich mit der Abrechnung fertig bin, sage ich: »Lass uns noch irgendwo hingehen.«

Wir nehmen ein Taxi ins White Trash, wo wir an der Bar im Keller Wodka bestellen und sogar so aufsässig werden, dass wir ein paar Lines direkt vom Tresen ziehen, anstatt uns die Umstände zu machen, diskret auf die Toilette zu gehen, wie normale Menschen. Ich bin jetzt so weit. Ich exe meinen Shot und küsse ihn dann. Wie eine Welle, die bricht, steigt eine glitzernde Ekstase in mir auf, deren zerstörerische Kraft mich unvorbereitet trifft. Bela wirkt nicht sonderlich überrascht, nur atemlos, wie ein abgekämpfter Stier bei einer Corrida. Ich sage: »Heiner ist nicht da, wir können einfach dorthin gehen.«

»Nein«, sagt er schnell, »wir nehmen ein Hotel.«

Wir fahren mit dem Taxi in irgendein Hotel, wo wir im Morgengrauen an Heiner Rache nehmen, geschäftsmäßig, ohne uns sonderlich füreinander zu interessieren. Als ich anderthalb Stunden später im grauen Licht des neuen Tages zu Fuß nach Hause gehe, ist mir kalt bis auf die Knochen. Ich gehe zu Heiner, lege mich in unser kaltes Bett und kann nicht schlafen.

Als Heiner zwei Tage später zurückkommt, ist er der zuckersüßeste, zuvorkommendste und romantischste Boyfriend der Welt. Er verspricht, dass von nun an alles besser wird. Klar, denke ich bitter. Er spürt, dass ich mich entferne, also kommt er näher.

Ich bin zu feige, ihm sofort vom Ende unseres Lebens zu erzählen, ich schleppe die schreckliche Wahrheit noch eine Weile mit mir herum, gehe in der Strandbar und im Kino arbeiten, Bela und Heiner trinken wie üblich morgens gemeinsam Espresso im Guevara. Ich denke: Vielleicht vergesse ich es einfach, und wir fangen neu an. Aber Bela verliert die Nerven. Im Morgengrauen des vierten Tages nach unserem Rachefeldzug sagt er mir in einer hitzigen Debatte im menschenleeren Garten, es gebe nur drei Möglichkeiten: »Entweder du sagst es Heiner, oder ich sage es ihm, oder wir hauen jetzt sofort zusammen ab.«

»Bist du wahnsinnig?«, antworte ich, nicht ohne das Durchbrennen zumindest kurz zu erwägen. Aber ich habe keine Energie für weitere Dramen. Ich bin ausgebrannt, meine Haut juckt und fühlt sich an wie Papier, und obwohl mich etwas Dunkles, Machtvolles zu ihm zieht – ich will nicht in Belas Nähe sein.

Ich komme im Morgengrauen nach Hause, und das erste Mal sind die Rollen vertauscht: Heiner ist knallwach und wartet im Bett auf mich, und ich bin betrunken und stinke nach Bar, und man sieht auf fünfzig Meter, dass ich ein schlimmes Geheimnis habe.

Als ich ihm sage, was ich gemacht habe, verlässt er das Bett und rollt sich wimmernd auf dem Fußboden zusammen. Liebe ist solchen Männern egal. Wenn du sie wirklich treffen willst, dann geh an ihr Ego.

Ich fühle mich, als hätte ich mich selbst mit einem Schwert durchbohrt.

Er sagt: »Verschwinde. Ich will dich nie wieder sehen.«

COOL GIRL

Blackout

Es ist früher Nachmittag auf dem Hof des Kunsthauses. Nike arbeitet heute in der Flittchen Bar. Es ist ein gleißender Hochsommertag, weiß und langsam, staubige Luft, die Sängerin, die mit nackten Füßen im Sand vor der Strandbar steht, wiegt sich wie eine träge Palme, ihre Stimme ist wie klebriger, warmer Honig. Ich sitze barfuß am Tresen, keine Ratte lässt sich blicken. Nike verkauft alle zehn Minuten ein Bier, sonst bewegt sich nichts und niemand.

Ich picke gelegentlich ein Stück Sushi vom Pappteller vor mir und nippe an einer homöopathischen Menge Wodka. Heiners schöner junger Kokaindealer Aliv lungert mit zweifelhaften Leuten im Schatten des Torbogens rum und wirft mir tiefe Blicke aus karamellfarbenen Augen zu. Er trägt trotz der Hitze eine schwarze Lederjacke und Jeans und scharrt unruhig mit den Füßen im mit Kippen gesprenkelten Sand wie ein junges Pferd, Elektrizität von Kopf bis zu den Zehen, die Vitalität von Menschen, die nie genug Geld haben, die chronisch auf der Flucht sind, die ständig im toten Winkel eines Systems arbeiten, in dem sie nicht leben wollen.

Ich bin dreiundzwanzig. Mein gebrochenes Herz hat den letzten Babyspeck aufgezehrt, meine Augen tiefer gemacht und in meinem Gesicht einen Abdruck von Leidenschaft hinterlassen.

Nach der Trennung von Heiner habe ich nicht aufgehört, im Kunsthaus zu arbeiten. Wir können einander also immer noch zufällig in die Arme laufen, wenn einer von uns gerade das Bedürfnis hat, emotional überzukochen.

Ich habe schnell festgestellt, dass ich in meiner Alibiwohnung am Boxi nicht ernsthaft würde leben können, weil hinter einer papierdünnen Wand ein feindseliger Punker wohnt, der morgens um drei mit seiner Punkband probt und dabei ohrenbetäubend auf etwas herumhämmert, was vermutlich ausrangiertes Kochgeschirr ist. Also bin ich spontan mit Nike zusammengezogen, einer furchtlosen Finnin, die ich beim Arbeiten im Theater kennengelernt habe, als wir eine Weile mit dem gleichen Typen rummachten, und mit der ich mich sofort anfreundete. Wir haben eine billige, baufällige Wohnung mit Kohleofen im noch nicht übermäßig gentrifizierten Prenzlauer Berg gefunden und schnell festgestellt, dass wir ein Dreamteam sind. Nike, die wie eine perfekte Hitchcock-Frau aussieht – elegant, blond, indifferent –, trägt den halben Tag einen babyblauen Bademantel, raucht Joints und macht Kampfsport. Ich sehe aus und benehme mich wie eine Femme fatale aus dem David-Lynch-Universum, trinke Rotwein, schreibe Gedichte, male schrille Acrylgemälde und gucke dramatisch.

Unser Hobby ist Sex. Und wir machen keine Gefangenen. Wir tragen billige, eng anliegende Trainingshosen, Fünf-Euro-Tanktops aus dem Discount und Strassohrringe. Die anderen Frauen auf der Straße werfen uns vernichtende Blicke zu, wenn sie an uns vorbeigehen. Sie krallen sich an den verschwitzten Händen ihrer lächerlichen Männer fest, denen der Schweiß auf der Stirn steht, vor Anstrengung darüber, uns nicht anzugucken. Wir benutzen das Wort Schlampe als Kompliment. Wir wissen, wir können sie alle haben. Die Frauen wissen das auch. Nur die Männer wissen mal wieder von nichts, weil sie nur damit beschäftigt sind, keinen Stress mit ihren Frauen zu kriegen.

Mit der Trennung von Heiner habe ich den Gang gewechselt. Die Intensität des Liebeskummers hat mich so überfordert, dass ich nun gegen mich selbst in den Krieg ziehe. Ich verstehe nicht, dass ich verwundet und traumatisiert bin. Ich verstehe nicht, dass diese Beziehung seelische Gewalt war. Ich bin der Meinung, es war alles mein eigenes Versagen als Erwachsene. Ich sehe das so: Meine verdammten Gefühle sind mein Problem. Sie sind mein Schwachpunkt. Sie müssen verschwinden.

Ich agiere meinen Liebeskummer aus wie eine Wahnsinnige auf einer Selbstmordmission. Ich fantasiere von Mord und Brandstiftung, verliere mich nächtelang in dunklen Clubs, verwickle mich bei einem Streit mit Heiner auf der menschenleeren frühmorgendlichen Oranienburger Straße in eine Quasischlägerei mit ein paar Polizisten und lande in einer Gefängniszelle. Ich habe Kater epischen Ausmaßes, einer davon verwandelt sich in eine Panikattacke, mit der ich im Krankenhaus lande. Wenn ich auch nur an Heiners Haus vorbeigehe, beginne ich am ganzen Körper zu zittern. Ich arbeite trotzdem weiter im Kunsthaus und bin der Meinung, dass es als Selbstschutzstrategie völlig ausreicht, von der dritten Etage ins Erdgeschoss zu wechseln.

Meine Bewältigungsstrategie: Zynismus und Sex mit Fremden. Peaches singt *Fuck the Pain Away*, und ich nehme mir das zu Herzen. Ich werfe fremden Männern in Clubs schwülstige Blicke zu, zerre sie ohne Vorstellungsrunde in Toilettenkabinen und verbeiße mich in ihnen, ohne sie hinterher auf der Tanzfläche eindeutig zuordnen zu können. Ich sammle Typen auf der Straße auf. Ich zeige auf einen und sage: »Hey, du, komm jetzt mit!« Das funktioniert erstaunlicherweise fast immer. Wenn einer sagt, er habe eine Freundin, schließe ich mit mir selbst Wetten ab, wie lange ich brauchen werde, bis er sich das mit der Treue noch mal anders überlegt. Schaffe ich es in weniger als zwanzig Minuten, habe ich gewonnen. Und ich gewinne oft. So oft, dass ich den Respekt vor ihnen bald verloren habe.

Die Idee ist, den Liebeskummer durch neue fremde Körper auszulöschen, ihn zu neutralisieren, ihn zu überschreiben. Es geht um

Rache, klar. Aber es geht auch um die utopische Idee, den schmerzhaften Prozess irgendwie abzukürzen, alle Gefühle von Traurigkeit und Verzweiflung und Kummer gar nicht erst zu Wort kommen zu lassen, sondern sie im Keim zu ersticken, sie mundtot zu machen. Mir ist damals nicht klar: Es gibt keine selektive Gefühlsbetäubung. Du kannst nicht die schlechten umgehen und die guten hochregeln. Entweder du fühlst sie alle. Oder du tötest sie alle.

Nike hat Geburtstag, und wir gehen ins 1000, eine Bar, die eigentlich zu schick ist für uns, Geschäftsmänner gehen dort mit ihren Escorts hin, Theaterleute ziehen Koks auf golden leuchtenden Klos, man sieht Handtaschen, die ich ansonsten nur aus der VOGUE kenne. Heute steht Nike plus eins auf der Liste, weil sie mit einem der Musiker rummacht.

Ich betrinke mich zielgerichtet mit Sekt. Sekt war schon immer gut darin, mir schnell und brutal die Lichter auszuknipsen, wahrscheinlich ist es all der britzelige Zucker, der den Blutalkohol rasant hochtreibt, essen tu ich grad auch nicht so viel, ich bin mit Leiden beschäftigt und will außerdem in meine skinny Blue Jeans reinpassen. Als ich aufstehe, um zur Bar zu gehen, halten meine Beine mich nicht mehr, und ich falle, genau vor die Füße eines Typen in einem rosa Poloshirt. Er zieht mich hoch, und ich bin zu betrunken, um mich zu schämen, wie betrunken ich bin. Ich bin zu betrunken, sein Gesicht zu dechiffrieren und später wiedererkennen zu können, ich halte mich an sein rosa Shirt, ein Kleidungsstück, das unironisch fast nur von Arschlöchern getragen wird, aber auch für diese Überlegung bin ich zu dicht.

Der Blackout beginnt hier. Meine Erinnerung hat schon überall Löcher, fasert immer mehr aus, irgendwann reißt sie ganz. Schlaglichter, die letzten: Wir an der Pommesbude, heiße Pommes verbrennen meine Lippen, Nike, die sagt, ich nehm mir ein Taxi, eine fremde Wohnung, in einem Wolkenkratzer? In welchem Bezirk sind wir? Eine Hand, die mir ein Glas Whiskey mit klirrenden Eiswürfeln reicht, zwei Männer, die sich unterhalten, bodentiefe Fenster, Stahlbeton, ein nackter Typ über mir in einem seltsam schmalen Bett, vielleicht ist es ein Hotelzimmer, dann nichts mehr.

Als ich aus einer tiefen, tiefen Dunkelheit auftauche, bohrt sich sofort ein großer, heißer Schmerz in meinen Schädel, mir wird übel, und ich kriege Panik. Irgendein Typ, wahrscheinlich der von letzter Nacht, aber erkennen würde ich ihn ums Verrecken nicht, guckt von oben auf mich runter und sagt kalt: »Ich muss los, steh auf.«

Ich trete vor die Tür, alles völlig ausgestorben, Hochhäuser überall, aber kein Mensch, es ist, als wäre ich in einer anderen, in einer völlig fremden Stadt.

Als ich am Abend mit Nike in der Küche sitze und Chili esse, für das ich ihr unendlich dankbar bin, und sie wissen will, ob mit dem Typen von gestern was gelaufen ist, lüge ich, ohne zu wissen warum, und sage: »Nein, nichts.«

Blackouts sind ein oft missverstandenes Phänomen. Man denkt an Blackouts als Bewusstlosigkeit, also an eine auch körperlich wahrnehmbare Dysfunktionalität; die Person in einem Blackout muss mindestens lallen und torkeln – wenn sie überhaupt noch reden oder stehen kann und nicht bereits bewegungs- und bewusstlos irgendwo herumliegt. In Wirklichkeit kann ein Blackout völlig ohne äußerlich sichtbare Begleiterscheinungen auftreten. Ein Blackout ist einfach ein Ausfall des Kurzzeitgedächtnisses. Ab einer bestimmten Blutalkoholkonzentration wechselt dein Geist in den Überlebensmodus und fängt an, aus Energiespargründen die ersten Funktionen abzuschalten. Das Kurzzeitgedächtnis ist offenbar verzichtbarer als die Fähigkeit, Small Talk zu machen oder Auto zu fahren. Personen in Blackouts können völlig normal wirken. Sie reden, scherzen, tanzen, bestellen Drinks und haben Sex mit fremden Typen in Hotelzimmern. Man erkennt einen Blackout an einer anderen Person nur, wenn man ganz genau hinschaut; ihr Blick wird leer. Und sie beginnt, sich im Zweiminutentakt zu wiederholen, wie jemand mit Demenz.

Die Wahrscheinlichkeit für Blackouts steigt mit der Blutalkoholkonzentration: Viel Hochprozentiges auf nüchternen Magen in kurzer Zeit begünstigt Filmrisse. Je zierlicher jemand ist, je weniger jemand gegessen hat, desto wahrscheinlicher wird ein Blackout. Frauen erleben aufgrund ihres Körperbaus eher Blackouts als Männer. Das macht Alkohol zu einer idealen Date-Rape-Droge.

Man könnte vermuten, die Politik gewisser Clubs – Männer zahlen, Frauen trinken umsonst – könnte irgendwas mit der durch Alkohol begünstigten sexuellen Verfügbarkeit und Willenlosigkeit der Frauen zu tun haben. Man könnte vermuten, nicht wenige Kräfte in unserer Gesellschaft sind daran interessiert, dass wir uns bis zur Besinnungslosigkeit betrinken. Der Typ, dem ich in einer schicken Bar vor die Füße gefallen war, hatte jedenfalls kein Problem damit, eine Frau zu vögeln, die nicht mehr geradeaus gucken kann.

Dass ich es ohne Alkohol nie im Leben über mich gebracht hätte, mit einem frischen Liebeskummer einen fremden Typen in einem rosa Poloshirt durchzuziehen, darüber dachte ich damals überhaupt nicht nach. Ich hatte ersten Sex ohne Alkohol noch nie ausprobiert. Ich verkaufte mir meinen emotionslosen Impulsiv-Sex als Freiheit. Meine Freiheit von Heiner und meine Freiheit von allen anderen Typen und meine Freiheit ganz allgemein. Keinen Sex zu haben, war für mich an diesem Punkt keine Option.

Der Russe

»Ich brauche ein paar Liebhaber«, sage ich zu Nike und sauge den Kern aus einer schwarzen Olive. Nike poliert träge ein Cocktailglas.

»*Ein paar* Liebhaber?«, fragt sie.

»Drei«, spezifiziere ich, »und es wäre cool, wenn einer davon ein Russe wäre.«

Nike runzelt die Stirn und wirft mir einen Blick zu, der sagt: bitte mehr Kontext.

»Ich hatte noch nie einen«, erläutere ich.

Und außerdem habe ich zu viel Tolstoi gelesen und stelle mir eine Affäre mit einem Russen deswegen vor wie einen Ausflug in eine romantische, untergegangene Macho-Welt. Die Frauen haben keine Macht, außer ihrer sexuellen, diese ist aber so groß, dass sie Kriege heraufbeschwören kann. Alle leben von altem Geld, müssen nie arbeiten und sind immerzu damit beschäftigt, Ränke zu schmieden, einander den Hof zu machen oder sich aus Gründen der Ehre zu duellieren. Alles ist bedeutungsvoll und romantisch.

Ich halte meinen schlecht durchdachten Plan für eine kugelsichere Liebeskummertherapie. Ein einzelner Typ wird nicht reichen, um mich von Heiner wegzubringen. Ich brauche einen für die Nächte und einen für die Tage und einen für die Gedanken dazwischen. Ich brauche ein Sondereinsatzkommando, das sich rund um die Uhr um mich kümmert, ich brauche die Garantie, dass meine Anrufe immer beantwortet werden, dass immer jemand zur Stelle ist, wenn ich schwach werde, ich brauche eine kleine, schlagkräftige Armee, die meine Gedanken an Heiner in tausend Einzelteile zerlegt, Teile, so klein wie Sandkörner, so klein, dass sie keine Kanten mehr haben, an denen ich mich schneiden kann. Ich werfe Aliv länger werdende Blicke zu wie Köder an einer Angelschnur und versuche, die Ausmaße des Schadens zu überschlagen, die es verursachen würde, wenn ich was mit ihm anfinge.

Die Idee, mich zu verlieben, hat mit Heiner all ihren Reiz für mich verloren. Mich verlieben führt offensichtlich dazu, dass ich schwach und sentimental werde, übersteigerte Bedürfnisse entwickle und mich auch sonst in eine Person verwandle, die ich nicht sein will. In eine wehrlose Prinzessin. In ein hilfloses Mädchen. In eine Vollidiotin.

Liebe ist was für die Schwachen, entscheide ich, eine verblendete, infantile Disneyfantasie, eine reaktionäre Falle. Ich will nicht länger schwach sein, und das bedeutet, ich will nicht länger verliebt sein, denn Verliebtsein hat nie etwas für mich getan. Was ich jetzt will, ist Sex. Sex ohne Gefühle. Sex wie ein Mann.

Den ersten Lover habe ich im Handumdrehen rekrutiert: Eniz ist der ausgemusterte Exfreund einer Bekannten, den sie mir großzügig überlässt wie eine Vintage-Handtasche. Er hat sich gerade von seiner letzten Affäre getrennt und ist jetzt mehr als bereit für eine nirgendwo hinführende Rebound-Romanze mit mir. Außerdem habe ich schnell gecheckt, dass er ein kleines Alkoholproblem hat, was immer ein Pluspunkt ist, denn es bedeutet, ich muss mir in seiner Gegenwart keine Mühe geben, mein Trinken damenhaft aussehen zu lassen. Schon in der nächsten Woche betrinken wir uns gemeinsam am See mit einer Flasche Sekt, schwimmen, reden über unsere Kindheiten und machen rum.

Der zweite Lover, beschließe ich, muss Aliv werden. Den heißen, jungen Drogendealer meines Exfreundes zu knallen ist genau die Art von fies, die es in dieser Situation braucht. Nike besorgt mir Alivs aktuelle Telefonnummer: »Er lässt ausrichten, dass die sich dauernd ändert, also benutze sie schnell.« Ich rufe am gleichen Abend an und informiere Aliv, dass wir morgen ein Date bei ihm zu Hause haben. Er kocht mir Nudeln mit Tomatensauce, sagt mir, ich sei so zeitlos, dann machen wir es in seinem hässlichen IKEA-Bett mit Blick auf die sommerlich verregnete Chausseestraße.

Meine Strategie geht auf: Ich bin kaum je eine Nacht allein. Ich bade in so viel Bewunderung, männlicher Aufmerksamkeit und Sex, dass Heiner bald schon nicht mehr ist als eine fade Erinnerung. Alle Wunden, die er hinterlassen hat, verarzte ich mit der Bewunderung neuer Männer, mit dem Zaubertrank neuer Romanzen. Ich kann kaum fassen, dass ich darauf nicht früher gekommen bin. Es ist wie in dem Ideal-Song: *Männer gibts wie Sand am Meer / Es werden täglich immer mehr / Vom Bettler bis zum Millionär.*

Als der August sich schon dem Ende zuneigt, holt Eniz mich von der Arbeit ab, und wir gehen in die 8 MM Bar. Wir trinken Whiskey und reden pseudo-intellektuell und pseudo-soziologisch über Beziehungen zwischen Männern und Frauen und knutschen zwischendurch ein bisschen rum, und ich scanne unablässig über seine Schulter hinweg den kleinen, schummrigen Raum nach interessanten Leuten ab.

Ich sehe den Typen an einem Tisch vor dem offenen Fenster sitzen. Er ist halb von mir abgewandt, im Gespräch mit einer drallen Dunkelhaarigen mit einem Fünfzigerjahre-Dekolleté. Er raucht Luckies und sieht aus wie eine Levis-Anzeige aus den frühen Neunzigern, als die Hosen noch passend an den Hintern der Typen anlagen, bevor die Typen immer blasser und androgyner wurden. Er trägt Bluejeans und ein weißes T-Shirt und einen Sechstagebart, und ich werde noch Jahre später bei dem Song *Blue Jeans* von Lana Del Rey an ihn denken, wie er dasitzt, in der Hitze vor der Bar, und Bier aus der Flasche trinkt, in den letzten zehn Minuten seines Lebens ohne mich.

Ich weiß es sofort: Das ist Lover Nummer drei. Der oder keiner. Ich achte darauf, ihn immer im Augenwinkel zu behalten, während ich mit Eniz rede. Und als er endlich aufsteht, um zur Bar zu gehen, unterbreche ich Eniz: »Ich hol uns noch einen Drink. Was willst du haben?«

Ich gleite geräuschlos neben den Typen und täusche vor, dass mich jemand von der Seite anrempelt, obwohl niemand sonst an der Bar steht. Er dreht den Kopf zu mir. Er ist wirklich wunderschön. In dem Sommer, in dem wir uns begegnen, ist er sechsunddreißig und hat einen Schlafzimmerblick, der die Zeit verlangsamen kann. Seine Schultern wirkten wie durch echte, ehrliche Arbeit geformt, vielleicht auf einer Farm oder in einem Hafen, es ist jedenfalls vollkommen unmöglich, ihn sich in einem Fitnessstudio vorzustellen. Er weiß genau, wie er auf Frauen wirkt, vergisst es aber immer wieder, weil er so sehr daran gewöhnt ist. Auch in den folgenden Jahren noch erlebe ich oft, wie die Frauen auf ihn reagieren, genau wie ich reagiert habe, als ich ihn das erste Mal sah. Der oder keiner. Und jetzt haben wir unsere erste Konversation.

»Hey«, sage ich.

»Hey«, sagt er.

»Wie heißt du?«, frage ich.

Er macht eine Pause, als würde er kurz abschätzen, ob ich interessant genug bin, um die Scherereien wettzumachen, die ich ihm verursachen werde.

»Juri«, sagt er.

»Juri!« Ich bin sofort hellwach. »Bist du zufällig Russe?«

»Ja«, sagt er. »Wieso? Stehst du auf Russen?«

»Ich will unbedingt mit dir schlafen«, sage ich, kühn vom Whiskey, absolut ernsthaft, mein natürlicher Zustand.

Er lächelt das erste Mal. Später werde ich mich beim besten Willen nicht daran erinnern können, ob seine Augen blau oder grün sind.

Er zieht die Augenbrauen hoch und sagt: »Da, wo ich herkomme, trinkt man erst mal einen Wodka zusammen.«

Wir trinken den Wodka, kalt und heiß brennt er in meiner Kehle, ich schreibe dem Russen meine Telefonnummer mit einem Kugelschreiber auf den Unterarm.

»Ich kann jetzt nicht mehr reden, ich bin mit meinem Lover hier«, sage ich.

Er sagt: »Okay?«, und blickt unbestimmt in den Raum hinter uns. Eniz sitzt in der Ecke und tippt in sein Telefon.

»Schreib mir bald«, sage ich, und dann gehe ich zurück zu Eniz und habe das Gefühl des Sieges.

Der Russe setzt sich wieder an seinen Tisch vor der Tür, und ich sehe an den neugierigen Blicken seiner Begleitung, dass er einen interessanten Kommentar über unsere Begegnung fallen gelassen haben muss. Dreißig Sekunden später vibriert mein Telefon.

Er schreibt: *Ich will mit dir wegfahren. Wir mieten uns einen alten Chevy und lieben uns in einem Haus am See.*

Eine zuckrige Befriedigung flutet mich.

Ich tippe die Antwort, ohne nachzudenken: *O Russe! Ich glaube, ich liebe dich.*

Das ist gut, schreibt er, *denn ich liebe dich auch.*

Am nächsten Tag ruft er mich an und sagt mir, dass er technisch gesehen mit einer Frau verheiratet ist.

»Oh«, sage ich, und dann fällt mir nichts mehr ein.

»Aber wir können uns in meinem Studio treffen«, schlägt er vor. »Freitag? Um vier?«

Aufgekratzt gehe ich in die Küche, wo Nike sich gerade für die Arbeit fertig macht, indem sie sich giftgrüne Kunststoffwimpern auf ihre Augenlider klebt, die zu ihrer giftgrünen Perücke passen. Das Ziel unserer Arbeitsoutfits scheint immer zu sein, wie eine Drag Queen auszusehen.

»Der Russe ist verheiratet«, sage ich fatalistisch, lasse mich ihr gegenüber in einen Sessel fallen und stecke mir eine Zigarette an.

»Das ist doch super«, sagt sie mit zusammengebissenen Zähnen, ohne den Blick vom Spiegel und den widerspenstigen Wimpern abzuwenden. Sie versteht offenbar nicht, was das Problem ist. Eine Ehefrau! Mit der er zusammenwohnt!

Sie seufzt in einem Tonfall, in dem man etwas verblödete Frauen »Schätzchen« nennt, wirft mir einen nachsichtigen, giftgrün bewimperten Blick zu und beschreibt mir dann geduldig die Vorzüge einer heimlichen Affäre. Sie zählt pragmatisch an ihren Fingern auf: »Der geht dir nicht auf den Geist, behandelt dich wie die Kirsche auf der Torte und ist sexuell garantiert total ausgehungert. Genau das wolltest du doch.«

Freitag um vier habe ich mein erstes Date mit Juri. Ich trage ein enges, violettes Kleid von American Apparel und hohe Schuhe; ein Outfit, das für Tageszeit und Wochentag komplett unpassend ist, was mir in der Tram klar wird, in der normale Menschen gerade von der Arbeit nach Hause fahren, und ich wirke, als wäre ich ein Escort Girl unterwegs zu einer fadenscheinigen Dinnerparty. Egal. Ich bin wild entschlossen. Ich kaufe im Späti eine Flasche Sekt und eine Tüte Eiswürfel und klingele an seiner Tür.

Sein Studio ist ein WG-Zimmer in einer etwas heruntergekommenen, aber hellen Wohnung, die Juri mit einem Bühnenbildner teilt, dem ich in den folgenden paar Jahren höchstens zwei Mal begegne. Die Wohnung riecht gut. Juri holt zwei verschiedene Wassergläser mit Kalkflecken aus einem uralten Küchenschrank und füllt den Sekt hinein. Wir lassen die Gläser aneinanderklirren, trinken und lächeln.

»Deine Augen sind grün«, stelle ich fest, ohne zu wissen, warum.

»Ich dachte, ich sehe dich nie wieder«, sagt er.

»Wieso das denn«, sage ich gespielt verletzt, »ich habe dir meine Liebe gestanden!«

»Na ja«, sagt er, »es war spät, du warst betrunken, ich dachte, du hast wahrscheinlich irgendein Spiel mit deinem Lover am Laufen und benutzt mich als Requisit.«

»Er ist nicht mein Freund-Freund«, sage ich, obwohl Beziehungsstatus nichts ist, was Juri – genauso wenig wie irgendeinen der anderen Männer, die ich in dieser Zeit treffe – sonderlich zu interessieren scheint.

Er trinkt den Rest von seinem Sekt in einem Zug aus, stellt das Glas in die Spüle, nimmt meine Hand und zieht mich in sein winziges WG-Zimmer, das komplett von einem durchgesessenen Sofa und einem chaotischen Schreibtisch ausgefüllt wird, auf dem sich Skizzen, Technik-Equipment, angebrochene Zigarettenschachteln und Kaffeetassen stapeln. Die Sonne wirft diagonale Streifen auf die weiß lackierten Dielen. Wir küssen uns. Dann tritt er einen Schritt zurück, nimmt mir mein Glas aus der Hand und stellt es auf den Schreibtisch. Er schiebt mit beiden Händen meinen Rock nach oben bis über meinen Bauchnabel, kniet sich vor mich auf den Boden, zieht meinen Slip runter und fängt an, mich zu lecken. An der gegenüberliegenden Wand lehnt ein großer Spiegel, in dem ich uns sehen kann. Es ist völlig still im Zimmer, nur die Bäume rascheln draußen vor dem Fenster, und manchmal geht jemand durch den Hof. Ein Fahrradschloss schließt sich klickend, die schwere Haustür geht auf und zu. Das Blut rauscht in meinem Kopf.

Ich lehne mich gegen die Wand hinter mir. Er leckt mich langsam und selbstsicher und fast ein bisschen gelangweilt, als hätte er einen todsicheren Plan, den er langsam und sorgfältig ausführt. Es gibt keine Irritation und keine Fremdheit, es ist, als würde ich mich selbst anfassen oder als wären wir schon seit Jahren zusammen und hätten entspannten Sonntagnachmittagssex, weil wir gerade keine anderen Termine haben. Wir müssen nicht warm werden, nicht reden, wir müssen uns nicht kennenlernen, denn wir kennen uns schon. Schon lange. Schon immer.

Im Hof sagt jemand etwas in sein Telefon. Ich habe keinen einzigen Gedanken mehr. Er rutscht auf den Knien noch näher an mich ran, verändert den Winkel und drückt seinen Mund fest in meine Muschi, als würde er den Kern aus einer Frucht herausholen. Eine helle, weiße Elektrizität schießt durch mein Rückenmark, und alle meine Härchen stellen sich auf, bevor der Blitz erlischt und zu warmem, flüssigem Honig wird, der samtig an den Innenwänden meines Schädels heruntertropft und meine Knie nachgeben lässt. Er fängt mich, als hätte er jede Bewegung vorher hundertmal geprobt, mit seinen Armen auf und senkt mich auf die Couch hinab wie ein Blatt Papier. Mein Mund ist schon offen, genau wie alles andere, als er anfängt, mich zu küssen und sich alles zu nehmen, als ob ihm schon alles gehört.

Eine halbe Stunde später kommen wir auf dem Boden neben der Couch wieder zu uns. Unsere Klamotten sind überall im Raum verteilt, ein Glas ist kaputtgegangen und aus dem Kunstleder der Couch ein Stück herausgebissen.

»So einen Sex hatte ich mit meiner Frau seit Jahren nicht mehr«, sagt er sachlich, den Blick zur Decke gerichtet, während er mit einer Hand nach der Zigarettenpackung fischt.

»Das höre ich in letzter Zeit andauernd«, sage ich, den Blick ebenfalls zur Decke gerichtet. Ich freue mich schon darauf, diese grandiose Replik später in mein Tagebuch zu schreiben.

Nike hatte vollkommen recht: Der Russe ist alles, was ich wollte. Er ist wunderschön und toll im Bett, durchtrieben und sexy, sanft und gefährlich und völlig ungeeignet für eine emotionale Bindung. Ich kann den Spaß meines Lebens mit ihm haben. Ich darf nur nicht auf romantische Ideen kommen. Alles ist erlaubt, nur eins nicht: Ich darf mich auf keinen Fall verlieben.

Prinzipiell kein Problem, denn meine zentrale Beziehung führe ich ohnehin mit Nike. Wir sind eine schlampige, laute, betrunkene und bekiffte Girlgroup: die Blonde und die Brünette. Unser Konzept ist, es krachen zu lassen. Ich weiß nie, was ich erwarten kann, wenn ich im Morgengrauen nach Hause komme. Einer der Türsteher vom Guevara, der sich in einem zerrissenen Supermankostüm durch den Flur schleicht, so high, dass er denkt, er halluziniert mich. Eine Gruppe von Leuten, die sich in der Badewanne die Haare mit blutroter, chemisch stinkender Farbe färben. Nike und Anni, die philosophierend in der Küche sitzen, nachdem sie sich im Kunsthaus mit einem Mitglied der Bandidos geprügelt haben.

Wir finden es super, durchgedreht zu sein, gefährlich zu sein, promiskuitiv zu sein, Fun zu sein. Wir brauchen sie wirklich nicht, die Typen. Sie spielen kaum mehr als Nebenrollen in unserem Leben, denn wir haben einander. Wir braten einander Eier und Speck, sorgen füreinander, beenden Sätze füreinander.

Die Küche ist der Dreh- und Angelpunkt unseres gemeinsamen Lebens: Nike baut fachmännisch solide Regale und Arbeitsplatten hinein, wir besitzen einen riesigen Röhrenfernseher vom Sperrmüll, der immer flackert, wenn draußen eine Straßenbahn vorbeifährt, und in dem, während wir kochen, immer amerikanische Sitcoms laufen. Wir besitzen einen dreißig Jahre alten Toaster, den Nikes Eltern zur Hochzeit bekommen haben und den wir »Erf« getauft haben (nach einer Figur aus einer unserer Sitcoms), eine Popcornmaschine, die Nike bekifft im Internet gekauft hat, einen Second-Hand-Kühlschrank, an dem ein Schwarz-Weiß-Foto der nackten Helena Christensen klebt und den wir ansonsten von oben bis unten mit Mottos vollmalen wie *No Drama, no Fun* oder *Sick and tired of being sick and tired* (dass das eigentlich ein Motto der Anonymen Alkoholiker ist, wird mir erst zehn Jahre später klar). Im Kühlschrank finde ich eines Morgens eine Flasche Absolut Wodka, auf der jemand das *Wodka* durchgestrichen und durch das Wort *Poison* ersetzt hat. An der Wand hängt eine To-do-Liste in einem billigen lila Plastikrahmen, darauf stehen Dinge wie: *die perfekte Jeans finden* und *Trennung ohne Drama.* Wir planen dauernd geniale Interior-Interventionen, wie eine Poledancestange oder einen Zigarettenautomaten im Flur zu installieren, oder einen Bewegungsmelder, der einen frenetischen Applaus auslöst, wenn wir die Wohnung betreten. Zumindest könnten wir mal das Ochsenblut vom Boden schleifen, aber wir schaffen es in all den Jahren nicht einmal, einen Abfalleimer zu kaufen, und werfen stattdessen unseren Müll immer in eine Lidl-Tüte, die wir an die Türklinke hängen. Wir haben einfach zu viel zu tun.

Ich bin wild entschlossen, die Aufnahmeprüfung für die Designschule zu schaffen – ein Fach, das sehr gut zu meinem Lifestyle passt. Von den Künstlertypen erwartet man ja förmlich eine gewisse Liederlichkeit. Also arbeite ich bis spätabends an meiner Mappe und trinke dabei Wein, um die kreativen Muskeln zu lockern.

Nike studiert Politikwissenschaft und jobbt als Rezeptionistin in einem Hotel. Sie trinkt weniger als ich, kifft dafür mehr. Wir arbeiten beide nachts in der Bar.

Wir arbeiten und studieren, so viel es eben nötig ist, und in unserer Freizeit gucken wir *Germany's Next Topmodel* und *Die Nanny*, essen dazu Salat und Light-Chips und trinken Wodka. Wir shoppen im Scherzartikelladen Dinge unseres täglichen Bedarfs – Kunstblut, farbige Perücken und Krankenschwesternkostüme. Wir verbringen unsere Abende mit Sachen wie Überschriften aus Zeitschriften auszuschneiden, mit denen wir unsere Fotoalben und Tagebücher dekorieren, die die Romanzen mit den Barkeepern und Kleingangstern dokumentieren, mit denen wir rummachen. Wir schneiden einander die Haare, filmen unsere Gespräche, schreiben Tagebuch, streiten uns mit unseren Lovern, vergleichen unsere Brüste, schneiden bunte Nylonstrumpfhosen auseinander, um sie als Tops zu tragen, verkleiden uns als Figuren aus *Alice im Wunderland*. Wir teilen uns den begehbaren Kleiderschrank, der nach unserem Einzug schnell zu einem unbeherrschbaren Chaos geworden ist. Wir streiten uns darüber, wer das nächste Paket Kohlen aus dem Keller nach oben schleppt. Wir gehen zusammen zum Sport und tragen dazu prollige Leoparden-Leggings, die wir »Peggy-Bundy-Leggings« nennen. Wir stellen uns nackt vor den Spiegel und erzählen uns mantrahaft, wie heiß wir sind, um uns ein »Männerego« anzutrainieren. Wir schreiben uns gegenseitig Notizen an den Kühlschrank: *Sorry, konnte den Abwasch nicht machen, bin mit 'nem Typ nach München gefahren (lange Geschichte, MDMA), Love, M.*

Wir haben so wenig Geld, dass ich mir im Rückblick nicht erklären kann, wie wir damals überleben konnten. Wir sind immer müde. Wir machen den ganzen Tag Witze. Wir selbst sind eine Sitcom.

Die Typen, die regelmäßig bei uns in der Küche sitzen, haben keine Chance gegen uns. Wir spielen uns gegenseitig die Bälle zu wie ein eingefleischtes Comedy-Duo und foppen gnadenlos jeden, der uns unterkommt, besonders die, die wir casten, um was mit ihnen anzufangen. Von Zeit zu Zeit nehmen wir auf einer Party einen mit nach Hause. Wir unternehmen nichts, um die Gerüchte zu zerstreuen, die über uns kursieren.

Nike hat sich ebenfalls kürzlich von ihrem Langzeit-Boyfriend getrennt, so wie ich mich damals von Jascha getrennt hatte: aus einem unbestimmten Hunger nach mehr. Kaum Single und ungebunden, ist Nike zu einem langbeinigen 1,80-Meter-Raubtier mutiert und hat sich gleich mehrere der Bad Boys klargemacht, die ihr scharenweise hinterherrennen. Ihr Lieblingsliebhaber ist Serkan, ein im Schatten des Gesetzes arbeitender Schwerenöter, der so charismatisch ist, dass er sich innerhalb seiner Jungs-Gang sogar eine ausgeprägte Leidenschaft für Mode erlauben kann. Zusätzlich datet Nike einen melancholischen Barmann, der sich vergeblich bemüht, sie für die Monogamie zu begeistern, und einen sehr hübschen Plakatkleber, der uns eines Tages beim Frühstück erzählt, dass er gern bei uns schläft, weil er nur ein Paar Ecken von unserer Wohnung entfernt ins Oberstufenzentrum geht.

Neue Liebhaber zu rekrutieren ist das Einfachste, was es auf der Welt gibt. Als trinkfeste Barkeeperinnen mit Sinn für den Exzess haben wir mehr Game als der durchschnittliche Rockstar. Wir verbrauchen die Männer wie Wegwerffeuerzeuge. Wir verlangen außer Sex überhaupt nichts von ihnen. Wir sind wie sie. Und sie finden es großartig.

Cool Girl

Eine Frau zu sein, erscheint uns schon länger wie ein ausgesprochen schlechter Deal. Die weiblich konnotierten Eigenschaften, Emotionen und Tätigkeitsfelder haben uns ja auch immer wieder ans Messer geliefert. Wir haben verstanden, dass Emotionalität, Weichheit, Hingabe und Femininität uns nirgendwo hinbringen in dieser Welt. Man kann damit kein Geld verdienen und niemanden dazu bringen, einen zu respektieren. Viel leichter ist das, wenn man sich verhält wie ein Mann. Deswegen arbeiten wir nun hart daran, männlicher zu werden, und reproduzieren dazu alle noch so flachen, brachialen Männlichkeitsklischees, die wir kennen. Wir sind Cool Girls. Wir trinken Bier aus der Flasche, haben bindungslosen Sex und sind lieber mit Jungs befreundet, weil wir Mädchen so »kompliziert« finden. Wir essen fettiges Fleisch, gucken Boxkämpfe im Fernsehen und sammeln Eroberungen wie Trophäen. Wir betrachten es als persönliche Reife, wenn wir es schaffen, Sex und Gefühle zu trennen. Wir hören Gangsta-Rap, machen Krafttraining und finden, Romantik ist was für verblendete Disney-Prinzessinnen. Wir sagen permanent Sachen wie: »Ich war so gestresst, ich musste mir erst mal einen runterholen.« Oder: »Ich hab so Hunger, ich könnte ein ganzes Schwein essen!« Oder: »Du bist heute unerträglich, fickt dein Typ dich nicht genug?«

Als mir einmal ein Frauenarzt attestiert, meine Haarstruktur deute auf einen hohen Testosteronspiegel hin, fühle ich mich, als hätte ich einen Preis gewonnen.

Juri und ich treffen uns oft im Klub der Republik, einem Sowjetbau mit Glasfassade zur Straße raus. Es gibt glänzende Plastikpolster in der Farbe kandierter Äpfel, auf denen die Schenkel im Sommer festkleben und sich bei jedem Aufstehen mit einem schmatzenden Kussgeräusch lösen. Ich gehe in schwarzen Lederstiefeln die Feuertreppe hoch, an ein paar kiffenden Typen mit Dreads vorbei, die Luft riecht nach heißem Asphalt und Zigaretten.

Juri steht mit dem Rücken zu mir an der Bar. Er trägt einen dunkelblauen Anzug und einen Strohhut von Stetson und raucht. Ich kenne ihn erst seit wenigen Wochen, und mein Atem wird immer noch flach, wenn ich ihn sehe.

Ich gehe auf ihn zu, und er dreht sich um. Noch während wir uns küssen, hebe ich den Arm, um den Barmann heranzuwinken. Wir trinken je nach Jahreszeit, was immer gerade in Mode ist. Whiskey Sours oder Gin Tonics oder Moscow Mules oder Rotwein. Wir suchen unsere Treffpunkte aus wie Filmsets. Das Foyer des Kinos International. Da trage ich auf jeden Fall ein schwarzes Kleid und Schuhe mit klackenden Absätzen und bin ein bisschen zu spät dran, damit er sich umdrehen kann, wenn er mich auf dem Parkett auf sich zukommen hört und wir genug Zeit haben, den Moment auszukosten, bevor ich bei ihm ankomme und wir uns küssen.

Wir kaufen neue Bettlaken im KaDeWe und spielen, dass wir frisch verheiratet sind und unser neues Heim ausstatten. Wir trinken Sekt und essen Austern oben im Restaurant. Klaus Wowereit sitzt am Nebentisch und grinst. Wir gehen ins Kino, immer ein paar Gläser und eine Flasche Wein mit Drehverschluss im Rucksack. Wir sitzen im Café Cinema, trinken Kakao mit Rum und reden über unsere

Kindheiten, unsere Exaffären oder über Bands der Achtzigerjahre. Ben Becker sitzt am Nebentisch und glotzt mich gierig an, und Juri sagt melancholisch: »Ich wäre ein Idiot, wenn ich glauben würde, ich könnte dich besitzen.«

Nach ein paar Drinks gehen wir zu ihm. Wir machen Umwege, damit wir nicht zufällig seiner Frau begegnen. Wir ziehen uns aus und legen uns auf das Sofa oder einfach auf den Boden und knutschen mit vom Wein blau gefärbten Lippen. Manchmal bitte ich ihn, dabei Russisch mit mir zu reden. Er raunt und zischt fremde Worte nah an meinem Ohr, die sich aufregend und poetisch anhören, während er hinreißende Dinge mit seinen Fingern macht. Und es ist mir egal, dass ich nicht weiß, ob er mir die verruchtesten oder die romantischsten Dinge sagt oder ob er über die letzte Preiserhöhung für Busfahrkarten redet. Er kann alles mit mir machen.

Mit Juri rummachen ist wie immer betrunken sein. Er versteht was von Drama. Er versteht, dass Romanzen sich aus einzelnen Szenen zusammensetzen, wie die Absätze in einer Geschichte, wie die Bilder in einem Film. Er weiß, dass Kostüme, Setting, Gesten, Dialog und Timing guten Sex zu großartigem Sex machen. Er kann einen Augenblick mit Nostalgie füllen, schon während er passiert. Er weiß, wie man einen Moment zu einer Erinnerung macht.

Einmal treffen wir uns zufällig auf einer geschäftigen Straße, er sieht mich, bevor ich ihn sehe, ich gehe direkt auf ihn zu, und er fängt mich im Flug mit seiner freien Hand ein, wie einen vorbeiflatternden Geldschein. Und er zieht mich nah an seinen Mund, und alles verlangsamt sich, das Rauschen der Straße und die vorbeieilenden Menschen, alles wird unscharf, alles wird Kulisse, und er sagt nah an meinem Ohr: »Baby. Neben dir sind alle anderen nur Statisten.«

Natürlich weiß ich, dass er Bad News ist. Ich bin ja nicht bescheuert. Er hat die Angewohnheit, mit seiner Frau zu telefonieren, während ich neben ihm im Bett liege. »Es wird spät heute, warte nicht auf mich, ich gehe mit André was trinken.«

Ich weiß genau, wie ich ihn behandeln muss, damit er mir aus der Hand frisst. Wie ein Sexobjekt nämlich.

Ich beschließe, den Russen zu konsumieren wie jede andere Droge auch: maßvoll, verantwortungsvoll, mit Bewusstsein für Risiken und Nebenwirkungen. Ich darf nie vergessen: Der Typ ist was fürs Bett, kein Boyfriend-Material. Der »arbeitet« nicht an einer Beziehung. Er ist kein moderner Mensch. Er ist keiner von diesen »neuen Männern«, die gerade in Mode kommen, Männer, die sich um ihre Frisuren oder ihr Hautbild Gedanken machen oder um das ideale Tragetuch für ihr Baby oder um die Aufarbeitung ihrer Kindheit. Er ist untreu und unzähmbar und unverbesserlich, und ich tue gut daran, ihm nicht zu trauen.

Ich liege in unserer kalkfleckigen Badewanne, trinke Rotwein und rauche Parisiennes und denke über seine Frau nach. Ich blicke halb spöttisch, halb mitleidig auf sie herab. Die Unbekannte, die ihn liebt und womöglich sogar ernst nimmt, die eine Zukunft mit ihm plant, die mit seinen dreckigen Socken zu Hause sitzt und verzweifelt darauf wartet, dass er sich ändern wird. Die Idiotin, die einem Typen wie ihm vertraut. Ich denke mitleidig: Oh, Schätzchen. Höchstwahrscheinlich hat er sie irgendwann einmal auf die gleiche, fieberhafte Art geliebt wie mich letzte Nacht. Und wenn ich mich auf ihn einließe, dann würde eines Tages, in ein paar Jahren, eine jüngere, optimistischere, hoffnungsvollere Version von mir ebenso mitleidig auf mich herabblicken wie ich auf sie. Der Lauf der Welt.

Aber ich bin schlauer als sie, denn ich habe das alles verstanden. Und deswegen kann mir das alles auch nichts anhaben. Ich sage mir: Die Dosis macht das Gift. Ich kann Juri treffen, ihn konsumieren wie einen guten Wein (oder zumindest wie massenweise mittelmäßigen Wein), und solange ich es nicht übertreibe, bin ich sicher. Solange ich keine Gefühle entwickle. Solange er mir nicht zu wichtig wird. Solange ich mich nicht verliebe.

Hätte ich damals schon Eva Illouz gelesen, wäre mir klar geworden, dass ich mein Leben nicht selbst erfunden habe – genauso wenig wie meine Meinungen über andere Frauen und meine Vorliebe für gefährliche Liebschaften –, sondern dass ich durch und durch ein Produkt meiner Zeit bin. Eva Illouz erklärt uns heute nicht nur das Phänomen Cool Girl, sondern auch deren Beziehungsprobleme. Die romantische Liebe, schreibt die Soziologin, hat sich im Laufe des zwanzigsten Jahrhunderts – wie alles andere auch – in einen Markt verwandelt, auf dem die Regeln des Kapitalismus gelten. Schon unsere Sprache reflektiert das. Wir *investieren* Gefühle oder *verschwenden* sie an die Falschen, *verdienen* einander und bewerten Menschen mit Zehn-Punkte-Systemen.

Das kapitalistische Liebessystem wurde, wie alle anderen Systeme unserer Welt, von Männern für Männer entwickelt. Eva Illouz erklärt, wie es systematisch gegen Frauen arbeitet. Erstens werden typisch weibliche Eigenschaften und Merkmale definiert (Weichheit, Zärtlichkeit, Emotionalität, Weinen, Nagellack tragen, sich um andere kümmern, emotionale Arbeit leisten, Blümchensex gut finden, immer reden wollen) und diese dann systematisch abgewertet. Wir befinden uns also in einem kapitalistischen System, in dem Weibliches weniger wert und gleichzeitig im Überfluss vorhanden ist. Die Folge dieses Überangebotes: eine Inflation weiblicher Emotionen.

Die Frauen reagieren auf die Inflation gemäß den Regeln des Marktes: Ist das Angebot höher als die Nachfrage, muss man einen künstlichen Mangel herstellen. Frauen müssen also ihre Gefühle zurückhalten. Sie müssen kontrolliert und maßvoll lieben.

Seit den Siebzigerjahren des letzten Jahrhunderts kommen immer wieder Ratgeber auf den Markt, die Frauen erklären, wie sie das anstellen. In dem Bestseller *The Rules* werden beispielsweise strikte Regeln für den Umgang mit Männern festgelegt: niemals zurückrufen, niemals ein Gespräch beginnen, niemals in seinem Gesichtsfeld herumlungern. Du solltest auf keinen Fall den Eindruck erwecken, allzu sehr bei der Sache zu sein. Das Buch verspricht: Je überzeugender du das Gegenteil von dem kommunizierst, was du dir wünschst, desto wahrscheinlicher wird es, dass du dein Ziel erreichst. Je besser du deine wahren Bedürfnisse unterdrückst, desto größer deine Chancen, erwählt zu werden. Denn das Ziel ist nie wahre Unabhängigkeit. Das Ziel ist immer: Männern zu gefallen.

Natürlich sei das Buch sexistisch und die Strategien darin im Prinzip Manipulation, gestehen die Autorinnen und deren Fans. Aber es gebe ein unschlagbares Argument: Es funktioniere!

Ich habe in dieser Zeit weder *The Rules* noch Eva Illouz gelesen. (Datingratgeber sind was für Mädchen, und für soziologische Fachbücher habe ich wirklich nicht die Zeit.) Dennoch ist mir das Prinzip der emotionalen Verknappung bekannt, und ich wende es erfolgreich an.

Ich liege nackt in meinem Bett und rauche, die Beine um den dösenden Juri gewickelt. Der Ofen ist heiß, die Tür offen. Nike schlendert vorbei und macht anzügliche Gesten in Richtung seines perfekten Hinterns. Während er schnurrend in meinem Arm eindämmert, streichele ich zerstreut seinen Kopf, und als er fragt, woran ich denke, sage ich: »An Geld.«

In Wirklichkeit denke ich an ihn, immer nur an ihn, Tag und Nacht. In der U-Bahn schnuppere ich an meinen Armen, die immer noch nach ihm riechen, und verpasse meine Station. Ich schreibe einen Absatz nach dem anderen über einen seiner Schneidezähne in mein

Tagebuch oder versuche stundenlang, ein Gespräch zu rekonstruieren, das wir am Tag zuvor geführt haben. Das An-ihn-Denken ist wie in einem warmen Whirlpool liegen. Es ist eine Beschäftigung, für die ich mir Zeit im Alltag herausschinde. Alles, was nicht er ist, ist farblos, geräuschlos und ohne Geschmack. Wenn sein Gewicht mich auf das Bett drückt, gibt es keine reinere Liebe als diese, alle großen und archaischen Liebesgeschichten der Welt sind in unserer destilliert, Eros und Aphrodite, Amor und Psyche, George und Gauvain, Tristan und Isolde, Bonnie und Clyde, Sid und Nancy, Mickey und Mallory. Zehn Minuten, nachdem wir das letzte Mal Sex hatten, will ich ihn schon wieder.

Kurz gesagt: Ich habe ohne Ende Gefühle. Ich bin geliefert.

Das Cool Girl ist aus verschiedenen Gründen eine Kandidatin für problematisches Trinkverhalten. Erstens ist Trinken eine traditionell maskuline (also wertvolle) Aktivität. Zweitens gehen mit dem Unterdrücken von Gefühlen und Bedürfnissen Schmerzen einher, die nach Betäubung verlangen. Die Unterdrückung unliebsamer Gefühle ist der Ursprung jeder Sucht.

Doch wie alle Abhängigen erzähle ich mir selbst all den Bullshit, den sich jede erzählt, die nicht zugeben will, dass sie die Kontrolle verloren hat: Ich kann immer noch gewinnen. Ich kann jederzeit aufhören. Solange ich mir nicht eingestehe, wie wichtig er mir ist, habe ich alles unter Kontrolle, solange ich niemanden merken lasse, wie sehr ich ihn will. Die Strategien sind alt und suboptimal, wie es bei dieser Art Gezerre immer ist: Betäubung und Ablenkung. Ich trinke und konsumiere andere Männer, als würde ich dafür bezahlt.

Der Drink und die Männer

Ich suche meine Lover danach aus, wie sexy sie sind und wie gut ich mit ihnen trinken kann. Mit dem Dozenten kann ich beispielsweise gut trinken. Der Dozent trägt Anzug, inszeniert sich als Bondage-Connaisseur und überzeugt die Frauen davon, der teure Rotweintyp zu sein. In Wirklichkeit ist er der Sohn einer durchschnittlichen deutschen Mittelstandsfamilie aus Mecklenburg-Vorpommern und kann ums Verrecken keinen teuren Rotwein von einem billigen unterscheiden. Er lässt mich trinken, so viel ich will, und findet meine Unordentlichkeit charmant.

Mit Aliv kann ich auch gut trinken, aber aus anderen Gründen. Ich weiß, es entgeht ihm, dass ich zu gern trinke. Er ist Moslem, und die relative Alkoholarmut seiner Kultur hat ihn nicht für die Zeichen abhängigen Trinkens sensibilisiert. Während ich trinke, ist seine Aufmerksamkeit mit anderen Dingen beschäftigt. Zum Beispiel damit, sich nicht anmerken zu lassen, wie sehr ihn meine Klugheit verunsichert, und damit, sich nicht in einem schwachen Moment dazu verleiten zu lassen, bei seinen Kumpels damit zu prahlen, dass er die Exfreundin einer seiner besten Kunden knallt.

Mit Eyal ist das Trinken am schwierigsten. Er ist ein »Genusstrinker«, also einer dieser Leute, die ich noch nie verstanden habe. Er wohnt im schicken Teil von Charlottenburg in einem schneeweißen Loft. Ich treffe ihn jeden Samstag zum Dinner bei ihm zu Hause, wir diskutieren über Kunst und den Holocaust und machen Sex. Auf dem Weg gehe ich immer in den Weinladen in seiner Straße. Eyal hat bereits dort angerufen, eine bestimmte Flasche Wein ausgesucht und für mich zurücklegen lassen.

Eine einzige, teure Flasche Wein mit einem stilvollen Etikett. Eine einzige Flasche Wein auf einem Dinner Date für zwei erwachsene Menschen ist absurd. Es ist noch viel absurder, als überhaupt nicht zu trinken. Ich vermute, dass normale Menschen so trinken. Mit militärischer Disziplin. Das erste Glas darf ich nur sehr langsam trinken, denn ich weiß, danach ist es eigentlich schon wieder vorbei. Es ist ein Kraftakt und erfordert all meine Selbstdisziplin. Es ist Masochismus. Es ist, wie einen zerrenden Dobermann an der Leine zu haben. Ich kann mich kaum auf die Unterhaltung konzentrieren, weil ich so sehr damit beschäftigt bin, das Maximum aus diesem Wein herauszuschmecken, ihn auf Teufel komm raus zu genießen, in einem verzweifelten Versuch, die fehlende Menge mit der Intensität der Erfahrung wettzumachen. Es funktioniert nicht. Es funktioniert nie. Ich will den Wein nicht nippen und sein Aroma schmecken, seine Komplexität interessiert mich nicht, sein Bouquet interessiert mich nicht, ich will seine Kraft. Ich will so lange trinken, bis ich keine Komplexität mehr wahrnehmen kann, bis alles zusammenschmilzt zu einfachen, kompakten Wahrheiten, bis es nur noch zwei Seiten gibt, nur noch Schwarz und Weiß, keine Graustufen mehr, keine Schattierungen der Wirklichkeit. Warum ich ein kleines Glas Rotwein oder ein Bier trinken und dann aufhören soll, wird mir niemals, niemals einleuchten. Ich will mehr, mehr, mehr.

Mit Juri kann ich so trinken, wie es meiner Natur entspricht. Mit ihm muss ich mich nicht zurückhalten. Wir wälzen uns, ineinander verbissen, in Lachen aus Rotwein herum, wir rauchen dabei Zigaretten, und es gibt immer genug, also: mehr. Ich kann meinen wild gewordenen Hund von der Leine lassen und mich so lange drehen und tanzen, bis ich bewusstlos werde.

Trinken für den Feminismus

Die Geburtsstunde des Cool Girl lag irgendwo in den Siebzigerjahren des 20. Jahrhunderts. Die dritte Welle des Feminismus schwappte über die westliche Welt, und Frauen hatten sich bisher unvorstellbare Freiheiten erkämpft: Seit relativ kurzer Zeit durften sie wählen, arbeiten, Bankkonten eröffnen und darüber bestimmen, ob sie schwanger wurden oder nicht – alles, ohne vorher einen Mann um Erlaubnis zu fragen. Sie kamen auch ohne soziale Sanktionen mit immer mehr Verhaltensweisen durch, die früher nur für Männer akzeptabel gewesen waren: selbstbestimmten Sex außerhalb der Ehe haben. Kampfstiefel tragen. Karriere machen. Einen Reifen wechseln. Je maskuliner das Hobby, der Job oder die Weltanschauung einer Frau konnotiert waren, desto emanzipierter wirkte sie.

Alkohol war immer schon männlich konnotiert. Frauen war das Trinken und der Zugang zu Kneipen lange Zeit verwehrt gewesen. Das hatte natürlich auch damit zu tun, dass sie als Haushälterinnen und Kindermädchen unbrauchbar wurden, wenn sie sich stattdessen lieber betranken. Sie tranken also weniger als Männer, und wenn, dann heimlich.

Doch das änderte sich mit der Frauenbewegung. Nicht zuletzt deswegen, weil die Werbewirtschaft den Feminismus als Verkaufsstrategie identifizierte und begann, ihre Produkte gezielt an die moderne Frau zu vermarkten. Das Gleiche hatte in den Zwanzigerjahren schon sensationell mit Tabak funktioniert, als die American Tobacco Company ihre Zigaretten als »Freiheitsfackeln« für den Feminismus beworben hatte. Warum also nicht das gleiche Prinzip auf Alkohol anwenden?

Smirnoff Wodka druckte in den Siebzigerjahren Bilder der befreiten Frau auf Plakate: eine Amazone mit Schlafzimmerblick, roten Nägeln und Ausschnitt bis zum Bauchnabel. Sie sitzt an der Bar, ein Glas Wodka in der Hand, der sie von der Seite anschmachtende Barkeeper mit im Bild. Sie blickt lasziv in die Kamera, der Typ glotzt gierig in ihren Ausschnitt. Darüber der Slogan: *I never even thought of burning my bra until I discovered Smirnoff.* Der Alkohol ist hier nicht bloß Emblem der Befreiung, sondern die Befreiung selbst. Die moderne Frau ist natürlich immer schön, schlank, willig, halb nackt und ihre Befreiung in erster Linie eine sexuelle – zur Freude aller männlichen Anwesenden.

Trinken zu können »wie ein Mann«, wurde in den folgenden Jahrzehnten zum Powermove. Eine Frau, die was verträgt, gilt nicht mehr als liederlich und verkommen, sondern als sexy und stark. Indem sie den Habitus des Mannes übernimmt, steigert sie ihre soziale Stellung. Es ist eine naheliegende, eine fast unumgängliche Schlussfolgerung: Ein Mann zu sein bedeutet, frei zu sein. Wollen wir also frei sein, müssen wir männlicher werden.

Überall in Europa und Nordamerika lässt sich eine Korrelation zwischen dem Grad der Gleichstellung und der Verbreitung des weiblichen Trinkens beobachten. Vor rund zehn Jahren kam in Deutschland auf 3,5 alkoholkranke Männer eine Frau, heute kommt eine Frau auf 2,4 Männer. In allen Ländern gilt: Je emanzipierter die Frauen, desto mehr trinken sie.

Was genau Männlichkeit bedeutet ist natürlich eine genauso schwierige Frage wie die, was genau Freiheit ist. Freiheit hatte immer schon mindestens genauso viel mit Klasse zu tun wie mit Gender. Mathilde trank wie ein Kerl, weil sie arbeiten musste wie einer. Sie hatte nicht wirklich eine Wahl. Ihr Einkommen wurde gebraucht. Und wer schuftet, darf trinken.

Aber auch meine Mutter, die Generation, die nach Mathilde kam, hatte sich ihr selbstbestimmtes Leben jenseits von heimeliger Kleinfamilie nicht gerade ausgesucht. Ein Kind großzuziehen in einer Berliner WG mit der besten Freundin war Mitte der Neunzigerjahre aufsehenerregend – keine meiner Schulfreundinnen wuchs so auf –, aber hätte sie es sich aussuchen können, hätte sie zweifellos eine glückliche, stereotype Beziehung mit meinem Vater vorgezogen. Sie konnte kommen und gehen, wie es ihr gefiel, und sie konnte trinken wie ein Mann, wenn sie Lust dazu hatte, aber ihre Freiheit war keine freie Wahl. Sie war aus Umständen geboren, die sie lange sehr unglücklich machten.

Ihr Lebensstil war das Gegenteil von dem ihrer eigenen Mutter. Ursula war der Ansicht, die Gattin eines wohlhabenden Mannes zu sein war alles, was eine Frau sich nur wünschen konnte. Ursula war eine Dame. Sie ist nie einer Lohnarbeit nachgegangen, sie war immer Hausfrau. Sie füllte die Rolle perfekt aus. Ich sah sie nie ohne roten Lippenstift, Goldschmuck und durchkuratierte Outfits. In ihrem Haus gab es eine verspiegelte, kupfern schimmernde Hausbar im Wohnzimmerschrank: Klappte man die Schranktür auf, erstrahlte innen warmes Licht, und die jadegrünen und beerenfarbenen Kristallgläser darin glitzerten wie ein magischer Schatz in einem Märchen. Ich erinnere mich nicht daran, dass ich Ursula jemals betrunken gesehen hätte. Sie war unglücklich in einer schrecklichen Ehe. Aber sicher nicht unglücklich genug, um dem materiellen Wohlstand den Rücken zu kehren.

Wenn ich die Frauen in meiner Familie anschaue, sieht es aus, als gehöre ich zur ersten Generation, die eine Wahl hat. Wir müssen nicht mehr heiraten, wenn wir schwanger werden. Wir haben unser eigenes Geld und können uns von schlechten Beziehungen trennen, wenn wir wollen. Wir können unsere Kinder außerhalb der klassischen Kleinfamilie haben, ohne als Außenseiterinnen der Gesellschaft zu gelten. Wir müssen keine Kinder haben, wenn wir das nicht wollen. Wir sind ziemlich weit gekommen mit unserer Befreiung. Es scheint, das Einzige, was uns noch wirklich zurückhält, ist unsere Sehnsucht nach der romantischen Liebe.

Alkohol hilft mir, meine unerwünschten Gefühle für Juri in Schach zu halten. Während ich mich mit meiner sexuellen Begierde sicher fühle, machen mich die zarten Liebesgefühle, die mich immer öfter heimsuchen, sehr nervös.

Alkohol betäubt praktischerweise alles Zarte. Er macht mich indifferent. Er schleift die scharfen Ecken meiner Zweifel, meiner Grenzen, er entschleunigt meine Gedanken, betäubt sie, sodass sie langsam rinnen wie eine dicke Flüssigkeit.

Ich bin weniger verliebt, oder zumindest hat meine Verliebtheit einen romantischeren Glanz. Ich bin weniger sehnsuchtsvoll, wenn ich morgens allein aufwache, oder zumindest wirkt meine Sehnsucht erhabener. Ich bin weniger verletzt dadurch, dass er so tut, als würde er mich nicht kennen, wenn er auf der Straße mit seiner Frau an mir vorbeigeht, oder zumindest wirkt es cooler, wenn ich wie ein schmutziges Geheimnis an ihm vorbeigehe. Ich bin weniger wütend darüber, dass er lügt, oder zumindest ist meine Wut weniger brennend. Meine Gefühle sind stumpf und matt, sie haben keine subversive Kraft mehr.

Ich trenne mich ständig von ihm und gehe dann wieder zurück. Ich schwöre ihm wirklich ab, diesmal für immer. Ich ziehe an mir, ich zerre. Ich achte immer darauf, die Oberhand zu haben, immer muss ich die Stärkere – also die Indifferente – sein, ich darf nie den Eindruck erwecken, ich will ihn mehr als er mich. Ich lenke mich ab mit anderen, aber es ist nicht das Gleiche, es ist kein Vergleich. Ich will ihn moderat genießen, in Maßen, mich nicht ganz verlierend, nicht vollkommen kopflos, aber trotzdem berauscht. Ich kann diesen Balanceakt hinbekommen, schwöre ich mir. Ich muss nur diszipliniert genug sein. Ich muss mich nur intensiver auf andere Sachen konzentrieren, innerlich freier werden. Ich muss nur mehr an mir arbeiten, dann wird mich das alles nicht mehr so sehr kümmern. Ich habe die Kontrolle, sage ich mir, solange ich wach bleibe.

Solange ich nicht zeige, wie sehr ich ihn brauche. Solange ich nicht zeige, wie sehr ich ihn will. Ich weiß, dass Liebe nicht so schwer sein sollte. Aber gleichzeitig habe ich keine Ahnung, wie ich Leichtigkeit konstruieren soll.

Auf genau die gleiche Art weiß ich, dass meine Beziehung zum Trinken ungesund ist. Es sollte leichter sein, es sollte unbeschwert sein. Aber das Problem, denke ich, ist nicht der Typ oder die Droge oder das System oder der miese Status quo. Das Problem, denke ich, bin ich.

»Ich mag dich nicht«, sage ich zu Juri einmal, als wir mit Nike und Serkan in der Küche sitzen und Lines ziehen. Ich weiß auch nicht, warum ich das sage. Es ist vielleicht einfach das Brutalste, was mir einfällt. Der Satz hängt in der Luft. Alle schweigen.

»Ich hasse dich« hätte weniger schockiert. »Ich mag dich nicht« verletzt ihn wirklich, und ich spüre überrascht, dass der Riss auch durch mein Inneres geht. Ich bin zu weit gegangen. Ich bin entsetzt darüber, mit welcher Wucht mich die Zärtlichkeit trifft. Ich habe plötzlich das überwältigende Bedürfnis, aufzuspringen, ihn in die Arme zu nehmen, ihm über den Kopf zu streicheln, ihn zu küssen und alles zurückzunehmen. Aber ich widerstehe dem Impuls.

DIE REGELN

Neue Ordnung

Ich stehe hinter dem pink gestrichenen Tresen der Erdbeer-Bar am Rosa-Luxemburg-Platz in Mitte. Es ist früher Nachmittag, ich bin noch allein, nur ein paar Kaffee trinkende Hipster sitzen vereinzelt an den Tischen und unterhalten sich leise auf Englisch oder Spanisch. Ich bereite die Bar auf die Nacht vor. Zupfe Minze und schneide Limetten in Achtel. Schleppe Bierkisten und Ginflaschen und Eiswürfel aus dem Keller nach oben und räume sie in Kühlschränke und Regale ein. Wische Tische ab, zünde Kerzen an und rieche an Saftflaschen, um zu evaluieren, ob sie noch einen Abend lang brauchbar sind. Ich zähle jeden Zentiliter Alkohol in jeder Flasche in jedem Regal und jedem Kühlschrank und trage alle Werte in eine Liste ein. Aquavit: *40 cl.* Rum weiß: *120 cl.* Rum braun: *60 cl.* Die tägliche Inventur soll das Barpersonal davon abhalten, allzu sorglos mit ihrem Privatkonsum umzugehen. Sie ist außerdem eine irgendwie passende Metapher für mein neues Leben.

Ich habe eine neue Regel, die ich diese Woche ausprobieren will. Nur noch einen Weißwein und ein kleines Bier. Mehr nicht. Ich habe keine Ahnung, wie ich ausgerechnet auf diese Kombination gekommen bin. Weißer Wein kam mir schon immer weniger gefährlich vor als roter. Und ein 0,3 l-Bier ist gesellig und deswegen notwendig, aber es zählt natürlich auch nicht wirklich als Drink, denn es macht mich nicht mal beschwipst. Als ich alle Pflichten erledigt habe, schaue ich auf die Uhr. Es ist sechs. Ich habe noch zwei Stunden, bis meine Schicht vorbei ist. In anderthalb könnte ich das Bier trinken.

Alan, der heute DJ ist, kommt früher als üblich in die Bar geschlendert, setzt sich an den Tresen und beginnt, sich mit mir über sein neustes Kunstprojekt zu unterhalten, eine von David Bowies *Low*-Album inspirierte Elektro-Oper. Ich schiebe ihm ein Bier über den Tresen. Er wirft mir einen fragenden Blick zu. »Noch nichts für mich«, sage ich. Ich will mein Pulver nicht schon jetzt verschießen, es muss noch etwas bleiben, auf das ich mich freuen kann. Ich mache mir stattdessen einen Erdbeer-Smoothie und widerstehe dem Impuls, ein kleines bisschen Rum hineinzumischen.

Meine neuen Trinkregeln sind hauptsächlich dem Umstand zu verdanken, dass ich schließlich doch noch begonnen habe, etwas Ordentliches zu studieren. Ich habe in ein paar nächtlichen Schaffensanfällen die überschüssige Energie aus meinen Liebesdramen in ein düsteres Comicbuch über die Kunst des Unglücklichseins verwandelt, mit dem ich tatsächlich auf einer Designschule angenommen wurde.

Nun studiere ich etwas, das mir wichtig ist, für das ich echte Leidenschaft empfinde und für das ich ausgeschlafen sein muss. Ich merke schnell, dass mein Lifestyle nicht ohne Weiteres damit vereinbar ist.

Die Nachtschichten in der Bar hatten zuletzt immer mehr Energie verschlungen. Ich schleppte mich morgens mit letzter Kraft in die Uni und trank literweise Club-Mate, um wach zu bleiben. Ich konnte tagsüber kaum die Augen offen halten. Außerdem war Heiners neue Freundin immer wieder in der Bar aufgetaucht, hatte Cuba Libres bestellt, mich mit feuchten Rehaugen angeblickt und versucht, mit mir befreundet zu sein. Es fiel mir schwer, Nein zu sagen, denn ich mochte sie. Sie war, ganz dem billigsten Klischee entsprechend, eine jüngere, unschuldigere Version von mir. Heiner und sie trennten sechsundzwanzig Jahre, während zwischen ihm und mir ein Unterschied von nur zweiundzwanzig Jahren gewesen war.

Heiner trank und kokste unbeirrbar weiter und wurde immer mehr zum Schatten seiner selbst, hatte immer unberechenbarere Wut- und Selbstmitleidsanfälle und begann langsam, aber sicher ins Bemitleidenswerte abzudriften. Ich begann in ihm immer deutlicher das zu sehen, was Lena Dunham ein paar Jahre später als *Lichträuber* beschreiben sollte: ein abgehalfterter, trinkender und Koks ziehender Typ in seinen späten Vierzigern, der sich an den Hälsen frischer junger Frauen festsaugt, um ihre Jugend, ihre Hoffnung, ihre Lebenskraft zu stehlen.

Ich hatte nicht vor, mich noch weiter mit Heiners Emotionen zu befassen, mich mit seiner neuen Freundin zu verbünden oder finanziell von ihm abhängig zu sein. Die Räumung des Kunsthauses wurde außerdem schon seit einiger Zeit erwartet, und wir wussten alle: Es war an der Zeit, das sinkende Schiff zu verlassen.

Ich hatte also ein Wochenende lang alle Bars und Cafés in Mitte abgeklappert und überall nach einem Job gefragt. Im Erdbeer war zufällig gerade die Chefin da, als ich hereinschneite, mit einer Liste meiner bisherigen Jobs auf einem DIN-A4-Blatt, das ich im Internetcafé in meiner Straße ausgedruckt hatte. Meine Erfahrungen im verrufenen Kunsthaus überzeugten sie. Sie fragte mich nach meinem Musikgeschmack, ich nannte Grace Jones, Moloko und Depeche Mode, und sie buchte mich für eine Testschicht am Donnerstagabend, bei der ich routiniert das machte, was ich neben dem Schreiben am selbstsichersten aus dem Ärmel schütteln konnte. Drinks mixen, kokettieren, Männer genau die richtige Zahl an Minuten lang ignorieren. Ich wurde eingestellt. Im Erdbeer verdiente ich zwei Euro mehr als im Kunsthaus, und: Ich konnte Tagesschichten machen. Arbeiten von mittags um zwölf bis abends um acht ist in meiner damaligen Weltsicht absolut bürgerlich. Ich fühle mich, als wäre ich über Nacht zu einer Verwaltungsfachangestellten mutiert.

Ich werfe mich entschlossen in das, was ich als ein geregeltes, bürgerliches Leben betrachte. Ich gehe um Mitternacht ins Bett. Ich esse mehr Salat. Ich studiere etwas, das mir wichtig ist, und ich bin gut darin. Ich habe mir sogar einen neuen Freund zugelegt – einen sanften italienischen Maler, der fast täglich in der Bar mit seinen Mitbewohnern sein Feierabendbier trinkt und sich mühelos in mich verknallt. Als ich Daniele das erste Mal in seinem Studio besuche, um ihm für ein Porträt Modell zu stehen, trinken wir alkoholfreies Bier. Er sagt mir, er mache gerade eine »kleine Pause vom Trinken«. Ich verstehe das gut. Auch ich mache immer wieder kleine Pausen von den Dingen, die mich krank machen. Zum Beispiel mache ich gerade eine Pause von der Romanze mit Juri. Das war überhaupt der Anlass für Daniele gewesen. Nachdem Juri tatsächlich seine Frau verlassen und eines verregneten Abends atemlos vor meiner Tür gestanden hatte, um mir zu eröffnen, dass ich nun endlich seine Freundin sein könne, hatte ich entsetzt ein letztes Mal mit ihm geschlafen und dann einen Streit vom Zaun gebrochen und Schluss gemacht. Nun muss ich mir die Flausen aus dem Kopf schlagen. Und Daniele macht Sinn. Er meint es ernst. Er ist nett, er ist verlässlich und gesund.

Ich vermisse den wilden, lebensgefährlichen, besessenen Sex mit Juri. Aber ich weiß, dass Daniele die gesündere Entscheidung ist. Ich bin wild entschlossen, ein für alle Mal das Richtige zu tun. Ich bin wild entschlossen, mein Leben auf die Reihe zu kriegen.

Ich habe begonnen, mein Trinken zu beobachten und zu kartografieren wie eine Wissenschaftlerin ein interessantes Naturphänomen. Ich entwickle immer wieder neue Methoden, es zu messen und zu umzirkeln. Ich habe ständig neue Regeln. Das Ziel der Regeln ist, weniger oft, weniger viel oder weniger verheerend zu trinken. Die Idee, ganz mit dem Trinken aufzuhören, beängstigt mich noch nicht, denn sie kommt mir gar nicht in den Sinn. Ich habe nicht vor, mit irgendwas aufzuhören. Nicht mit Männern, nicht mit der Barkeeperei, und ganz sicher nicht mit dem Trinken. Aber ich will das alles besser machen. Kontrollierter. Erwachsener.

Ich will so trinken, wie anscheinend alle anderen trinken können: mühelos, gemäßigt, beiläufig. Trinken ohne Kater, ohne Schäden für den Teint. Trinken, und dann auf wundersame Weise genug bekommen. Aufhören, wenn die Wirkung einsetzt, diese sanfte Beschwingtheit. Genughaben ist mir aber damals schon ein Rätsel. Wie ist das, wenn man nach einem oder zwei Gläsern Wein das Gefühl hat: Es reicht? Was geht in diesen Leuten vor, die tatsächlich dieses berühmte eine Glas Wein trinken und aufhören, sobald er anfängt zu wirken? Wie *wird* man so? Mir ist diese Art von Mäßigung ein Rätsel. Ich will immer mehr, und selbst wenn ich es manchmal noch schaffe, dem Drang nach mehr zu widerstehen, ist es nie eine leichte Entscheidung, es ist immer ein Kraftakt. Aber ich weiß, ich kann die Kraft aufbringen. Andere schaffen es ja auch.

Verzicht und Versuchung

Auch was mein Liebesleben betrifft, experimentiere ich mit Zurückhaltung. Ich habe all meine Lover abgesägt und schlafe nur noch mit Daniele. Ich teste die Monogamie wie ein neues Hobby und bin erleichtert, dass mir sexuelle Treue nicht schwerfällt. Obwohl es sich nicht so richtig wie mein eigentliches Leben anfühlt und ich nicht verstehe, was das soll – ich mache mit. Ich bin dazu bereit, nach den Regeln zu spielen.

Ich sehe, dass Daniele gut für mich ist. Er hat den gleichen Job, ist darin aber bereits erfolgreich, während ich noch studiere, keinen Cent damit verdiene und mit Selbstzweifeln hadere. Ich kann mit ihm über die kreative Arbeit reden. Er nimmt mich ernst. Ich habe das erste Mal einen Boyfriend, mit dem ich mich stundenlang über Farbpaletten und Bildkompositionen unterhalten kann. Er schreibt mir Liebesbriefe und macht mir niedliche kleine Geschenke und kocht mir romantische Dinner. Er malt mich in Öl. Wir stellen einander unsere Eltern vor. Meine Mutter ist begeistert. Endlich bin ich zur Besinnung gekommen. Seine Mutter schenkt mir pinkfarbene Küchentücher und drückt mich an ihre Brust. Seine Schwester wirft mir beim Abendessen verschwörerische Blicke zu. Daniele ist eifersüchtig auf jeden Typen, der mich von der Seite anguckt, und ich beschließe, sogar das entzückend zu finden. In seinen Augen bin ich keine Femme fatale, in seinen Augen bin ich sanft und süß. Ich weiß, hier darf ich mich nicht danebenbenehmen. In meiner Beziehung mit Juri war es kein Problem – ja, sogar irgendwie notwendig –, eine grausame, rücksichtslose Dramaqueen zu sein, denn erstens führte das zu einer Menge aufregendem Sex, und zweitens wirkte ich neben ihm sowieso immer wie die Gute, egal wie untreu, irre und gemein ich mich verhielt. Aber mit jemandem, der nett und integer ist, kann ich mir keine Fehltritte leisten. Ich muss mich zusammenreißen.

Ein Bonus ist, dass Daniele auch gerne trinkt, aber nicht viel verträgt, sodass mein Trinken neben seinem harmloser aussieht, als es ist. Auch wenn wir gleich viel trinken, bin ich in der Lage, noch drei Stunden lang weiterzutanzen und bei Ausstellungseröffnungen über das Werk Gerhard Richters zu schwadronieren, während mein Freund schon unter dem Tisch liegt.

Ich gewöhne mich schnell an die Zärtlichkeit und die Leichtigkeit dieser Beziehung. Obwohl sich irgendeine entscheidende Stelle meines Herzens taub anfühlt. Es gibt kein Drama, keine Schwierigkeiten, und deswegen fühle ich einen unbestimmbaren, seltsamen Mangel.

»Alles ist perfekt«, sage ich zu Nike, bei Wein in unserer Küche, »aber ich weiß nicht, irgendwas fehlt.«

Die Leidenschaft. Oder einfach nur das Leiden?

An der gefühllosen Stelle, an der nichts wehtut, sitzt die Sehnsucht nach Juri. Die fiebrige Lust unserer verbotenen Nächte glimmt immer noch in einer dunklen Ecke meines Selbst, die für Daniele unsichtbar ist. Aber ich kontaktiere Juri nicht. Dieses Mal will ich das Richtige tun.

Im Frühling fliegt Daniele nach London, um eine Ausstellung aufzubauen. Ich bleibe zu Hause und gehe meinem Arbeitsleben nach. Eines Tages, während einer ereignislosen Nachmittagsschicht, kommt Juri in die Bar geschlendert. Ich habe ihn seit Monaten nicht mehr gesehen. Er trägt einen Strohhut und ein himmelblaues Hemd mit Kanarienvogelprint und als Kontrast dazu ein dunkles Lächeln. Er setzt sich an den Tresen, bestellt einen Moscow Mule und flirtet.

»Wie geht's dir?«, fragt er unschuldig.

»Mir geht es super«, sage ich triumphierend, »ich habe einen neuen Freund!«

Er erzählt mir daraufhin, dass er wieder mit seiner Ex zusammen ist. Ich spüre einen Stich aus verletztem Stolz und diesen bitteren Geschmack im Mund, den ich immer schmecke, wenn sich wieder einmal jemand elendig berechenbar in sein eigenes Klischee verwandelt hat.

»Na, das ist doch toll«, sage ich, aggressiv ein Glas polierend. Ich ärgere mich über den zickigen Ton in meiner Stimme. Deswegen lege ich nach: »Ihr passt auch wirklich gut zueinander. Wie geht es ihr denn?«

»Sie ist gerade im Urlaub«, sagt er, unentwegt lächelnd, und breitet die Gesprächspause zwischen uns aus wie ein frisches, weißes Laken.

Kontrolle

Praktisch alle Abhängigen versuchen zu Beginn ihrer Abhängigkeit, kontrolliert zu trinken. Das kontrollierte Trinken ist der heilige Gral für alle Suchtis. Kontrollversuche sind das erste Zeichen für fehlende Kontrolle, und Regeln und Listen das rettende Floß, an das man sich noch eine ganze Weile klammern kann, während man nach und nach immer mehr Befugnisse über den eigenen Willen verliert. Es gibt ein Zehn-Schritte-Programm, mit dem man lernen soll, den eigenen Konsum zu beherrschen. Dazu kann man zum Beispiel ein Trinktagebuch führen: eine Tabelle, in der man Tag für Tag protokolliert, wie viel man trinkt und wann, mit wem, wo, aus welchen Gründen und zu welchem Zweck. Man kann in diese Tabellen genau eintragen, wie viel man am Anfang der Woche plant zu trinken, und dann nachverfolgen, wie krachend man am Ende der Woche gescheitert ist. Wenn man seine gesamte Willenskraft mobilisiert und es tatsächlich schafft, sich an die gegebenen Trinkmengen zu halten, hat man sich eiserne Selbstdisziplin bestätigt und also allen Grund zum Feiern: Hurra, ich bin keine Alkoholikerin. Wenn ich nur wüsste, wie man feiert ohne Alkohol.

Ich habe meine ersten Trinkregeln schon mit Anfang zwanzig aufgestellt, zehn Jahre, bevor ich aufhöre. Ich notiere sie in meinem Tagebuch: nicht vor sechs Uhr morgens, nicht vor vier. Kein Schnaps, nur Wein. Nur Mischgetränke. Nur Weinschorle. Nur Radler. Nur klaren Schnaps. Immer ein Glas Wasser zwischendurch. Nach jedem Schluck das Glas abstellen. Nur ein Getränk alle zwei Stunden. Nur in Gesellschaft. Nur am Wochenende. Nur an drei Tagen die Woche. Nur an vier. Freitag zählt als Wochenende. Und an sonnigen Sommernachmittagen ist eigentlich schon Donnerstag Wochenende. Donnerstag ist der kleine Samstag. Jede Regel beinhaltet schon einen ganzen Katalog an Ausnahmen; nicht allein zu Hause – dann geh ich eben mehr aus. Nicht mit bestimmen Leuten – die seh ich dann eben seltener. Niemals, niemals morgens – es sei denn, es ist ein Brunch. Oder eine Hochzeit. Oder ein Weihnachtsfeiertag.

Ich habe Regeln für meine Affären und Regeln für mein Trinken, und ich breche sie alle, früher oder später. Wenn mir heute jemand erzählt, sie habe Regeln für ihr Trinken (oder für Instagram, Tinder, eine Person, Arbeit, Masturbation, Shopping, Videospiele oder Sport), denke ich: willkommen auf dem ersten Level deiner Abhängigkeit.

Trinkpausen sind wie Regeln, nur nachdrücklicher. Der Deal: Wenn ich es schaffe, einen Abend oder zwei Wochen oder zwei Monate nicht zu trinken, dann habe ich mir bewiesen, dass alles okay ist. Dass ich kein Problem habe. Denn ich kann ja offensichtlich jederzeit aufhören.

Pausen waren immer schon beruhigend einfach für mich. Es war nie schwer, nicht zu trinken. In den Pausen fühlt sich mein Leben bloß nicht wie mein eigentliches Leben an. Als wäre alles eine Party, auf der ich niemanden kenne und kein Gesprächsthema finde. Ich bin hier nicht zu Hause.

Meine ersten Trinkpausen mache ich ungefähr zu der Zeit, als ich mit den Regeln anfange. Ich trinke zum Beispiel eine ganze Barschicht lang nur Diet Coke aus 0,3 l-Glasflaschen und habe das Gefühl, dass ich bereits nach zwanzig Minuten schlanker und athletischer bin und mein Körper enthusiastisch zu detoxen beginnt, obwohl ich eine Zigarette nach der anderen rauche und erst um sieben Uhr morgens ins Bett komme.

Ich bin begeistert davon, wie witzig, selbstbeherrscht und eloquent ich bin, wie mühelos ich über jede schmierige Anmache hinweggehe, wie kontrolliert und effizient sich jede meiner Bewegungen anfühlt. Wie erwachsen ich wirke. Wie souverän ich bin. Wie nahtlos meine Erinnerungen mit der Realität zusammenpassen. Wie hell die Nacht ist. Wie unterlegen die Männer.

Das ist mein natürlicher Zustand, denke ich begeistert. Mein wahres Ich ist leicht, optimistisch, happy und stark.

Ich erzähle Nike am nächsten Vormittag beim Kaffee davon, wie großartig ich mich fühle. Dass ich das von nun an wirklich öfter machen muss. Dass es ein Geheimtipp ist. Ich erzähle das genauso fröhlich und unverbindlich, wie man einem alten Kommilitonen, den man zufällig auf der Straße trifft, versichert, dass man sich wirklich bald mal zum Kaffee verabreden sollte, während beide ganz genau wissen, dass es dazu niemals kommen wird. (Letztendlich hätte man sich wenig zu erzählen. Er hat jetzt ein Kind und einen geregelten Job und eine vermutlich sehr harmonische Beziehung mit einer Frau, die sich darüber freut, wenn sie als »lieb« beschrieben wird.)

Manchmal trinke ich nicht, wenn ich zum Essen mit Freunden ausgehe. Dann bin ich mir den ganzen Abend intensiv meiner selbst bewusst, als wäre ich overdressed. Obwohl ich nicht darüber spreche, ist die Tatsache, dass ich nicht trinke, in meinem Kopf das zentrale Thema des Abends. Ich schwebe ein paar Meter über meinem nüchternen Alter Ego und schaue mir beim Nichttrinken zu. Ich beobachte mich selbst dabei, wie ich Gespräche führe, wie ich zuhöre und antworte und interessierte Rückfragen stelle und immer genau die angemessene Zahl von Sekunden zwischen meinen Sätzen lasse. Ich beobachte die Zitronenscheibe in meinem Tonicglas, die Kohlensäurebläschen an ihrem knallgelben Fruchtfleisch, das zarte, melodische Klirren der Eiswürfel. Wenn ich dann um halb eins mit dem Fahrrad nach Hause fahre, bin ich ruhig, euphorisiert, glasklar.

Wie eine makellose Wasseroberfläche, wie eine idealtypische Version von mir selbst, die noch mit einem transparenten Schutzfilm ummantelt ist, bevor der tägliche Gebrauch unweigerlich die perfekte Hülle zerkratzt.

Ein paarmal gehe ich ohne Alkohol auf ernsthafte Partys. Auf Marcs Junggesellenabschied im Kater trinke ich nur Mineralwasser, tanze stundenlang zu Deep House, sehe meinen Freunden fasziniert dabei zu, wie sie fremden Leuten hingebungsvoll das Gesicht ablecken, und sehe mir selbst fasziniert beim Klarsein zu. Ich fühle mich so entfernt von allem, so abgespalten, so *sicher*. Wie hinter Panzerglas. An der Bar begegnet mir ein Typ aus unserer Gruppe und umarmt mich lange und euphorisch, als wären wir lange getrennte Familienmitglieder, die sich nach dem Krieg wiedersehen. Er steckt mir verschwörerisch MDMA zu, und ich nehme es, ohne zu zögern. Ich spüle das knallerbsengroße Pulversäckchen mit einem Schluck Cola runter, und das bittere, chemische High, das mich wenig später erfasst, scheint meine Klarheit nicht zu mindern, sondern paradoxerweise noch zu intensivieren. Um mich herum stolpern Leute betrunken über Stühle, und während das MDMA langsam in mir aufsteigt wie flüssiges, siebenunddreißig Grad warmes Sonnenlicht, höre ich Nike konzentriert dabei zu, wie sie versucht, mich mit schweren Lidern zu einem Dreier mit einem haarlosen Bodybuilder in einem weißen Feinrippunterhemd zu überreden, dessen Lächeln wie ein Muskelkrampf wirkt und dessen Haut glänzt wie Plastik. Ich denke darüber nach, ob diese Haut sich wohl feucht anfühlt wie Schweiß oder eher trocken wie der warme Lack einer Motorhaube. Ich berühre testweise mit zwei Fingern seinen Oberarm und bin überrascht; so muss sich eine Würgeschlange anfühlen: wärmer, muskulöser und trockener als erwartet. Lächelnd lehne ich den Dreier ab.

Einmal gehe ich mit einer Gruppe Freunde auf eine schicke Sexparty in einem gigantischen Technoclub, auf der alle maskiert sind. Ich weiß schon zu Beginn, dass ich nicht trinken werde, weil ich auf einer solchen Veranstaltung auf keinen Fall die Kontrolle verlieren will. Ich trage ein eng anliegendes Outfit mit schwarzen Hotpants und hohen Stiefeln und schwarzen Nylons und einer schwarzen Batman-Maske aus Leder, die Marc mir geliehen hat. Bässe pulsieren hypnotisch im kalten Scheinwerferlicht, schöne Menschen mit gestählten Körpern in Fantasiekostümen haben überall in dem riesigen Saal Sex miteinander, und ich bin überrascht, wie wenig das mit mir macht. Ich nippe mit abgespreiztem kleinem Finger an meiner Coke light und rede mit einem Bekannten über das neue Album von Beyoncé, während direkt neben uns eine grünhaarige Frau in einer Schulmädchenuniform einem Typen im Lederharnisch einen Blowjob gibt. Hier fühlt sich mein Nichttrinken zur Abwechslung mal nicht deplatziert an: Die durchgestylte Künstlichkeit und die klirrende Kälte, die dieser ganze performative Sex ausstrahlt, ist der perfekte Spiegel für mein klares, kühles, distanziertes Inneres. Der Bekannte erklärt mir gerade, er halte es für eine sinnvolle Idee, wenn wir eine Affäre miteinander anfingen. Ich mache eine höfliche Pause, als würde ich über das Angebot nachdenken, und lehne dann lächelnd ab.

Vor nicht allzu langer Zeit habe ich sogar gemeinsam mit Juri eine Trinkpause gemacht. Er hat das vorgeschlagen. Ich erinnere mich nicht daran, wie er auf diese Idee gekommen ist oder ob ich mit ihm über die Gründe sprach. Trinkpausen waren in unserer Welt immer eine Option, die mögliche Antwort auf eine Frage, die wir nie stellten. Es ist bemerkenswert, dass wir uns nie über das Trinken unterhalten haben, denn schon damals war es das, was alle unsere Erlebnisse gemeinsam hatten.

Die zwei alkoholfreien Wochen im Hochsommer unseres dritten Jahres waren bemerkenswert schön. Wir gingen ins Freiluftkino, liefen spätabends Händchen haltend durch den Park nach Hause und redeten darüber, was wir werden wollten, als wir klein waren. Wir schliefen tief und lange und wachten glücklich auf. Wir hatten Blümchensex. Wir sagten unter einem Vorwand Partys ab, um in meiner Küche zu sitzen und Scrabble zu spielen. Wir stritten nicht, wir flirteten nicht mit anderen Leuten. Wir machten einander Kaffee und waren undramatisch verliebt. Wir badeten in seliger Ereignislosigkeit.

Ich erlebte das erste Mal das, was ich auch in meinen späteren, nüchternen Beziehungen erleben würde: Ich sah die Kindlichkeit in meinem Lover. Hinter dem Erwachsenen, der er war, sah ich das Kind, das er einmal gewesen ist, wie auf einer Doppelbelichtung. Sein schutzloses Gesicht, wenn er schlief. Die Zärtlichkeit, die mich dann überfiel, konnte fast unerträglich sein. Meine Liebe verwandelte sich von etwas, das hungrig verlangt und nie genug bekommt, zu etwas, das die Flügel aufspannt, um darunter Schutz zu geben.

Nachdem die zwei vereinbarten alkoholfreien Wochen vorbei waren, fingen wir umstandslos wieder an zu trinken. Warum sollte man auch etwas so Irres fortsetzen, nur weil es einen glücklich macht.

Zahlen

Ans Aufhören denke ich im Traum noch nicht. Ich habe nicht einmal Angst davor, dass mir eine erzwungene Abstinenz drohen könnte. Ich weiß, dass ich irgendwie zu viel trinke, aber auf eine Art, auf die ich auch weiß, dass ich irgendwie zu viel Zucker esse oder mich irgendwie zu wenig bewege, zumindest nach den Standards irgendwelcher realitätsferner Spaßverderber. Meine Intuition sagt mir klar und deutlich, dass ich ein Problem mit dem Status quo meines Alkoholkonsums habe, aber dieses Störgefühl scheint mich zu trügen, denn überall um mich herum ist mein Konsumlevel Normalität.

Es ist aber auch wirklich schwer, eine verlässliche Antwort auf die Frage zu bekommen, was genau eigentlich zu viel ist. Die Mengenangaben, die ich für meine Trinkregeln zugrunde lege, sind deutlich höher als die Zahlen, die laut WHO als risikoarm gelten. Aber was soll man machen; wenn man die WHO-Zahlen ernst nähme, dann wären ich und alle, die ich kenne, bereits im dunkelroten Bereich auf dem Suchtspektrum. Nico, die Chefin in der Bar, bringt eines Tages einen Satz dieser winzigen 0,1 l-Weingläser mit, in die so eine WHO-Menge reinpasst. Sie sehen wie Spielzeug aus. Wir verwenden sie, wenn jemand einen halben Wein bestellt (was nur ein paarmal im Jahr vorkommt). Ich habe diese kleinen Gläser nie wieder irgendwo anders gesehen, und ich habe nie eine Erwachsene gesehen, die so wenig Wein trinkt. Ich brauche andere Zahlen, bessere. Realistischere.

Seit einiger Zeit mache ich Tests im Internet, meistens, wenn ich verkatert und demoralisiert die Eine-Million-Euro-Frage in das Google-Suchfester tippe: *Bin ich Alkoholiker?* Ungefähr 1 260 000 Ergebnisse.

Frage: *Wenn Sie Alkohol trinken, wie viele Gläser trinken Sie dann üblicherweise an einem Tag?*

Ich weiß, dass die mit »Gläser« diese unrealistischen WHO-Puppenstubengläser meinen, und wenn ich nach diesem System rechne, trinke ich also fast immer sechs bis neun oder mehr, denn das sind ja in Wirklichkeit bloß drei oder vier. Ich überlege, kreuze dann fünf oder sechs an. Ein guter Kompromiss.

Frage: *Wie oft haben Sie in den letzten zwölf Monaten erlebt, dass Sie nicht mehr mit dem Trinken aufhören konnten, nachdem Sie einmal begonnen hatten?*

Diese Frage habe ich noch nie verstanden, sie ist wie ein komplexes philosophisches Problem für mich. Das Ding ist: Ich *kann* ja aufhören. Also wenn jetzt das Haus brennen würde und ich rausrennen müsste oder so. Dann könnte ich problemlos aufhören. Mein

Problem ist, dass ich in den entscheidenden Momenten einfach nicht aufhören *will.* Es ist wie mit den Männern. Ich weiß, ich sollte Daniele wollen, stattdessen will ich immerzu Juri.

Ich brauche eine Technik, mit der ich meinen Willen dazu bringe, dass er will, was gut für mich ist. Ich kreuze an: nie.

Frage: *Haben Sie Kontrollverluste, wenn Sie trinken?*

Unter einem Kontrollverlust stelle ich mir vor, dass ich in eine Prügelei gerate. Oder so wild tanze, dass ich aus dem Fenster falle. Oder dass ich ein Auto zu Schrott fahre. Zumindest, dass ich einen emotionalen Anfall habe und eine kostbare Kristallvase zerschmettere. Etwas Dramatisches eben, etwas Explosives, eine übermenschliche Macht, die sich fauchend und knallend entlädt. Kontrollverlust: nein, eigentlich nicht, kreuze ich an.

Frage: *Hatten Sie schon mal Schuldgefühle wegen Ihres Alkoholkonsums?*

Pfff, hallo? Wer denn nicht? Ein Mangel an Disziplin ist schließlich eine menschliche Konstante. Neun von zehn Leuten, die ich kenne, prokrastinieren ihre Hausarbeiten oder machen zu wenig Sport. Ich kreuze Ja an.

Meistens kann ich trotz meiner Verständnisprobleme und meiner Relativierungstricks eine ganze Reihe Fragen mit Nein beantworten. Ich trinke nicht täglich. Ich trinke nicht heimlich. Ich habe noch nie was trinken müssen, um »meine Nerven zu beruhigen«. Ich habe noch nie am Morgen zitternde Hände gehabt. Und ich sehe definitiv keine Insekten auf meiner Haut herumkrabbeln.

In der Auflösung steht immer so etwas wie: Sie haben ein gesteigertes Risiko, an einer Alkoholabhängigkeit zu leiden. Wir empfehlen Ihnen, sich mit Ihrem Hausarzt oder einer Alkoholberatungsstelle in Verbindung zu setzen.

Also: Mein Trinken ist riskant, das schon. Aber es könnte schlimmer sein.

Obwohl die Tests mich nicht schlauer machen, meinen inneren Kampf befrieden oder meine Zweifel zum Schweigen bringen, kehre ich wieder und wieder zu ihnen zurück. Ich suche eine Antwort, die mich befreit, eine endgültige Antwort, die das nagende Gefühl zerstreut, dass mein Trinken ein Problem ist, das ich lösen muss. Ich will hören, dass die Situation, wenn schon nicht ideal, so doch immerhin optimierbar ist. Dass ich etwas ändern muss, aber nichts Fundamentales. Ich will, dass in der Auflösung so was steht wie: Klar, also ich meine, suuuuper gesund ist dieser Lifestyle nicht, aber hey, wenn du ein bisschen reduzierst und darauf achtest, gesund zu essen und dreimal die Woche Sport zu machen, dann ist das schon okay. Sei nicht so hart zu dir.

Stattdessen bin ich genauso schlau wie vorher. Ich bin in der Gefahrenzone, zusammen mit ungefähr allen, die ich kenne, immer noch unbefriedigt, immer noch gefesselt zwischen zwei Gedanken: Ich will trinken. Aber nicht so.

Stigma

Retrospektiv betrachtet, kommen mir meine Überlegungen aus meiner Trinkzeit absurd vor. Es ist heute vollkommen klar für mich, dass ich keine Tests machen muss, um zu evaluieren, ob ich ein Problem mit meinem Trinken habe. Bei AA heißt es: Abhängigkeit ist die Krankheit, die dir erzählt, dass du sie nicht hast. Leugnen ist ein zentrales Symptom. Die Abhängigkeit von Alkohol an sich selbst zu erkennen, wird zusätzlich erschwert durch die kollektive Natur dieser Abhängigkeit. Wir alle gemeinsam trinken zu viel. Die riesige Differenz zwischen den Verkaufszahlen und den risikoarmen Mengen ist ein knallharter Fakt, den man nicht wegargumentieren kann. Dennoch ist die Normalisierung der Droge Ethanol so alltäglich und unumstritten, dass wir eher jahrelang an unserer eigenen Wahrnehmung zweifeln als am permanenten Bullshit-Bingo, das uns seit frühster Jugend mit Irrglauben übers Trinken füttert: Alkohol ist keine Droge. Alkoholabhängigkeit ist genetisch. Alkoholabhängigkeit ist, wenn man eine Leberzirrhose hat. Alkoholikerinnen trinken morgens. Alkoholikerinnen trinken heimlich. Alkoholikerinnen trinken täglich. Alkohol hilft gegen Stress. Alkohol ist eine Belohnung. Es werden nur charakterschwache Leute abhängig. Alkoholiker dürfen nie wieder trinken. Risikotrinken und Alkoholismus haben nichts miteinander zu tun.

Die scheinbar untrennbare Verflechtung des Alkohols mit allen Ritualen unseres gemeinschaftlichen Lebens und die gleichzeitige Stigmatisierung Abhängiger suggeriert: Der Konsum dieser Droge ist normal. Leute, die ein Problem damit entwickeln, nicht.

Zwischen meinen ersten Trinkregeln und meinem Aufhören ließ ich zehn Jahre vergehen. Zehn Jahre lang suchte ich unermüdlich, verzweifelt die magische Grenze, an der mein normal riskanter Konsum in einen unnormal riskanten Konsum kippen würde. Manchmal war ich sicher, die Grenze zu sehen, weit entfernt am Horizont. Dann plötzlich war ich fast sicher, einen Schritt darüber gemacht zu haben. Immer, wenn mich heute jemand fragt, wie viel ich denn so getrunken habe, weiß ich: Die Person sucht nach der Grenze. So viele Trinkerinnen suchen nach der Grenze.

Aber die Grenze gibt es nicht. Sie ist eine Fata Morgana, sie ist immer gleich weit weg, egal, wie nah du ihr kommst. Oft liegt sie so weit entfernt vom Gesunden, so tief im Risikobereich, dass du einen großen Teil des Weges schon zurückgelegt haben musst, um sie überhaupt aus der Ferne sehen zu können. Und nachdem ich aufgehört hatte, begriff ich, dass ich die Grenze schon überschritten hatte, als ich das Spielfeld betrat.

Ich fand nie eine Zahl, die mein nagendes Bauchgefühl beruhigen konnte. Keine Maximalmenge Wein, keine Uhrzeit oder Trinkregel, die mich zufriedengestellt hätte. Keine der Zahlen, die ich fand, fühlte sich wie eine plausible Antwort an. Nichts stillte meinen nagenden Hunger nach Klarheit, keine Regel gab mir das Gefühl von Sicherheit. Ich zerrte und zerrte mich selbst hin und her, versuchte jeden Trick und jede Ausrede, um mir mein Trinken als normal zu verkaufen, während mein Körper litt, mein Geist sich verdunkelte und meine Gefühle langsam von einem dicken Sirup umschlossen wurden, der sie mehr und mehr lähmte. Ich wusste immer, dass eine gesunde Beziehung sich anders anfühlen muss. Leichter, liebevoller, entspannter. Jeder einzelne verkaterte Morgen war ein Beweis dafür, dass ich es nicht beherrschen konnte und dass es mir nicht gut ging. Jede gebrochene Vereinbarung mit mir selbst war ein Beweis dafür, dass ich nicht mehr der Boss war.

Die Maßstäbe, die ich heute anlege, wären mir früher extrem vorgekommen, und sie sind nutzlos für alle Trinker, die ihren Alkoholkonsum relativieren wollen. Wenn du ein Quiz machst, um rauszufinden, ob du ein Alkoholproblem hast, dann hast du eins. Wenn du Trinkpausen machst, die dir beweisen sollen, dass du kein Alkoholproblem hast, dann hast du eins. Wenn du Trinkregeln brauchst, damit du kein Alkoholproblem entwickelst, dann hast du eins. Du bewegst dich auf dem großen Spektrum des problematischen Trinkens. Und selbst wenn es noch nicht so schlimm ist wie bei irgendeiner anderen Person, mit der du dich vergleichst; besser wird es wahrscheinlich nicht.

Ich glaubte immer, die Mehrheit der Trinkenden, die mich mein Leben lang umgaben, tränken *normal.* Ich dachte, die meisten Leute trinken seelenruhig ein paarmal in der Woche, ohne dass es nennenswerte Konsequenzen hätte. In Wirklichkeit sind diejenigen, die einen regelmäßigen Alltagskonsum kontrollieren können, in der absoluten Minderheit. Die einzigen Leute, die ich kenne, die ihr Trinken gut kontrollieren können, sind die, die es nicht kontrollieren müssen, weil es so selten stattfindet, dass es kaum der Rede wert ist.

Gut kontrollierbares Trinken ist das meiner Freundin Lulu, die, wenn man sie fragt, wann sie das letzte Mal getrunken hat, länger nachdenken muss und dann sagt: »April oder so?« Gut kontrollierbares Trinken ist das meines Freundes Julian, der sich aus Höflichkeit der Gruppe anpasst und das Bier zum Fußballgucken eher aus Solidarität trinkt; nicht für sich selbst, sondern für die anderen. Gut kontrollierbares Trinken ist, wenn eine ganze Menge alkoholfreier Alltag an dir vorüberzieht, ohne dass du jemals an Trinken denkst. Gut kontrollierbares Trinken ist, wenn du keine Ahnung hast, wie viel Alkohol sich aktuell in deinem Haushalt befindet, und es dir egal ist, ob die Drinks um elf alle sind oder nicht. Gut kontrollierbares Trinken ist, wenn deine Beziehung zum Alkohol die gleiche ist wie zu Bananen oder Pfefferminztee. Gut kontrollierbares Trinken ist das Trinken, das dir nicht fehlt, wenn es nicht passiert.

So was wie »verantwortungsvolles« Risikotrinken gibt es nicht. Alkohol wirkt im Belohnungszentrum jedes menschlichen Gehirns auf genau die gleiche Weise: Er triggert die Ausschüttung großer Mengen Dopamin, das einen machtvollen Wiederholungsdrang auslöst. Niemand ist von diesen Prozessen und ihren Folgen ausgenommen, sie sind biochemische Tatsachen. Zu glauben, man könne regelmäßig mehr als ein Glas trinken und gleichzeitig Kontrolle über diese biochemischen Prozesse haben, ist absurd. Genauso absurd ist es, zu glauben, diese Prozesse seien eine Charakterfrage.

Jede, die mehrmals in der Woche trinkt, wird Toleranz entwickeln, wird die Dosis steigern müssen, um das gleiche Ergebnis zu erzielen, wird einen immer steiler werdenden Hang herunterschlittern und sich links und rechts festhalten müssen, also: abhängig werden.

In einem der letzten Lebensjahre meines Vaters trafen wir uns alle noch einmal bei seiner Schwester auf Sylt und feierten eine große Gartenparty. Alle waren dabei: der westfälische Onkel und seine Frau, ihre Kinder, mein Cousin Leon und meine Cousine Lotte, beide noch ganz klein. Der Berliner Onkel mit seiner neuen Freundin. Die Frau meines Vaters, über die ich mich zu jeder Gelegenheit lustig machte, was ihn, zu ihrem unbändigen Ärger, zu amüsieren schien. Mein Großonkel Walter und die Nachbarn von nebenan. Wir luden haufenweise Essen auf den Grill im Garten und machten Fotos vor der Hollywoodschaukel.

Jahre später, er ist inzwischen nüchtern, erzählt die Frau des Berliner Onkels mir bei einem Weihnachtsdinner, wie schockiert sie bei dieser Familienfeier war von den Mengen, die wir tranken, von den Tageszeiten, zu denen wir tranken, von der Selbstverständlichkeit, mit der wir tranken.

Ich erinnere mich an die Party, von der nur ein Foto übrig geblieben ist, auf dem wir alle gut gelaunt in die Sonne blinzeln. Die Freundin meines Onkels hielt sich damals betont auf Abstand. Ich dachte: Die ist einfach schüchtern.

Rückfall

In meiner Zeit im Erdbeer weiß ich von Abhängigkeit praktisch nichts. Ich bin wie ein Fisch, der noch nie was von Wasser gehört hat. Um mich herum fließt der Alkohol in Strömen. Ich kenne niemanden, der keine reißerischen Geschichten über trunkene Abenteuer aus dem Ärmel schütteln kann (Wie ich einmal in Berlin auf eine Party ging und zwölf Stunden später in Reykjavik aufwachte).

Dass wir alle irgendwie zu viel trinken, ist uns natürlich klar. Dennoch halte ich mein angespanntes Verhältnis zum Trinken für mein persönliches Problem. Ich bin überzeugt davon, dass es bei mir nur deswegen nicht funktioniert, weil es mir an Disziplin mangelt. Aber ich bin noch jung. Ich bin optimistisch. Ich bin kurz davor, das perfekte System zu finden, die eine Kombination von Regeln und Ausnahmen, die ich einhalten kann.

Auf einer anderen, tieferen, weniger intellektuellen Ebene habe ich natürlich alles immer schon gewusst. Wir alle wissen alles immer schon. Die Wahrheit über mein Trinken war in mir, unbeeindruckt von all dem Bullshit, den ich hörte und mir anlas und mir einredete. Die Wahrheit ist nichts, was dir eines Tages von außen zufliegt oder was du am Wegesrand findest, die Wahrheit ist nichts, was du von einem anderen Menschen oder einem Buch oder einem Online-Quiz bekommen wirst. Sie ist die ganze Zeit da und wartet darauf, dass du sie findest. Und jede Erkenntnis ist nichts weiter, als den Schleier von dieser Wahrheit zu ziehen und sie das erste Mal direkt anzusehen.

Daniele ist immer noch in London. Ich bin brav und bleibe zu Hause. Ich liege im Bett und schreibe und bin glücklich, weil es ganz danach aussieht, dass es einer der seltenen Abende ist, an denen meine Müdigkeit mein Trinken überholt und ich nach bürgerlichen anderthalb Gläsern Wein einschlafen werde. Dieses seltene, kostbare, fast nie erreichte Ideal, auf natürliche Weise aufzuhören, bevor es zu viel geworden ist – ich würde das Gefühl am liebsten einrahmen und an die Wand hängen.

Ich bin also schon fast fertig mit diesem Tag, da klingelt es an der Tür, und durch die Sprechanlage höre ich Juris Stimme, der fragt, ob ich kurz Zeit zum Reden habe. Ich weiß genau, was passieren wird, wenn ich ihm die Tür aufmache, und ich zögere keine Sekunde.

Ich krieche zurück unter die Decke, noch bevor er zur Tür hereingekommen ist und die drei Meter zum Bett zurückgelegt hat.

Geräuschlos wie ein Schatten legt er sich neben mich, sein Geruch, die Bewegungen unserer Körper wie ein Song, den man nach Jahren noch auswendig mitsingen kann. Er fasst mich am Handgelenk und zieht mir einen Arm über den Kopf und legt seinen Mund in meine Achselhöhle, und es ist alles ganz genauso wie immer, als wäre das letzte Jahr nicht passiert, als wäre Zeit nur eine Illusion.

Als mein Freund zwei Tage später aus London zurückkommt, habe ich immer noch einen kleinen, schon ins Grüngelb spielenden Bluterguss an meinem Hals, und er fragt mich leichthin: »What's this? You're cheating on me?«

Und ich lüge genauso leichthin, lächelnd, vollkommen mühelos, genau wie Juri das macht: »Don't be ridiculous!«

MEIN WILLE

Mein Problem

An dem kalten, dunklen Januarmorgen, an dem ich im Radio von David Bowies Tod erfahre, sitze ich vor Sonnenaufgang im Bett und weine, und ich weine noch den ganzen restlichen Tag weiter. Ich weine normalerweise nicht, wenn Promis sterben, aber Bowies Tod bringt eine große Hoffnungslosigkeit an meine Oberfläche. Die guten Zeiten sind vorbei, das spüre ich. Was genau die guten Zeiten genau gewesen sein sollen, ist mir allerdings nicht klar.

Jahrelang glaubte ich, dass mit dem Älterwerden alles automatisch immer besser wird oder zumindest einfacher. Ich glaubte, inneres und äußeres Wachstum sei ein Naturgesetz: Ich werde ganz von selbst klüger und vernünftiger, werde besser im Job und im Leben und in der Liebe und bekomme – allein dafür, dass ich teilnehme – bessere und lukrativere Jobs, finanzielle und romantische Stabilität, ein solideres Selbstwertgefühl und größere Wohnungen geschenkt. Das, dachte ich, ist die natürliche Evolution des Lebens, und ich merke erst, dass ich das alles erwartet habe, als sich die Erwartung nicht erfüllt.

Stattdessen verdüstert sich mein Leben. Es wird graduell kleiner und enger. Es gibt immer weniger gute Geschichten. Ich habe immer weniger Lust, irgendwas aufzuschreiben, weil alles sich wiederholt und banal anfühlt.

Im Sommer schließe ich mein Studium ab und werde erst mal arbeitslos. Ich schicke Hunderte Portfolios herum und bekomme nie eine Antwort. Ich schlage mich mit schrecklichen Aushilfsjobs durch, für die ich weit überqualifiziert bin und in denen mir überhebliche Kindmänner mit Bürstenfrisuren und billigen Anzügen sagen, ich hätte »Talent«. Als könnten sie das beurteilen.

Ich weiß, ich werde es nicht lange aushalten, irgendwo angestellt zu sein und mir von solchen Gartenzwergen Anweisungen geben zu lassen, aber die wenigen Kunden, die ich habe, ernähren mich noch nicht.

Nike ist nach München gezogen, und es fühlt sich an, als hätte sie die Party mitgenommen. Ich habe einen neuen Mitbewohner, einen gut gelaunten Amerikaner, mit dem ich sorglos trinken kann, aber ich fühle mich schon seit einer Weile zu alt für den verlotterten WG-Lifestyle, den wir kultiviert haben.

Motiviert von einer matten Nostalgie schlafe ich gelegentlich noch mit Juri, mit dem ich schon vor zwei Jahren offiziell Schluss gemacht habe. Es fühlt sich an wie ein schaler Aufguss der Vergangenheit, wie etwas, das sein Verfallsdatum eindeutig überschritten hat. Aber, denke ich resigniert, vielleicht wird mir nie wieder jemand Besseres passieren.

Ich bin unglücklich und mutlos und stecke fest, ohne zu wissen, warum. Ich kann nicht sagen, was eigentlich das Problem ist. Woher kommt dieses Gefühl von Hoffnungslosigkeit? Von Machtlosigkeit? Warum ist alles so schwer? Was auch immer ich tue, wie sehr ich mich auch anstrenge, es reicht immer nur gerade so, um den Kopf über Wasser zu halten und nicht zu ertrinken.

Eines Sommerabends, als ich gerade mit James im Mauerparkspäti Bier trinke, dreht sich etwas Scharfes in mir, und mir wird schlecht. Ich muss grün sein, denn James guckt mich erschrocken an und packt mich am Arm, als ich aufstehe, und schon kotze ich auf seinen Schuh, murmle: »Sorry«, und er klemmt mich unter seinen vom

Tanztraining gestählten Arm und schiebt mich in ein Taxi. Im Krankenhaus stellt sich heraus, dass sich eine faustgroße Zyste mit Klauen und Zähnen an meinem linken Eierstock festgebissen hat und nun herausgeschnitten werden muss. Das Team aus gut gelaunten medizinischen Fachkräften, das mich in den OP rollt und sediert, ist in meinem Alter. Ich denke: Wow, die sind Ärztinnen geworden. Und was habe ich mit meinem Leben angestellt?

Ich bleibe vier Tage im Krankenhaus und mache nichts anderes als in meinem Bett sitzen, weinen und gegen die Wand starren und das fade Krankenhausessen in mich reinschaufeln. Es ist unendlich angenehm, einen Grund zu haben, von meinem Leben befreit zu sein, nicht arbeiten oder einkaufen oder Essen kochen, mich um irgendwas kümmern oder irgendwo hingehen zu müssen. Als ich entlassen werden soll, bettle ich das Pflegepersonal an, noch bleiben zu dürfen. Ich will nicht wieder da raus, ich will noch ein bisschen in Sicherheit sein. Sie haben Mitleid.

Am fünften Tag kommt Claire im Krankenhaus vorbei. Wir gehen in den zwitschernden, vor Sonnenlicht flimmernden Krankenhausgarten, setzen uns auf eine Bank und beobachten eine glückliche türkische Familie, die sich gegenseitig mit ihrem winzigen, neugeborenen Baby fotografiert. Sie haben eine helle Zukunft vor sich, denke ich, ihr Leben wird von nun an immer besser – es hat einen Sinn, eine Richtung.

Claire öffnet verschwörerisch ihre Handtasche und holt eine Flasche Sekt heraus, zur Feier meines reparierten Eierstocks. Ich habe nicht mehr getrunken, seit ich im Krankenhaus bin, und es ist mir gar nicht aufgefallen. Ich habe plötzlich das Gefühl, all das Gift wurde durch das viele Weinen aus meinem Körper gespült, und obwohl ich erschöpft und kraftlos und ohne Hoffnung bin, fühle ich mich gleichzeitig auch seltsam sauber und leicht und vergangenheitslos, wie ein leeres Blatt Papier. Ich sage Nein zu dem Sekt. Ich habe dieses Gefühl der Reinheit schon immer geliebt, und bei den seltenen Gelegenheiten, bei denen ich es zu fassen bekomme, will ich es ein bisschen länger festhalten. Ich werde schon früh genug wieder zurückgehen in mein altes, deprimierendes Leben.

Mein eigentliches Problem

Der Gedanke, das Trinken könnte womöglich für die Verdüsterung meines Lebens verantwortlich sein, kommt mir nicht in den Sinn. Obwohl ich locker vier Tage in der Woche mit dem Nachdenken übers Trinken, mit dem Trinken oder den Aufräumarbeiten nach dem Trinken verbringe, sehe ich das Trinken immer nur als ein Symptom, als eine Begleiterscheinung all der deprimierenden Sachen, die unentwegt passieren, oder der guten Dinge, die eigentlich passieren sollten, sich aber unfairerweise nicht einstellen. Aber nie als deren Ursache.

Obwohl ich seit Jahren spüre, dass ich mit dem Trinken seelische Schulden anhäufe, die ich irgendwann werde bezahlen müssen, obwohl ich in fatalistischen Momenten sogar einzusehen bereit bin, Alkoholikerin zu sein (eine Erkenntnis, die seit sechs oder sieben Jahren in meinen Tagebuchnotizen herumgeistert), vertage ich das Problem immer auf später. Irgendwann, wenn es mir besser geht, wenn ich stabiler bin. Das Trinken ist ein Problem, das schon, aber es rangiert immer nur auf Platz vier oder fünf in der Rangliste meiner Sorgen. Es ist nicht mein *eigentliches* Problem.

Mein eigentliches Problem ist meine Persönlichkeit. Meine Stimmung. Meine Melancholie. Meine Deprimiertheit, mein Trauma, mein ungesundes Bindungsmuster – ganz besonders mein ungesundes Bindungsmuster. Mein eigentliches Problem sind meine Daddy Issues, die Wunden meiner Kindheit, mein chronischer Geldmangel, meine schlechten Jobs, mein Imposter-Syndrom, mein Hüftspeck, mein Hautbild, meine mangelnde Disziplin, meine Unfähigkeit, To-do-Listen abzuarbeiten, unsere kapitalistische Datingkultur, unsere neoliberale Arbeitskultur. Einfach unsere ganze Kultur, Punkt. Im Grunde ist das Trinken überhaupt nur eine gesunde und normale Reaktion auf die Welt.

Und wenn ich erst mal all diese persönlichen und gesellschaftlichen Probleme gelöst und all diese Baustellen beseitigt haben würde, dann würde sich das Trinken wie von selbst auf einem normalen Level einpegeln. Ich könnte endlich so trinken, wie normale Menschen in meiner Vorstellung trinken: sorglos, mühelos, folgenlos.

Ich bin überzeugt: Die Fähigkeit, »normal« zu trinken, ist eine Eigenschaft, die seelisch stabilen Menschen angeboren ist, etwas, das Leute wie ich durch intensive Persönlichkeitsarbeit lernen können. Ich muss dafür nur mein Leben auf die Reihe bekommen. Die Idee: Ich löse in der Therapie meine psychischen Probleme, lerne, wie man eine lückenlose Buchführung macht, einen Wocheneinkauf plant und eine erwachsene Beziehung führt, und als Belohnung für all diese Arbeit bekomme ich die Fähigkeit, nach dem ersten Glas Wein kein zweites zu wollen. Alles, was ich tun muss, ist, glücklich zu sein.

Zu empfindsam für die Welt

Die meisten Leute in meiner urbanen, akademischen Millennialblase betreiben Mental Health als aufwendiges Nebenprojekt. Sie gehen zum Yoga, zur Psychoanalyse, zu Schweigeretreats und zu Meditationsworkshops. Sie beschäftigen sich mit Achtsamkeit und Darmgesundheit, sie konsumieren nur nachhaltige, probiotische, unverarbeitete, kohlehydratarme, zuckerfreie, glutenfreie Lebensmittel, sie nehmen Sabbaticals und machen Kundaliniyoga und besuchen indische Ashrams und gehen zur Paartherapie und beschäftigen Life-Coaches und malen Mandalas und kontrollieren ihren Social-Media-Konsum und tracken ihren Schlaf und lesen Ram Dass und reden jahrelang mit ihren Therapeutinnen über die kleinsten Details ihrer frühen Jugend.

Traumatisiert oder depressiv zu sein, ist in unseren Kreisen schon lange kein Stigma mehr. Wir streuen Begriffe wie mentale Gesundheit, Trauma, narzisstische Bindungsstörung, Achtsamkeit, bipolar, Imposter-Syndrom, ADHS, PTBS, Hochsensibilität, Brainfog oder Burn-out in ganz normale Konversationen ein. Wir haben solides Grundlagenwissen, was diese Sachen betrifft. Abhängigkeit jedoch ist eine Ausnahme. Der weiße Fleck auf der Landkarte. Eins von wenigen verbleibenden Tabus.

Weil Suchterkrankungen so extrem stigmatisiert werden, der Alkohol aber zugleich fest in all unsere gesellschaftlichen Rituale eingewoben ist, haben wir uns auf eine bizarre kollektive Verdrängungstaktik geeinigt, die viel mit Emotionen und wenig mit wissenschaftlichen Tatsachen zu tun hat.

Alkohol bringt Zehntausende Menschen im Jahr um, stürzt Familien ins Elend, lässt Gewalt eskalieren, verursacht Krebs und Depressionen und kostet uns unglaublich viel Geld. Und wir lieben ihn. Und romantisieren ihn wie verrückt. Wir wollen ihn nicht kritisieren, nicht hinterfragen, nicht loslassen. Man darf ihn nicht »verteufeln«, mahnt die Alkohollobby jedes Mal, wenn sachlich und unemotional über seine Risiken und Nebenwirkungen aufgeklärt werden soll.

Man könnte sagen: Wir leiden an einer gesamtgesellschaftlichen psychischen Abhängigkeit. Um mit dieser kognitiven Dissonanz umzugehen, normalisieren wir die Substanz und verschieben die Verantwortung auf die Personen, die abhängig werden. Der Mythos vom verantwortungsvollen Trinken besagt: Wenn du abhängig wirst, ist nicht der Alkohol schuld, sondern du. Deine Willensschwäche, deine Charakterfehler. Deine *Suchtpersönlichkeit.* Abhängigkeit ist nichts, was man *hat*, sondern etwas, das man *ist.*

Tatsächlich kann man anhand eines anderen legalen Suchtmittels, dem Nikotin, historisch gut nachvollziehen, wie diese kollektive Erzählung funktioniert (und wie sie dekonstruiert werden kann). Auch die Nikotinabhängigkeit wurde lange als eine Charakterfrage gesehen. Rauchen, so war man sich noch in den Sechzigerjahren weitgehend einig, rege den Kreislauf an und sei in Maßen unbedenklich. Abhängig würden nur die, die sowieso schon ein nervöses Gemüt hätten. Aufklärungskampagnen haben dafür gesorgt, dass heute jedes Kind weiß, dass Rauchen süchtig macht, dass das nichts mit deiner Persönlichkeit zu tun hat und dass man sich nicht erst als Nikotinsüchtiger outen muss, wenn man Lungenkrebs hat.

Beim Alkohol sind wir noch nicht so weit. Alkoholabhängigen wird eine ganze Reihe Eigenschaften zugeschrieben, von denen Willensschwäche noch die harmloseste ist. Alkoholikerinnen, so die immer noch weitverbreitete Meinung, sind faul, peinlich, unberechenbar und gewalttätig, eine Bürde für die Gesellschaft, schlechte Mütter. Ihre Abhängigkeit ist keine Krankheit, sondern ein moralisches Vergehen. Dieses Bild von Alkoholismus ist in uns allen verankert, auch in Medizinerinnen, auch in Wissenschaftlerinnen, auch in denen noch, die selbst abhängig sind. Die Stigmatisierung von Alkoholikern ist so hoch wie bei kaum einer anderen Erkrankung. Niemand will Alkoholikerin sein. Deswegen versucht man es so lange wie möglich zu vermeiden. Man nimmt lieber eine andere Diagnose in Kauf, um sein schleichendes Unglück zu erklären. Irgendeine.

Viele Alkoholabhängige sind ganz versessen darauf, alle möglichen psychischen Störungen an sich selbst zu diagnostizieren. Sie suchen Antworten, eine Linderung für ihren Schmerz. Viele Nüchterne, die ich kenne, saßen jahrelang in den Praxen von Therapeutinnen und redeten ausschweifend über ihre eigentlichen Probleme, die sie unerklärlicherweise nie überwinden konnten, egal, wie viele Jahre sie sich schon analysieren ließen. Die Flasche Wein, die sie jeden Abend tranken, um mit all dem Stress und dem Trauma und der konstanten Überforderung fertigzuwerden, erwähnten sie üblicherweise nicht. Sie akzeptierten lieber, dass sie Burn-out hatten, depressiv oder komplex traumatisiert waren. Das klingt immerhin, als sei man so was wie ein Genie am Rande des Wahnsinns oder zumindest extrem erfolgreich im Job. Verglichen mit Alkoholismus wirken so ziemlich alle anderen seelischen Leiden geradezu glamourös.

Ich sitze gerade mit gipsverklebten Händen in meinem Plastisches-Gestalten-Seminar und flirte mit dem Produktdesign-Prof, als mein Berliner Onkel mich anruft und mir sagt, er müsse sich heute selbst in die Klinik einweisen, und ich müsse ihn begleiten, weil er befürchtet, er würde es andernfalls nicht durchziehen. Ich stelle keine Rückfragen, sondern tu, wie mir geheißen. Ich wasche mir den Gips von den Händen, fahre nach Weißensee und begleite meinen Onkel in die Aufnahme, wo er Papiere unterzeichnet, die festlegen, dass er ein paar Wochen dort verbringen wird.

Ich besuche ihn in dieser Zeit, und alles hat tolle *One-flew-over-the-Cuckoo's-Nest*-Vibes: Er modelliert Aschenbecher in der Gestalttherapie, und es gibt ein ganzes, schillerndes Ökosystem aus durchgeknallten Outlaws auf der Station. Wir sitzen im Hofgarten und rauchen, und ich flirte mit einem Typen, der wegen eines kleinen Drogenpsychose-Problems hier ist.

Im Nachhinein ist es mir wirklich ein Rätsel, wie wenig ich über solche Dinge nachdachte. Die Dramatik der Situation konnte ich natürlich schon sehen, aber ich registrierte sie nicht. Ich sah den Alkohol, der in meiner Familie wütete – aus dem Augenwinkel, am äußersten Rand meines Gesichtsfeldes, aber ich drehte nie den Kopf, um ihn zu fokussieren. Hätte mich damals jemand gefragt, warum mein Onkel diesen ja irgendwie drastischen Schritt geht, sich in die Geschlossene einzuweisen, hätte ich gesagt: wegen Weltschmerz.

Es ist leicht, die Symptome des Alkoholismus fehlzudeuten, denn die Schnittmenge mit anderen psychischen Leiden ist groß. Eine gedrückte Stimmung, Motivationslosigkeit, Hoffnungslosigkeit, Schlafprobleme, Verdauungsprobleme, Panikattacken, unerklärliche Stimmungsschwankungen, Konzentrationsstörungen, nervöse Unruhe, soziale Angst – all diese Symptome können bei Depressionen, posttraumatischen Belastungsstörungen und bipolaren Störungen auftreten – und beim Alkoholismus. In bestimmten Hirnregionen zeigen sich in Hirnscans von Depressiven und Alkoholkranken sogar identische strukturelle Veränderungen. Alkohol kann Depressionen auslösen und die Wirksamkeit von Antidepressiva schwächen.

Trinken ist nicht selten eine Reaktion auf ein Kindheitstrauma oder einen Schicksalsschlag. Trinken wirkt betäubend, daher ist es naheliegend, Alkohol als Schmerzmittel einzusetzen. Doch mit der Zeit löst sich das Trinken von seiner Anfangsfunktion, wird ein eigenständiges Problem und verursacht neue Probleme, während es sich selbst als Ursache diskret in den Hintergrund zurückzieht.

Meine bisher einzige Panikattacke hatte ich an einem Tag, an dem ich stark verkatert war. Dass es einen Zusammenhang zwischen Panikattacken und Alkohol gibt, lernte ich erst Jahre später. Damals war es mir lieber zu glauben, dass ein besonders extremer Liebeskummer für die Angst verantwortlich war. Denn es ist nicht nur eine Frage des gesellschaftlichen Tabus, sondern auch des persönlichen Stolzes: Es greift das Ego an, wenn deine Probleme nicht durch eine tiefe, empfindsame Seele ausgelöst worden sind, sondern durch etwas so Profanes und Unglamouröses wie ein Alkoholproblem.

Wenn mal wieder ein prominenter, kreativer Mensch jung stirbt, wie die Heldinnen des Club 27, stilisieren Biografien und Dokumentarfilme deren Alkohol- und Drogenprobleme immer als Symptom ihres Niedergangs, nie als Ursache.

Obwohl ich mich zu keinem Zeitpunkt meines Trinkens für ein kreatives Genie halte, bewege ich mich zumindest im weitesten Sinn in der Kreativbranche und empfinde das als Ass in meinem Ärmel: Ich bin höchstwahrscheinlich einfach empfindsamer, melancholischer als andere Leute. Ich ziehe meine komplexen, ästhetisierten Probleme einem so hässlichen, billigen Allerweltsproblem wie Alkoholismus jederzeit vor.

Trinken und Therapie

Mein eigentliches Problem ist derzeit meine Trennung. Juri hat vor Kurzem endgültig seine Frau verlassen, ich habe Daniele verlassen, und wir haben uns nach all den Jahren doch dazu entschlossen, richtig zusammen zu sein.

Offensichtlich ist das unser Schicksal, denke ich. Wir versuchen seit Jahren, voneinander loszukommen, machen erfolglos mit anderen rum, streiten und trennen uns und fliegen dann doch immer wieder zurück zueinander, wie Bumerangs. Wir können einander einfach nicht in Ruhe lassen, und ich akzeptiere irgendwann, dass wir offenbar füreinander bestimmt sind. Schlafen wir miteinander, ist es immer noch, als würde um uns herum die ganze Welt niederbrennen, und ich habe beschlossen, dass ich ihm glaube, wenn er sagt: »Sieh es endlich ein: Bei unserem Sex geht es um mehr als um Sex.«

Doch unsere Liebe steht unter keinem guten Stern. Unsere Beziehung hat mit ihrem Schritt ins Offizielle den Zauber der heimlichen Affäre verloren, schafft es nicht, sich in etwas Weltlicheres, etwas Belastbares zu verwandeln. Wir sind ungeeignet für den Alltag.

Seine Ex, mit der er inzwischen eine kleine Tochter hat, hasst mich leidenschaftlich und verbietet ihm, das Kind in meine Nähe zu lassen. Er hat keine Ahnung, wie er sich bei derartigen zwischenmenschlichen Problemen verhalten soll, und macht deswegen einfach nichts. Ich werfe ihm vor, schwach zu sein, und er hält mir vor, anstrengend zu sein. Wir trinken viel und streiten viel, wenn wir trinken. Und wir trauen einander keinen Meter.

Als die Beziehung endgültig auseinanderzufallen beginnt, suche ich mir in weiser Voraussicht einen Therapeuten. Ich bin davon überzeugt, dass eine Trennung mich in eine endlose Spirale aus Leid hineinziehen wird. Ich habe so große Angst davor, jahrelang nicht aus dem dunklen Loch aus Traurigkeit und Reue herauszukommen, dass ich einen Profi will, der mich aus diesem Drama rauscoacht. Ich will meine Gefühle delegieren. Ich will eine prozessoptimierte Trennung.

Meine Wahl fällt auf den erstbesten Therapeuten, bei dem ich einen Termin bekomme. Ein großer, schlaksiger Typ, den ich so wenig einordnen kann, dass er in meiner Vorstellung sowohl ein soziopathischer Axtmörder sein könnte, der seine Opfer im Darkroom des Berghain aufreißt, als auch ein überzeugter Christ, Ehemann und Vater von zwölf Kindern. In seiner Praxis steht ein indischer Tisch mit Intarsien auf einem indischen Teppich, in den kunstvolle Hakenkreuzmuster eingewoben sind. Ich starre bei jeder meiner Sitzungen auf die Hakenkreuze und denke darüber nach, ob es ein Symptom der fortschreitenden Gentrifizierung des Prenzlauer Bergs ist, dass mein Therapeut offenbar seelenruhig davon ausgehen kann, dass die eigene Klientel gebildet genug ist, die originäre Herkunft des

Hakenkreuzsymbols zu kennen und sich davon nicht aus der Ruhe bringen zu lassen. Ich spreche das aber nie an. Ebenso wenig wie mein Trinken.

Ich rede mit diesem Therapeuten nur ein einziges Mal über Alkohol. Ich erwähne, dass ich aufgrund meiner Trennung aktuell ein bisschen mehr trinke, als gut für mich ist. Er fragt, wie viel es denn so ungefähr sei, und ich nenne irgendeine Zahl und irgendeine Häufigkeit, und er sagt, das müsse man im Auge behalten, denn daraus würde sich eine Abhängigkeit entwickeln, wenn ich es nicht dauerhaft reduzierte. Das wusste ich ja bereits seit mehreren Jahren, die Tests sagten es mir auch immer, ich notierte mir innerlich aber trotzdem brav: *Trinken reduzieren.*

Mein Therapeut kommt nie wieder auf das Thema zurück. Er ist einer dieser Therapeuten, die ohnehin kaum reden, sondern nur viel nicken, teilnahmsvoll gucken und alle zwanzig Minuten fragen: »Und wie geht es Ihnen damit?«

Die Beziehung mit Juri implodiert erwartungsgemäß (er schläft mit einer meiner Freundinnen), und ich habe binnen zwei Wochen einen neuen Typen rekrutiert, mit dem ich meine Trauer in Schach halte. Tom ist ein sorgloser junger Hallodri, in jeder Hinsicht das Gegenteil von Juri, abgesehen von seinem Trinkverhalten. Er hat kürzlich erfolgreich sein Studium abgebrochen, wohnt in einem Zelt im Garten eines alternativen Wohnprojektes und experimentiert mit dem Hippie-Lifestyle und der freien Liebe. Wir haben viel Sex im Wald, trinken viel Wein, und ich bin nicht besonders nett zu ihm. Nach drei Monaten geht die Beziehung den Bach runter, und ich bin deswegen vollkommen außer mir. Als ich meinem Therapeuten von der Trennung von Tom erzähle, heule ich die gesamten fünfzig Minuten durch. Mein Vater ist auch neulich gestorben, aber das erwähne ich nur am Rande, der Vollständigkeit halber. Nicht mein eigentliches Problem.

Ich habe nicht das Gefühl, dass die Therapie mir hilft. Aber immerhin tue ich was. Immerhin kümmert sich ein Profi um meine Probleme. Der wird schon wissen, was er tut. Eine Therapie am Laufen zu haben, ist für mich Selbstzweck. Ich verstehe nicht, dass mein Therapeut nicht dafür bezahlt wird, meine Arbeit für mich zu machen. Ich verstehe noch weniger, dass Persönlichkeitsarbeit bei einem aktiven Alkoholproblem ähnlich aussichtsreich ist wie Balletttraining bei einer halbseitigen Lähmung.

Obwohl Suchterkrankungen zu den häufigsten psychischen Störungen zählen und ähnlich weitverbreitet sind wie etwa Diabetes, sind sie kein fester Bestandteil des Medizinstudiums und werden sogar in der psychotherapeutischen Ausbildung relativ wenig adressiert.

Man könnte glauben, dass Therapeuten allein aufgrund ihrer Professionalität wissen müssten, was sie tun. Dass sie wissen, wie man mit Süchtigen umgeht, dass sie lernen, woran man frühe Abhängigkeit erkennt. Aber Medizinerinnen leben in genau der gleichen alkoholgetränkten Gesellschaft wie alle anderen auch. Sie sehen Alkohol nicht unbedingt als eine Droge, trinken oft selbst, bagatellisieren und marginalisieren und stigmatisieren wie der ganze Rest von uns. Im Laufe meiner Nüchternheit habe ich unzählige Geschichten von Ärzten, Psychiaterinnen und Therapeuten gehört, die »alles unter anderthalb Flaschen Wein pro Tag« als »unproblematisch« einstufen oder ihren abstinent lebenden Patientinnen raten, wieder mit dem Trinken anzufangen, um »mehr Normalität in ihrem Leben herzustellen«.

Abgesehen von meinen Problemen, läuft der Frühling gar nicht so schlecht. Ich habe ein paar Sachen in meinem Leben geändert. Ich habe jetzt ein Atelier zusammen mit Sarah und Pina, meinen Uni-Besties. Und sitze nicht mehr den ganzen Tag in meinem Zweiundvierzig-Quadratmeter-Studioapartment, was meiner mentalen Gesundheit sehr zuträglich ist. Ich arbeite regelmäßig für ein junges österreichisches Tech-Start-up mit flachen Hierarchien, das mir finanzielle Sicherheit gibt, ohne meine Abneigung gegen Autoritäten zu triggern. Ich feiere regelmäßig mit Pina und ihrem Boyfriend Seb kleine Dinnerpartys, in denen wir kochen und über Design philosophieren und immer an irgendeinem Punkt des Abends Falco-Songs mitgrölen. Ich gehe weniger aus, verglichen mit früher, habe einen erwachsenen Job und ein paar Strukturen.

Im Mai treffe ich Mat auf Tinder. Auf seinen Fotos sieht er aus wie ein glücklicher Surferjunge, der sich beim Essen sein Kaugummi auf den Handrücken klebt und sich noch nie im Leben gesorgt hat. Nur eine Woche, nachdem wir unsere ersten Nachrichten ausgetauscht haben, geht er für drei Monate nach L.A., um an einem Kunstprojekt zu arbeiten. Wir schaffen es nicht, uns vorher zu treffen, aber haben einander viel zu erzählen. Und so reden wir in stundenlangen Sprachnachrichten-Sessions miteinander, Mat in L.A., ich in Berlin, erzählen einander unser gesamtes Leben und alles, was wir darüber denken. Wenn Mat am kalifornischen Vormittag mit Sonnenbrille in seiner Villa am Pool grüne Smoothies trinkt und mir von seinem letzten Date mit einer Insta-süchtigen brasilianischen Yogalehrerin erzählt, sitze ich im Berliner Abendlicht rauchend am Fenster und lasse meine Beine in den Innenhof hängen. Wenn man sein Telefon hat, ist man eigentlich nie allein, deswegen muss ich auch nie das Gefühl haben, allein zu trinken.

Ich erzähle Mat alles über mich. Ich erzähle ihm von allen meinen Exgeschichten, von meinen Freundschaften und meinem Alltag und meinen Visionen und Ängsten und meinen politischen Ansichten und meiner kreativen Arbeit und all meinen soziokulturellen Ideen über die Welt. Vom Trinken erzähle ich ihm nichts. Zumindest nichts, was über die lakonische Feststellung hinausgeht, dass »wir in

Berlin doch im Grunde alle Alkoholiker« sind. Ich verstecke mein Trinken nie vor irgendjemandem. Ich trinke zu Hause, aus eleganten Rotweingläsern, die ich in einem Antiquitätenladen gekauft habe, und trage dazu roten Lippenstift, und nichts daran sieht falsch aus.

Was ich jedoch konsequent verschweige, sind die Sorgen über mein Trinken. Ich verstecke, wie wenig ich es noch unter Kontrolle habe, wie viel Angst es mir macht, wie oft und wie zwanghaft ich darüber nachdenke. Ich habe kein Problem damit, morgens mit einer riesigen schwarzen Sonnenbrille und einem XXL-Kaffee ins Atelier zu kommen und mich über meinen epischen Kater zu beklagen, wie ein dramatisches Hollywoodsternchen. Ich beseitige sogar halbwegs souverän den Schaden, den es verursacht, als ich mal in einem Blackout mit Pinas Freund rummache. Ich habe das schließlich nicht etwa gemacht, weil ich mein Trinken nicht kontrollieren könnte, sondern weil ich eine rücksichtslose Schlampe bin.

Ich hätte aber nie im Leben jemandem erzählt, dass ich online Tests mache, um herauszufinden, ob ich ein Alkoholproblem habe. Oder dass ich mir aufschreibe, wann ich wie viel getrunken habe. Ein solches Verhalten würde ja beweisen, dass ich über mein Trinken nachdenke. Dass ich nicht sicher bin. Es würde beweisen, dass mir das Trinken nicht so leichtfällt, wie es sollte, dass es mir nicht egal genug ist. Ich darf problemlos trinken, so viel ich will, wenn ich mit meinen Freunden ausgehe, ich darf sogar allein trinken, solange ich dabei roten Lippenstift trage und mit Mat rede, aber ich darf auf keinen Fall angestrengt an mir selbst zerren, um meine Beziehung mit Alkohol zu verhandeln. Ich darf keine gemischten Gefühle haben. Ich darf nicht ständig abschwören und dann doch zurückrennen. Das Trinken darf nicht wie Arbeit aussehen. Es muss mühelos und freiwillig wirken. Dann ist es gesund, dann ist es kein Problem.

Es ist die ewige, unauflösbare Suchtlogik: Ich könnte alles haben, was ich mir wünsche, wenn ich bloß aufhören könnte, es zu wollen.

Ich will immer Wein. Nicht unbedingt mehr als alles andere, aber konstanter als alles andere, und sobald ich ihn will, gebe ich nach. Ich versuche fast nie, mich gegen meinen Willen zu stellen. Ich kann die Gelegenheiten an einer Hand abzählen: Wenn ich am nächsten Morgen einen wirklich wichtigen Job erledigen muss. Wenn ich richtig gut aussehen muss.

Ich spiele seit Neuestem mit dem Gedanken, für immer mit dem Trinken aufzuhören. Mir das vorzustellen, ist wie eine Vision von einem perfekten Selbst in einem riesigen, weißen Bett, in einem großen, hellen Loft. Die Fantasie ist wunderschön. Aber mein Wille ist stärker als ich. Er zieht mich morgens in Richtung meiner lichtdurchfluteten Loftfantasien, abends in Richtung Rioja. Und ich habe mittlerweile kapiert, dass es sinnlos ist, mich gegen meinen Willen zu stemmen. Ich wüsste auch gar nicht, wie. Mein Wille ist die einzige Autorität, die ich kenne. Solange ich trinken will, werde ich trinken.

Manchmal aber scheint mein Wille zu schlafen. Wenn ich krank bin, will ich nicht trinken. Oder wenn es mir schlecht geht und ich viel geweint habe. Es gibt Bewusstseinszustände, in denen habe ich kein Verlangen zu trinken. Und ich liebe es, nicht trinken zu wollen. Dann fühle ich mich, als hätte ich eine unschuldige Vergangenheit und eine rosige Zukunft. Aber das bleibt nie lange so. Meistens will ich schnell wieder trinken. Und wenn ich will, dann muss ich. Dann werde ich. Mein Wille gewinnt immer. Ich bin machtlos gegen ihn.

Ich lese Quitlit. Jahre, bevor ich aufhöre. In den Büchern wird immer wieder betont, dass man sich nicht auf seine Willenskraft verlassen kann, um mit dem Trinken aufzuhören. Ich verstehe nicht, was die Leute damit meinen. Ich verstehe den Satz in Daniel Schreibers Buch *Nüchtern* nicht. Was hat er gemeint, als er schrieb: »Du hörst auf zu trinken, indem du aufhörst?« Nichttrinken verstehe ich ja, ich habe es schon oft gemacht. Aber wie hört man auf, trinken zu *wollen?* Genauso wenig verstehe ich, was mit Kapitulation gemeint ist. Vor wem oder was soll ich kapitulieren? Ich führe ja keinen Kampf mit einem Gegner außerhalb von mir, ich will nur immer wie verrückt, was ich nicht wollen will.

Sehnsucht

Früher konnte sich das Trinken gelegentlich noch opulent anfühlen, wie ein dramatisches Ballkleid, wie Rom kurz vor dem Fall, wie ein mit zu viel Gold geschmücktes Schloss, das mit dem Blut von Bauern erbaut worden ist. Am Ende ist mein Trinken nie mehr so. Es ist nie mehr morbide und ausschweifend und verrückt, es verliert immer mehr seinen Glanz und enthüllt das billige Metall, das unter der hauchdünnen Goldschicht liegt. Es wird immer matter und langweiliger. Alltäglicher. Wenn sich normale Leute Abhängigkeit vorstellen, denken sie an einen unaufhörlichen Rauschzustand. In Wirklichkeit hat Abhängigkeit nichts mit Rausch zu tun. Es ist nichts als stumpfe Wiederholung.

Meine romantischen Ideen vom Trinken handeln von nächtlichen Schaffensexzessen, von Selbstverschwendung und Weltschmerz, von Leidenschaft und Kunst und Grandezza. Trinken ist Saft, der aus überreifen Früchten tropft, Kunstwerke, die unter dem Gewicht ihres Dekors zusammenbrechen, ein Basslauf, der das Blut zum Kochen bringt, sich dramatisch streiten, schwindelerregender Sex, zerstörtes Mobiliar, LIEBE, TOD, SEHNSUCHT, alles IMMER in Großbuchstaben.

Meine romantische Idee von Nüchternheit ist eine verkitschte Zen-Fantasie. Warmweißer Minimalismus, lichtdurchflutete Räume, leere Flächen, gerade Linien, monochrome Farben, Yohji Yamamoto, eine Reduktion auf das Wesentliche, elegante Funktionalität, Effizienz als Kunstform, ein Ballett der Bedürfnislosigkeit. Meine Idee von Nüchternheit ist genauso überzeichnet wie meine Rauschfantasien. Ich sehe mich selbst in hellem Licht, an einem weißen Strand, in klarem Wasser, in Super-Close-up, in Super-Slow-Motion, wie mir nichts entgeht, wie ich alles wahrnehme, mich nirgendwo stoße, wie ich keine überflüssige Bewegung mache, kein überflüssiges Wort sage. Ich sehne mich so sehr danach, souverän zu sein, erwachsen zu sein, mir selbst vertrauen zu können, mit mir selbst deckungsgleich zu sein.

Ich habe die Sehnsucht nach Klarheit von Anfang an in mir. Ich glaube, sie wurde zusammen mit meiner Abhängigkeit geboren, in demselben Ei, ein heller und ein dunkler Zwilling.

Ich bewundere nüchterne Menschen. Respektvoll, aus der Ferne. Ich fühle mich zu ihnen hingezogen und habe Angst vor ihnen. Ich bin überzeugt, sie können direkt durch mich hindurchsehen, als wären sie übernatürliche Wesen. Ich finde nichts cooler als die Vorstellung, auf einer rauschenden Party zu sein, meine Hand auf ein leeres Glas zu legen und zu sagen: »Nein, danke, ich trinke nicht.«

Wie wird man so?!, frage ich mich, wieder und immer wieder. Nüchterne Leute kennen ein Geheimnis, das mir verborgen ist. Ich will wissen, was sie wissen. Und ich habe Angst, zu fragen, weil ich weiß, was der Preis ist. Aber in diesem letzten halben Jahr meines Trinkens verliere ich langsam die Hoffnung, dass ich Klarheit bekommen kann, ohne das Trinken aufzugeben.

Gleichzeitig plündert mich das Trinken immer schamloser aus. Es nimmt sich immer gieriger mit vollen Händen große Stücke meiner Würde und meiner Selbstbestimmung, die Folgen meines Trinkens werden schlimmer, immer weniger verantwortbar. Ich falle betrunken über eine Bordsteinkante und schlage mir das Knie auf. Ein Fremder hilft mir auf, ich erinnere mich nur noch bruchstückhaft. Ich lege fast ein Feuer und zerstöre mein Lieblingskleid, weil ich es in einem

Hotel achtlos über einen Heizkörper werfe. Ich habe einen Blackout am helllichten Tag: Ich streite mit einem Typen, den ich kaum kenne, betrunken am Telefon, und unmittelbar nach dem Gespräch realisiere ich entsetzt, dass ich mich nicht mehr erinnern kann, worum es genau ging. Ich treffe eine entfernte Bekannte nachts in einer Bar und erfahre später, dass sie jemandem über unsere Begegnung nur eine einzige Information gegeben hat: Mia war betrunken.

Mich selbst zu beobachten, wenn ich betrunken werde oder betrunken bin, ist immer weniger akzeptabel für mich. Ich will die Kontrolle. Ich will der Boss sein. Und dann ist es Abend, und ich brauche nur fünf Sekunden, um all meine guten Vorsätze zu vergessen, und bestelle Rioja, weil mein Wille sich schon lange nicht mehr dafür interessiert, was ich will.

Ich mache Ostern mit meiner Mutter und meiner Tante einen Kurztrip nach Wien. Wien ist wunderschön, so prunkvoll, wie mein Trinken früher war, das Wetter ist mild, fast mediterran, die Sonne scheint. Es spricht alles dafür, schon mittags Wein zu trinken. Was ich nicht tue. Ich trinke Rhabarberschorle und sehe dem Wein, den ich definitiv zum Abendessen bestellen werde, wie der Ankunft eines unliebsamen Bekannten entgegen, dessen Besuch ich nicht verhindern kann. Morgens schaue ich mich im Hotelbadezimmerspiegel an, bereue still und routiniert mein Trinken am Abend zuvor und sehe ein verwaschenes, konturloses, formloses Aquarell vor mir, das nicht mehr mein wirkliches Gesicht ist. Ich weiß, dass ich klare Konturen, klare Augen haben will, dass ich mich danach sehne, mein Gesicht dem Licht auszusetzen und nichts an mir falsch zu finden. Ich will mich reinigen, jeden einzelnen Millimeter von Schmutz und Geheimnissen befreien, wie in diesen lächerlichen Animationen für Anti-Pickel-Waschgel, in denen eine einzelne Pore in tausendfacher Vergrößerung dargestellt wird, gefüllt mit Dreck, und dann rauscht eine mächtige, weiße Welle durch sie hindurch, und sie ist leer und sauber.

Erwachsenes Trinken

Wenige Monate, bevor ich aufhöre zu trinken, sitze ich mit starkem schwarzen Kaffee bei meinem Onkel in der Küche und erzähle ihm von meiner aktuellen, in jeder Hinsicht entwürdigenden Kurzzeitaffäre mit einem DJ und Clubbesitzer, der mich ein paarmal fickt, danach mitten in der Nacht aus seiner Wohnung schmeißt, ständig Dates platzen lässt und die Anekdote, wie er neulich den achtzigsten Geburtstag seines Vaters komplett zugekokst auf der Toilette zugebracht hat, total witzig findet.

Die Gesichter meiner Freundinnen, wenn ich ihnen so was erzähle, zeigen die ganze Palette an Gefühlsregungen zwischen Mitleid und blankem Entsetzen. Wenn eine von ihnen mir so etwas erzählen würde – ich wäre ebenfalls entsetzt. Aber mir selbst gegenüber habe ich kein Mitgefühl. Irgendwas in mir läuft wie ein tollwütiges Tier solchen Leuten entgegen, und ich weiß nicht, warum ich das mache, warum meine Gefühle mich nicht schützen, warum sie mich stattdessen immer wieder ans Messer liefern.

»Eine normale Reaktion wäre es doch, so jemanden abstoßend zu finden?«, sagte ich zu meinem Onkel, »aber ich gehe trotzdem dahin zurück, das ist doch nicht normal, ich kann es einfach nicht lassen, ich brauche Therapie!«

Mein Onkel ist zu diesem Zeitpunkt schon zwei Jahre nüchtern. Am Todestag seines älteren Bruders hat er sein letztes Glas Wein getrunken. Wir alle hatten einen kollektiven klaren Moment, in dem wir vorübergehend realisierten, dass wir das gleiche Gift trinken, das meinen Vater umgebracht hat. Alle wagten wir eine Weile nicht, es anzurühren.

Für meinen Onkel war es keine von den üblichen Trinkpausen. Der Tod seines Bruders führte zu einer rettenden Kapitulation. Wie haarscharf es für ihn gewesen war und wie schrecklich es geworden wäre, hätte er nicht aufgehört, das kann ich jetzt in meinen Knochen fühlen. Damals in seiner Küche ist mir das aber noch nicht bewusst.

Mein Onkel rührt Honig in seinen Kaffee und sagt seelenruhig und ein bisschen amüsiert den Satz, der eigentlich der Job meines Therapeuten gewesen wäre: »Hör erst mal auf zu trinken. Die meisten Probleme erledigen sich dann von selbst.«

Wenn trinkende Leute auf die Idee kämen, mir derartige Ratschläge zu geben, wäre ich zweifellos auf hundertachtzig. Aber ein Nüchterner, jemand, der den Drink mal ebenso geliebt hat wie ich, der ihn versteht, wirklich versteht – das ist das Entwaffnendste, was es gibt. Aber ich kann das nicht konsequent zu Ende denken und dann auf mich anwenden, denn das würde bedeuten, dass ich ebenfalls mit dem Trinken aufhören müsste.

Ich habe stattdessen eine neue Strategie für meine kranke Beziehung zum Alkohol gefunden: Fatalismus. Ich sage leichthin, mit einem kleinen, theatralischen Augenrollen: »Ach mein Gótt, ich weiß doch, ich weiß, ich bin Alkoholikerin, was soll ich machen, das ist mein Lifestyle.«

Der DJ ist von allen schlechten Ideen, die ich bisher in Bezug auf Männer hatte, die schlechteste. Er ist eine wandelnde Red Flag. Ich habe ihn auf einer Party in seinem Club getroffen und sofort begonnen, maßlos und ohne Anlass über ihn zu obsessieren. Auf unserem ersten Date trinke ich nicht, weil ich am nächsten Tag eine wichtige Deadline habe. Er macht keinen Hehl daraus, wie sehr ihn meine Abstinenz stört. Er gibt mir von Anfang an so deutlich das Gefühl, dass alles, was ich außer Sex sonst noch bin, eine so lästige Nebenveranstaltung ist, dass ich mich, noch während es passiert, frage, warum ich nicht instinktiv von ihm abgestoßen werde. Jede Konversation mit mir absolviert er nur, weil er weiß, dass er mit Frauen, die er nicht bezahlt, eine Weile reden muss, bevor er sie fickt. Er ist stillos, humorlos und rücksichtslos. Er ist das einfallslose Klischee von jemandem, der zu viel Kokain genommen hat. Und ich will unbedingt, dass er mich gut findet.

Bei unserem zweiten Date sagt er: »Willst du Champagner? Der ist aber schon offen.« Ich exe den flachen Champagner und ziehe mein Shirt aus. Der Sex ist nicht gut, natürlich nicht, währenddessen denke ich darüber nach, was der Typ für ein Arschloch ist und was bloß von mir Besitz ergriffen hat, dass ich hier bin und nicht zu Hause oder bei jemandem, den ich respektiere. Später sagt er großzügig: »Du kannst auch hierbleiben, wenn du willst.« Ich ziehe die Augenbrauen hoch, sage: »Ich glaube kaum«, und gehe.

Auf dem Weg nach Hause ist mir alles klar. Ich sehe, wie schlimm dieser Typ ist, ich weiß, wie skandalös es ist, dass ich mich so behandeln lasse, ich weiß: Das hier ist nicht mal annähernd gut genug. Aber ich fühle es nicht. Ich starre auf die Botschaft, die mein Kopf mir gibt, wie auf eine Seite voller fremdartiger Schriftzeichen, von denen ich weiß, dass ich sie eigentlich lesen kann.

Warum lässt du das mit dir machen? Woher kommt dieser Sog, woher kommt dieser unwiderstehliche Drang, einen Typen wie diesen zu beherrschen? Was bringt dich dazu, eine solche Geschichte gewinnen zu wollen? Was zur Hölle ist los mit dir? Alles in mir zieht mich von so jemandem weg, und gleichzeitig zieht mich alles in mir dorthin.

Ich begegne ihm später noch einmal, draußen auf der Straße, ich bin verkatert und trage eine schwarze Sonnenbrille, und wir tun beide so, als würden wir einander nicht kennen, was ja auch stimmt.

In diesen letzten Monaten meines Trinkens ist es so, als würde ich beginnen, eine schmutzige Scheibe zu putzen. Ich wische immer wieder den Dreck weg, immer wieder versperren die graubraunen

Schlieren mir die Sicht, aber ich kann nicht mehr leugnen, dass auf der anderen Seite Licht ist. Ich trinke immer noch, aber konzentriere mich nicht mehr darauf. Wie ich es mir selbst am Anfang des Jahres versprochen habe: Ich habe keine Vorsätze mehr über mein Trinken. Ich konzentriere mich auf die Landschaft hinter der schmutzigen Scheibe. Manchmal bleibe ich nüchtern.

Immer, wenn mir das gelingt, fühlt es sich stark und richtig an. Ich gehe nüchtern auf Julians Geburtstagsparty und gefalle mir selbst so gut, dass ich mir wie mein eigenes, perfektes Date vorkomme – am liebsten würde ich hinterher mit mir rummachen. Ich lese *Nüchtern* von Daniel Schreiber zum dritten oder vierten Mal und grüble über kryptische Sätze. *Du hörst auf, indem du aufhörst.*

Ich fange an, über das Trinken und das Aufhören zu schreiben. Ich schreibe lange Posts in einem Forum für Leute, die ihr Trinken kontrollieren wollen. Ich schaue mir wie besessen YouTube-Videos an, in denen überdrehte Amerikanerinnen in Yogapants erzählen, wie fundamental sich ihr Leben verändert hat, seit sie nicht mehr trinken. Meistens klingen ihre Argumente wie aus einem Ratgeber für gnadenlosen Neoliberalismus. *My productivity skyrocketed!* Ich schreibe alle Argumente für das Aufhören in kleine, geheime Notizbücher. Ich lege mir einen Kalender an, in dem ich alle Tage, an denen ich trinke, rot markiere, und alle, in denen ich klar bleibe, grün. Ich starre auf die roten und grünen Felder und versuche, irgendwelche Muster zu erkennen, um dann Tricks aus ihnen abzuleiten. Ich versuche, mir selbst eine Gehirnwäsche zu verpassen: Das Ziel ist, die Lust auf Wein zu verlieren. *Du hörst auf, indem du aufhörst.* Ich gucke wieder und wieder die Episode von *Girls*, in der die nüchterne Jessa fast Alkohol trinkt und es dann doch nicht macht und am nächsten Morgen schön wie ein Engel in lichtdurchtränkten Laken aufwacht.

Ich spiele mit der Idee, zu den Anonymen Alkoholikern zu gehen, aber weil ich auf meinen verkaterten Google-Streifzügen manchmal die Webseite der AA lese, kenne ich die dritte Tradition: *Die einzige Voraussetzung für eine Zugehörigkeit ist der Wunsch, mit dem Trinken aufzuhören.* Und diesen Wunsch habe ich nicht. Zumindest nie länger als sechsunddreißig Stunden.

Ich gehe mehrmals täglich an einem AA-Meeting vorbei, das in meiner Straße stattfindet, finde das ironisch und beäuge die Leute, die in den Pausen vor der Tür herumstehen. Diese Heldinnen. Für mich sehen sie aus wie ein Haufen exzentrischer Outlaws, die irgendwie in Ungnade gefallen sind, auf die man aber zurückgreift, wenn die Welt gerettet werden muss. Aber ich gehe nie in das Meeting. Was ist, wenn ich danach weitertrinke? Dann müsste ich täglich an diesem Meeting vorbeigehen und mich an mein eigenes Scheitern erinnern.

Ich kenne Leute, die allein deswegen in ihr erstes AA-Meeting gegangen sind, weil sie sich dort vergewissern wollten, dass es okay ist, wenn sie noch ein bisschen weitertrinken. Diese Idee hatte ich nie. Mir ist immer schon klar: Setze ich meinen Fuß in ein Meeting, wird jede weitere Relativierung unmöglich.

Im Rückblick kann ich sehen, dass damals mein Nüchternwerden in vollem Gange war. Während es passiert, habe ich jedoch keinen blassen Schimmer, was ich tue. Alles ist Intuition, alles ist vorbewusst. Ich arbeite hart, ohne es zu merken: Ich trinke. Ich bereue das Trinken. Ich bin müde. Ich bin wütend. Ich putze die Scheibe. Das Trinken enttäuscht mich. Ich verliere den Glauben daran. Aber ich will es immer noch nicht loslassen.

Ich tauche durch ein dunkles, trübes Wasser, in der vagen Hoffnung, dass da unten auf dem Grund irgendwas ist, das ich greifen kann. *Du hörst auf, indem du aufhörst.* Aber *wie*, denke ich verzweifelt, *wie* höre ich auf, wenn ich nicht aufhören *will?*

Auf irgendeiner Ebene habe ich verstanden, dass ich keine Macht über meinen Willen habe. Dass jeder Versuch, meinen Willen dazu zu bringen, nicht trinken zu wollen, scheitern wird. Aber ich weiß nicht, auf was ich sonst zugreifen kann, wenn es nicht mein Wille ist, der mich vorwärtsbringt. Gibt es überhaupt irgendeinen anderen Motor?

Im Frühsommer lerne ich Jean kennen. In seinem Profil steht *Das Leben ist zu kurz für hässliche Schuhe*, und ich hoffe, dass er so stylish ist, wie dieser Satz verspricht. Wir begegnen uns das erste Mal auf einer sonnigen Terrasse voller Menschen, und ich sehe, dass er glücklich ist, mich zu sehen. Ich entdecke, dass es aussieht wie in einem Fellini-Film, wenn ich mit ihm Rotwein trinke.

Wir liegen einen Sommer lang im Park im Gras, trinken Rosé und knutschen, in der Ferne malerische Schlösschen. Ich inszeniere meine Romanze, wie es meine Art ist. Ich spiele die Femme fatale, eine Rolle, die ich aus dem Ärmel schütteln kann. Wir gehen auf Partys und flirten mit allen, und danach habe ich frische Storys, die ich Mat erzählen kann.

Aber nicht nur, was Drinks betrifft, habe ich eine höhere Toleranz als früher. Auch die Romantik wird schneller flach, wie abgestandene Cola.

Im Juli fliegen Jean und ich nach Neapel. Wir wohnen in einem Apartment mit Meerblick, es ist glühend heiß, wir wandern durch schattige, enge Gässchen und Gärten voller knallbunter Mosaikkacheln mit Totenschädelmotiv, das Morbide gefällt mir, wir klettern auf Hügel voller Zitronenbäume, kaufen Limoncello, trinken jede Nacht zu viel Rosé, und ich spüre, dass der Wein seine Wirkung verloren hat. Er trägt mich nicht mehr durch die Nacht, er macht mich nur noch unkoordiniert und träge, meinen Geist trübe und meinen Körper schwach. Er wirkt auch nicht mehr wie ein Aphrodisiakum. Mein Rausch ist fadenscheinig geworden, ich kann durch ihn hindurch die triste Realität sehen. Um sie auszulöschen, um wieder den Ort zu erreichen, an dem Rausch ein opulentes Fest wird, müsste ich jetzt noch viel mehr trinken.

Als ich nach Hause komme, muss ich mich von den körperlichen Konsequenzen meines Urlaubs erholen. Ich bin müde und deprimiert und fühle mich viel älter, als ich bin.

Einige Wochen später sagt mir Jean, dass er mich liebt. Ich bin wütend, weil ich davon überzeugt bin, dass er nur deswegen glaubt, mich zu lieben, weil meine Gefühle für ihn flacher werden. Weil ich ihm ausweiche und meine Distanz halte. Ich habe begonnen, mich selbst als eine wandelnde selbst erfüllende Prophezeiung wahrzunehmen. Ich bin überzeugt davon, dass meine eigenen Gefühle der Auslöser für die Gefühle der anderen sind. Es fühlt sich an wie ein makabrer Fluch: Je mehr ich liebe, desto schwächer wird die Liebe der anderen. Je weniger ich von einem Mann will, desto mehr kann ich von ihm bekommen. Ich kann immer nur eins von beiden kriegen: eine unstillbare Sehnsucht nach etwas, das mich zerstört, oder unermessliche Reichtümer, die mich nicht interessieren. Die Parallelen zum Trinken sind unheimlich. Wäre mir das Trinken doch bloß egal, dann könnte ich so viel trinken, wie ich will.

Der letzte Tag

Mitte August, ein heißer, schwüler Dienstagabend. Ich bin mit Jean in einer Weinbar in Kreuzberg verabredet. Eigentlich wollen wir ins Kino gehen, aber ich verliere während des ersten Glases Rotwein das Interesse an diesem Plan. Ich will lieber trinken und mich streiten. Ich bin aus irgendeinem Grund wütend. Und werde immer wütender, während ich trinke, ich weiß nicht, worauf sich meine Wut richtet, wovon ich enttäuscht bin, was ich eigentlich erwartet habe, was ich denke zu verdienen, aber es – *irgendwas* – reicht.

Als sich das fünfte Glas Wein dem Ende zuneigt, sage ich: »Das führt doch alles zu nichts, was soll das überhaupt bringen, wir sollten das beenden.« Ich nehme den letzten Schluck aus dem Glas (nie hätte ich je einen Rest übrig gelassen), greife nach meiner Handtasche, werfe ein paar Scheine auf den Tisch, drehe mich um und gehe.

Ich fahre mit der U-Bahn nach Hause und rede in dieser Nacht noch lange mit Mat, bei dem es gerade erst Abend wird. Ich erzähle ihm, dass ich mit Jean Schluss gemacht habe.

»Bist du verrückt?«, sagt Mat, »der war doch so gut!«

Ich sitze an meinem Fenster und trinke ein letztes Glas Rotwein, und als ich diese Nachrichten später noch einmal anhöre, klinge ich nicht besonders betrunken oder emotional, nur ein bisschen müde und ein bisschen zynisch.

Am nächsten Tag erwache ich mit einem schlimmen Kater. Es wird der letzte Kater meines Lebens sein. Aber das weiß ich noch nicht.

Ich komme zu Bewusstsein, und schon bevor ich richtig wach bin, weiß ich, was jetzt passieren wird. Ich werde die Augen aufschlagen, und die Kopfschmerzen werden meinen Kopf auf die zwanzigfache Größe aufblähen. Ich werde eine pelzige Zunge haben und matte Augen. Ich werde eine oder zwei Ibus einwerfen und, wenn ich richtig Glück habe, eine eiskalte, süße Cola im Kühlschrank finden, mit der ich sie runterspülen kann. Ich werde viel Kaffee trinken, der mich nicht wach machen wird, sondern nur nervös, und der kalten Schweiß auf meine Hände und meinen Rücken treiben wird. Ich werde mein Trinken heiß bereuen. Ich werde Mühe haben, einfach nur wach zu sein. Ich werde mich traurig und fahrig und voller Angst vor Menschen durch diesen verlorenen Tag schleppen, nichts tun können, was ich normalerweise tue, nicht arbeiten, aber auch niemanden sehen, schreiben oder aufräumen. Hangxiety ist ein viel zu niedliches Wort dafür, wie existenziell niederschmetternd dieser Zustand ist. Aber ich werde auch diesen Kater durchstehen, bis er gegen Nachmittag ein bisschen nachlässt, und wenn es dann Abend wird, werde ich erleichtert sein, dass mich langsam das Gefühl verlässt, noch etwas leisten zu müssen. Ich werde mir fettiges Essen bestellen und mir irgendeine Serie reinziehen und froh sein, dass der Tag vorbei ist.

Ich setze mir eine große, schwarze Sonnenbrille auf, kaufe mir einen großen, schwarzen Kaffee beim Bäcker und laufe ziellos durch die Hitze, und dabei höre ich in Endlosschleife *Who are You* von Tom Waits. Das Lied ist Waits' Ode an eine vergangene Liebe, ein Song, der die Sehnsucht auslöst, sich an einen Tresen zu setzen und zu trinken bis zur Besinnungslosigkeit und seinen Schmerz und seinen Kummer und alle Fehler, die man je gemacht hat, dem Barmann zu erzählen, der nur nickt und schweigt, wie ein Psychoanalytiker.

You look rather tired / Are you pretending to love?

Ich weine hinter meiner Sonnenbrille vor mich hin. Ich habe Liebeskummer, oder? Aber wenn es so ist, warum habe ich dann Schluss gemacht? Ich hätte Jean doch haben können. Er hat mir doch seine Liebe gestanden. Warum bin ich so verzweifelt?

All the lies that you tell / I believed them so well.

Ich fühle mich einsam und abgeschnitten von der Welt, um mich herum fließen die Menschen und dieser Sommertag dahin, alle haben Sachen zu tun, Menschen, die sie treffen, Orte, an denen sie sein müssen. Ich bin haltlos, ich habe keine Wurzeln, kein Zuhause, ich bin leer.

Don't you know this is war?

Am nächsten Tag geht es mir besser. Der Kater ist fast weg, es sind nur noch seine letzten Ausläufer spürbar, ich fühle mich fast schon wieder stark genug für Rotwein. Ich telefoniere mit Jean und bin rational und vernünftig und erkläre ihm, dass ich gerade eine »komplizierte Phase« habe, und schrecke nicht einmal davor zurück, ihm zu erklären, es läge nicht an ihm, sondern an mir.

Der nächste Tag ist ein Freitag, und ich bin allein im Atelier, Pina und Sarah machen Homeoffice oder sind am See. Ich habe nicht viel zu tun und bin schon am frühen Nachmittag mit meiner Lohnarbeit fertig, ich habe ein richtig gutes Feierabendgefühl, und so beschließe ich beiläufig und ohne einen bestimmten Grund, auf ein AA-Meeting zu gehen. Das hatte ich doch schon so lange vor. Und ich habe gerade keine anderen Pläne.

Ich schiebe mein Fahrrad die zwanzig Minuten zu der Kirche, in der das Meeting stattfindet. Draußen hängt ein Schild mit dem blauen AA-Logo: zwei torbogenförmige As in einem Dreieck und einem Kreis. Im Hof sitzt ein junger Typ in Bomberjacke und raucht.

»Ist hier das Meeting?«, frage ich ihn lässig, als würde ich schon seit Jahren ständig in Meetings ein und aus gehen. Wenn ich eins draufhabe, dann cool und souverän rüberzukommen, während ich innerlich eine Panikattacke habe. Der Typ nickt und deutet mit dem Kinn zur Tür. Treppe hoch links.

In dem Zimmer ist nur eine Person, eine Frau in meinem Alter, sie verteilt gerade Kaffeetassen auf dem Tisch. Sie fragt mich lächelnd, ob es mein erstes Mal sei, und als ich das bejahe, macht sie einen Satz auf mich zu und beginnt sofort, ohne Punkt und Komma auf mich einzuquatschen. Sie erzählt, wie es damals bei ihr gewesen ist, verteilt Tipps für die frühe Nüchternheit (immer eine Flasche Wasser dabeihaben!), sagt, dass man keinen Tiefpunkt brauche, man müsse nicht erst in der Gosse landen, es reiche, wenn man »die Gosse in sich trägt«, sie sagt mir, ich müsse gar nicht sofort aufhören mit dem Trinken, ich müsse überhaupt nicht aufhören, es reiche, wenn ich wiederkäme, sie drückt mir Flyer in die Hand und kreuzt an, welche

Meetings für jüngere Menschen geeignet sind, sie drückt mir Kaffee und Kekse in die Hand und lässt mir keine Sekunde zwischen zwei Gedanken. Ich bin definitiv überfordert mit der Situation, aber wehren kann ich mich jetzt sowieso nicht mehr, ich gebe mich also geschlagen und setze mich an den Tisch.

Langsam füllt sich der Raum mit Menschen. Es ist eine Gruppe von der Größe einer Privatschulklasse. Eine Rentnerin hat ein komplettes Lunchpaket mitgebracht, das sie auf dem Tisch auspackt, als wäre sie im Kino und warte auf ihre wöchentliche Abendunterhaltung. Zwei sehr stilvoll gekleidete Typen unterhalten sich über einen Filmdreh, an dem sie offenbar mitgewirkt haben. Zwei der Männer verbuche ich routiniert als potenzielle Flirts. Ich erkenne einen aus dem Meeting in meiner Straße wieder, und einen anderen habe ich schon mal irgendwo anders gesehen, ich kann mich aber nicht erinnern, wo. Die Frau, die den Vorsitz hat, teilt der Gruppe mit, dass ich neu bin, und alle lächeln mich an und sagen mir, dass sie sich freuen, dass ich hergefunden habe. Und dann geht es los.

Es wird ein Zettel mit den Zwölf Schritten herumgereicht, und alle sagen reihum ihre Namen und dazu den obligatorischen Satz, den ich aus amerikanischen Serien kenne: »Hallo, ich bin Soundso, und ich bin Alkoholikerin.«

Ich habe mich bereits entschieden, dass ich den Satz sagen werde, denn ich will hier nicht als unentschlossen oder verblendet wahrgenommen werden. Ich will dazugehören. Trotzdem ist das Rauschen in meinem Kopf ohrenbetäubend, während sich der Satz durch die Menschen seinen Weg zu mir bahnt, und ich kann mich kaum selbst verstehen, als ich ihn sage: »Hi, ich bin Mia, und ich bin Alkoholikerin.«

Danach bin ich erschöpft, wie nach einem langen Weinen. Es werden antiquiert wirkende Texte aus zerfledderten Büchern vorgelesen. Dann wird »geteilt«. Jede hat zehn Minuten und spricht von sich, ohne von den anderen kommentiert oder unterbrochen zu werden. Jeder sagt, was er will, und dann ist die Nächste dran, einfacher geht es nicht. Alle wissen, dass es mein erstes Mal ist. Deswegen erzählen die meisten von ihren ersten Malen.

Sie reden vom Trinken, von den dunkelsten Zeiten, also zumeist den Zeiten, kurz bevor sie aufgehört haben. Von den Wahnsinnigkeiten, die sie abgezogen haben. Von den kleinen Verrücktheiten, die wir alle irgendwann machen. Betrunken Auto fahren ist noch die banalste. Bald kommen schon skurrilere Sachen dazu. Flaschen heimlich oder nachts in den Müll werfen, damit die Nachbarn sich nichts denken. Im Supermarkt ungefragt erzählen, dass man all den Wein anlässlich einer kleinen Dinnerparty kauft, damit die Kassiererin sich nichts denkt. In unterschiedlichen Spätis Alkohol kaufen, damit die Leute im Späti sich nichts denken. Als würde sich irgendwer irgendwo irgendwas *denken*. Diese kleinen Lügen und Verschleierungstechniken sind nur dazu da, sich selbst hinters Licht zu führen.

Die größeren Probleme kommen nach und nach dazu. Entweder du kannst mit deinem Lebenspartner trinken, oder du trennst dich eben. Du machst einen Job, in dem du mit dem Trinken durchkommst, oder du verlierst den Job eben. Du hörst auf zu fahren, oder du verlierst den Führerschein, du kannst mit deinen Freundinnen trinken, oder du siehst sie immer weniger. Du verlierst die Hoffnung. Du verlierst den Bezug zu dir selbst. Und irgendwann ist es dir auch egal, was die Leute im Supermarkt denken könnten.

Die Leute in meinen ersten Meetings haben sehr unterschiedliche Geschichten, und sie haben an sehr unterschiedlichen Punkten ihres Trinkens aufgehört. Manche entsprechen dem Klischee tatsächlich. Manche waren in Obdachlosenheimen oder in ihrer siebzehnten Entgiftung im Krankenhaus und hatten nur noch die Wahl: Leben oder Sterben. Anderen hat es gereicht, als sie das erste Mal an Weihnachten Wodka im Haus ihrer Eltern versteckt oder sich geschämt haben, vor ihren Kindern nach Bier zu riechen.

Meine eigenen Verluste sind noch diffus und ideell: Ich bin traurig. Ich respektiere mich selbst nicht genug, um schlechte Männer zu meiden. Ich verstehe meine eigenen Gefühle und Motivationen nicht. Ich habe kein Selbstvertrauen. Das, was ich sage, entspricht nicht dem, was ich tue. Ich akzeptierte eine namenlose Hoffnungslosigkeit in meinem Leben, eine zunehmende Verengung meines Fokus, eine diffuse, scheinbar grundlose Reduktion meiner Möglichkeiten. Äußerlich habe ich noch alles. Ich bin noch weit entfernt von echten Katastrophen. Von stationären Entgiftungen, Leberschäden, Obdachlosigkeit. Sogar von mittleren Katastrophen wie Führerscheinverlust oder täglichem Trinken bin ich noch verschont geblieben. Ich bin ein Mauerblümchen.

Trotzdem habe ich nicht den geringsten Zweifel daran, dass ich hierhergehöre. Jede einzelne Person in diesem Meeting redet über ihr Trinken auf genau die gleiche Art, wie ich über mein Trinken denke.

Ich habe nie morgens um zehn Wodka in meinen Smoothie gemixt, damit ich es aus dem Haus schaffe, wie die Frau mit dem blondierten Bob. Aber ich denke auf die gleiche obsessive Art über mein Trinken nach. Ich habe nie in der dritten Entgiftung in der Klinik gesessen und es krass gefunden, dass mein Zimmernachbar schon achtmal da war, wie der Typ mit der Ansteckfliege. Aber auch ich habe mich zwanghaft mit anderen verglichen, um weitertrinken zu können. Ich spiele vielleicht ein anderes Level, aber es ist dasselbe Spiel. Dieselben Regeln. Dasselbe Ziel.

Ich bin seltsam leer. Ich schweige und höre den anderen zu und fühle die Wahrheit in mir liegen wie ein stilles, klares Gewässer, das immer schon da gewesen ist. Die Sommerhitze draußen macht meinen Kopf ein bisschen wattig, und meine Schenkel kleben an dem Holzstuhl, auf dem ich sitze.

Die Leute sprechen alle ganz allein zu mir, das spüre ich, sie weben mich in ein Netz ein, das mich davon abhalten soll, wieder abzuhauen. Sie tun, was sie können. Es ist ihnen wichtig, dass ich sie verstehe, denn ich erinnere sie daran, wie schlimm es mal war und dass auch sie nicht glaubten, dass es besser werden kann, und dass sie dahin, wo ich gerade herkomme, um keinen Preis zurückwollen, weil es da, wo sie jetzt sind, so unendlich viel besser ist.

Nach zwei Stunden ist das Meeting vorbei, und ich bin wie eine, die aus einer Vollnarkose aufwacht. Desorientiert, aber zufrieden, dümmlich und matt wie von freundlichen Betäubungsmitteln. Ich brauche eine Weile, um mich daran zu erinnern, wo ich mein Fahrrad abgestellt habe. Ich fahre leicht und leer nach Hause, ein bisschen high, total entwaffnet. Ich quatsche ein bisschen mit Mat, der sich gerade von der Erbin eines Wasserfilter-Imperiums durch Hollywood kutschieren lässt, dann gehe ich schlafen.

Mit dem Alkohol bin ich für immer fertig.

BABY, SOBER

Neue Welt

Es gibt diesen Traum, in dem man bei sich zu Hause plötzlich ein neues, leeres Zimmer entdeckt. So ist es mit meiner Nüchternheit. Ich finde in meiner eigenen Wohnung eine Tür, die ich bisher aus unerklärlichen Gründen übersehen habe, und dahinter ein großes weißes Zimmer, in das die Sonne scheint, im Mietpreis inbegriffen. Ich kann es nicht fassen. Es ist immer schon hier gewesen.

Heute ist Tag acht. Ich gehe in das Meeting in Kreuzberg, das mir die Chair-Frau von meinem ersten Meeting als das Treffen der jungen Generation auf dem AA-Flyer angekreuzt hat. Es ist immer noch brütend heiß. Ich habe mir die Haare aus dem Nacken gebunden und vom Fahrradfahren einen feuchten Film auf meiner Stirn, weswegen ich mir im Bad schnell noch das Gesicht wasche. Haare hinter die Ohren, mit Klopapier den Schweiß unter den Armen weggewischt, und schon bin ich fertig zurechtgemacht. Ich sah selten besser aus. Es ist Sommer, ich schwebe auf meiner rosa Wolke in Flipflops durch die Stadt, trinke Kokoswasser aus Tetra Paks, trippe über das nüchterne Aufwachen und den blauen Himmel und bin auch sonst wie frisch verliebt. Es ist definitiv die perfekte Zeit in meinem Leben, um ungeschminkt und rosig, orientierungslos und mit nassem Gesicht auf AA-Meetings herumzulaufen.

Am Kaffee- und Kekstisch im Flur werde ich neugierig von der Seite beäugt. Ein junger Typ mit blauen Haaren fragt mich, wie lange ich schon nüchtern bin. Eine klassische Small-Talk-Frage in der Community, zu der ich jetzt gehöre. Ich sage: »Acht Tage«, das Lächeln des Typen wird weich, und ich bin plötzlich den Tränen nah. Das passiert mir in letzter Zeit ständig. »Das ist so toll, herzlichen Glückwunsch«, sagt der Typ lächelnd und meint es wirklich so. Das ist es wahrscheinlich, denke ich, diese ungebremste Freundlichkeit. Die man so nirgendwo sonst kriegt. Sie trifft mich jedes Mal wie ein Bus. Ich laufe neuerdings ohne Haut herum. Alles kann mich aus der Bahn werfen, alles kann mir nahegehen, es gibt keine Hülle zwischen mir und der Welt, das Gute wie das Schlechte kommt ungefiltert bei mir an, Gott sei Dank gibt es wenig Schlechtes diesen Sommer, eigentlich nichts.

Hinten am Fenster steht ein Typ, den ich schon mal irgendwo gesehen habe, dunkle Augen, dunkle Haare, die Berlin-Mitte-Uniform aus weißem T-Shirt und Bluejeans, sein Blick flattert hin und her durch den Raum, bleibt nirgendwo hängen, kindliche Ernsthaftigkeit, er tänzelt von einem Fuß auf den anderen wie ein nervöses Fluchttier. Er guckt mich an, signalisiert, dass er mich auch wiedererkennt, und ich gehe rüber zu ihm und frage ihn, wie er noch mal heißt, und er sagt: »Luca.«

Er erzählt mir, dass er gleich sprechen wird. Das Kreuzberger Meeting ist ein Sprechermeeting, das bedeutet, dass eine Person vorne ihre Geschichte erzählt.

»Ich bin richtig schlimm nervös«, sagt Luca, lächelt panisch und wirkt wegen seiner entwaffnenden Offenheit sofort weniger nervös.

Ich setze mich in den Raum und nippe an meinem Kaffee, den ich neuerdings bis spätabends trinke. Ich sage »Hi, ich bin Mia, und ich bin Alkoholikerin«, als ich dran bin, senke den Kopf, um der »Alkoholiker zu gedenken, die noch leiden«, und bin schon völlig okay mit der Tatsache, dass diese seltsame, unsichtbare Subkultur, die in Kirchenräumen und Gemeindekellern stattfindet und die ganze Stadt durchzieht wie eine geheime Untergrundorganisation, nun meine neue Gang ist. Eine Welt, in der es eine eigene Sprache und eigene Rituale gibt und in der eine andere Art von Wachheit praktiziert wird als anderswo. Die latente Sektenartigkeit daran entgeht mir nicht, aber ich bin viel zu gut drauf, um irgendwas zu kritisieren. Ich bin viel zu dankbar, nüchtern zu sein. Ich bin viel zu begeistert.

Pink Cloud

Wenn es mir nicht so super ginge, würde es mir vielleicht was ausmachen, dass mir meine komplette Identität um die Ohren geflogen und nichts, was ich über mich und die Welt zu wissen oder zu sein glaubte, mehr übrig ist. Die frühe Nüchternheit ist ein verrückter Schwebezustand: Die alten Methoden sind obsolet, für das Neue gibt es noch keine Bedienungsanleitung.

Ich erinnere mich nicht an viel aus diesen ersten Wochen. Manchmal bin ich davon überzeugt, dass ich emotional vollkommen taub bin, wie wenn man beim Zahnarzt den Finger auf die gefühllose Wange legt und ein Stück weiche, fremde Haut spürt, die auf verwirrende Art zu einem gehört und nicht zu einem gehört. Dann wieder heule ich los, weil mich jemand in der U-Bahn nett anlächelt.

Ich brause ständig mit dem Fahrrad durch die Stadt, immer schieße ich gerade im warmen Spätsommerlicht über irgendeinen samtigen Asphalt, Kopfhörer in den Ohren, in denen der *HOME*-Podcast oder der *Since Right Now*-Podcast rauf- und runterläuft. Drei Typen aus Louisiana und zwei Frauen aus Boston und San Francisco reden über das einzige Thema, das mich noch interessiert: nicht mehr trinken. Ich verbringe so viel Zeit mit ihren Stimmen in meinen Ohren, dass es sich anfühlt, als wären sie meine Freundinnen.

Wenn ich keine Sober-Podcasts höre, spiele ich den sonnigen Mädchenpop von Haim, den Mat aus L.A. schickt. Die Liebeslieder klingen, als wären sie für mich und meine junge Nüchternheit geschrieben worden. *I promise I'll treat you right / Been waiting my whole damn life / Baby, it's about time / I wasn't ready for you.*

Ich lese alle Bücher zum Thema Nüchternheit, die ich in die Finger kriege. Das meiste kommt aus den USA. Ich fresse Caroline Knapps Buch *Drinking: A Love Story*. Sarah Hepolas *Blackout*. Kristi Coulters *Nothing good can come from this*. Catherine Grays *The unexpected Joy of Being Sober*. Augusten Burroghs' *Dry*. Leslie Jamisons *The Recovering*. Ich lese im Gehen und an der Supermarktkasse und in der U-Bahn, ich laufe gegen Straßenschilder.

Ich fahre morgens um halb acht an den See, nah an meinem Haus, klettere über den Zaun, werfe mich ins kalte Wasser und schwimme bis zum Steg des Freibads rüber, dann wieder zurück zu meinem kleinen, schwarzen Klamottenhaufen am anderen Ufer. Ich streife Schicht um Schicht meiner alten Hülle ab. Danach fahre ich mit nassen Haaren ins Büro. Manchmal arbeite ich sogar ein bisschen. Ich habe das große Glück, dass mein aktueller Hauptauftraggeber mir in einer ungewöhnlichen Regelmäßigkeit Aufträge gibt, sodass ich für eine Weile die Zügel lockern und in den Tag hineinleben kann, ohne neue Kunden akquirieren oder die nächsten Karriereschritte planen zu müssen. Ich kann all meine Energie in meine junge Nüchternheit investieren.

Ich bin verknallt in die Welt. Alles ist hell und unmittelbar, und ich brauche weder besonders viel Essen noch besonders viel Schlaf. Mein Körper prickelt, ich bin luftdurchlässig. Ich stehe immer irgendwie neben mir, bin aber gleichzeitig extrem anwesend. Ich fühle mich wie die Königin von Siam, so glänzend geht es meinem Ego, gleichzeitig bin ich zu schüchtern, um zu sprechen. Ich fühle mich supersexy, habe aber keine Ahnung, wie man flirtet. Ich gehe einmal in der Woche in mein Meeting, schweige aber immer noch. Ich rechne jeden Moment damit, einen gigantischen Haken an der ganzen Sache zu finden. Ich habe keinerlei Bedürfnis zu trinken – wie kann das sein? Ich finde alles einfach nur leicht, leicht, leicht. Ich traue mir selbst keinen Meter. Wo ist der Endgegner? Es kann doch nicht so leicht sein?

Mein halbes Leben habe ich geglaubt, dass es schwer sein würde, nicht zu trinken, dass es ein Kampf wäre, ein ständiger Mangel, ein grauer, deprimierender Kraftakt. Aber es ist nicht schwer. Es ist nicht dunkel und langweilig und anstrengend. Es ist nichts von dem, was ich erwartet habe. Es ist hell und schillernd und opulent, wie eine riesengroße, bienensummende und blumensatte Wiese im Mai. Es herrscht kein Mangel und kein Verzicht. Es ist alles im Überfluss hier, was irgendwer jemals gebraucht hat, so unendlich viel mehr als genug, selbst wenn ich es für den Rest meines Lebens mit beiden Händen zum Fenster rauswerfe, wird es trotzdem immer mehr geben, als ich jemals werde verschwenden können.

Trinken erscheint mir auf einmal wie die dümmste Beschäftigung, die sich jemals irgendwer ausgedacht hat. Ich bin auf die andere Seite übergelaufen und wache jeden Morgen in meinem weißen Bett auf und bin unendlich erleichtert, dass mein Geist klar ist, meine Seele hell, mein Körper frisch und gesund. Ich kann nicht nachvollziehen, wie ich bloß all die Jahre an die Gehirnwäsche glauben konnte. Ich habe eine Hundertachtzig-Grad-Drehung hingelegt. Nie wieder trinken kam mir vor Kurzem noch vor wie die Höchststrafe, und jetzt wie die beste Idee überhaupt. Ich bin ekstatisch.

Nach außen wirke ich wahrscheinlich ganz unscheinbar. Süß und nett, ein bisschen schwer von Begriff vielleicht, wie ich da in der vorletzten Bank des Meetings sitze und beseelt lächelnd an meinem Kaffee nippe und Schwierigkeiten habe, mich zu artikulieren.

Luca sitzt jetzt vorn auf einem kleinen Podest, knibbelt an seinen Fingern rum, furcht angestrengt die Stirn und redet über sein Trinken, dem er immer entfliehen wollte. Er ist durch die ganze Welt gereist, über Ozeane. Er hat Wohnorte, Jobs und Frauen gewechselt und ist immer wieder beim Trinken angekommen, das Trinken hat immer schon auf ihn gewartet, egal, wo er hinging. Es war die eine Konstante in seinem Leben, das eine Ding, das sich nie geändert hat, bis er schließlich mit Mitte zwanzig aufgehört hat.

Wow, denke ich, wie geil das ist: aufzuhören, wenn man den größten Teil seines Lebens noch vor sich hat. Und dann fällt mir ein, dass das bei mir ja genauso ist.

Mein neues Ich und seine Freunde

»Nein, danke, ich trinke nicht«, sage ich jetzt andauernd, und ich bin jedes Mal begeistert, wenn ich es sagen kann. Ich trinke nicht!

Meine Normie-Freundinnen sind überrascht und milde irritiert von meinem neuen Spleen und gucken mich unsicher an, während sie abwägen, was sie als Nächstes sagen sollen. Die Information, dass ich nicht mehr trinke, wahrscheinlich nie wieder, dicht gefolgt von der Info, dass ich übrigens ein Alkoholproblem hatte – das alles ist den meisten neu.

»Aber warum hast du denn nie was gesagt?!«, fragt Ana entgeistert.

Anas Trinken ist das, was man sozial nennt; sie trinkt, wie alle Alkoholikerinnen gern trinken würden. Als wäre das Trinken ein Partykleid, das man sich ein paarmal im Jahr anzieht, wenn man in Gesellschaft ist, das man aber sicher nicht zu Hause auf der Couch tragen würde. Wir haben, seit wir Schulmädchen sind, zusammen Mädelsabende gemacht, auf denen wir Moscow Mules gemixt und über Kapitalismus und Sex philosophiert haben. Woher hätte sie wissen sollen, dass ich anders trank als sie, wenn wir doch so häufig zusammen tranken?

Mit Lulu gehe ich im Herbst in die tadschikische Teestube in Mitte, wir sitzen im Lotussitz auf den Polstern vor niedrigen Tischen, gehen die Karte durch, und ich sehe ein Teegedeck mit Keksen und Rumrosinen. Es ist Kaminfeuerstimmung, und ich finde alles daran verführerisch, außer dem Rum.

»Rumrosinen ist nicht nur so dahingesagt, oder?«, frage ich Lulu mit einem Rest Hoffnung, ich könnte Alkoholromantik ohne Alkohol bekommen. »Da ist wirklich Rum drin?«

Lulu sagt: »Ich glaube, das heißt, die Rosinen sind in Rum getränkt.«

»Dann muss ich was anderes nehmen.«

Lulu guckt mich irritiert an und sagt: »Na ja, aber ich meine, du bist ja keine *Alkoholikerin*.«

»Doch, schon irgendwie«, sage ich.

Mit James stehe ich eines Nachts an der Bar vom Dirty Velvet am Helmholtzplatz, und wir reißen Witze. James hat eine riesige Wohnung in Prenzlauer Berg, die er niemals aufgeben kann, weil der Mietvertrag so alt ist. Da er für seinen Job als Schauspieler so viel reist, hat er seit Jahren eine ständig wechselnde Entourage aus studentischen Mitbewohnerinnen, die nie mit ihm mitaltern und die ich schon seit Jahren nicht mehr auseinanderhalten kann. Sie sind alle blond, haben Handtaschen in Pastellfarben und studieren BWL oder Zahnmedizin.

Wir stehen an den Tresen gelehnt und rauchen, und ich nenne James den Leonardo DiCaprio der Mitbewohner. Ich sage: »Nichts an deiner Beerdigung wird deprimierend sein. Es wird wie eine rauschende Party auf einer Yacht in Nizza, all diese schönen, weinenden Frauen werden um dein Grab herumstehen und weiße Rosen hineinwerfen und Champagner trinken.« James ist sehr angetan von dieser Vision.

»Du bist lustiger als sonst«, sagt er irgendwann, »was ist da los bei dir? Hast du einen neuen Typ?«

Julian frage ich einfach direkt: »Habe ich mich verändert, seit ich nicht mehr trinke?«

Er lächelt sein übliches, besonnenes Lächeln und sagt nach kurzem Nachdenken: »Du bist glücklicher.«

Nike versteht meine Veränderung am wenigsten. Seit sie nach Bayern gezogen ist, haben wir uns auseinandergelebt. Während sie früher noch die erste Person war, die all meine Lebensereignisse in Echtzeit mitgeschnitten hat, erzähle ich ihr nun von der Nüchternheit mit ein paar Wochen Distanz. Eines Tages liegen wir zusammen im Spa, weich geknetet von Massagen und Hitze, und trinken Tee, und ich sage irgendetwas darüber, wie sich mein Blick auf die Welt verändert hat, seit ich nicht mehr trinke. Sie sagt irritiert: »Also du glaubst, das hat etwas damit zu tun?«

»Ja, natürlich«, sage ich, genauso irritiert, »das hat mit allem etwas zu tun.«

Mir fällt plötzlich wieder die Szene ein, als Nikes Exfreund, ein Arzt, sich abfällig über den Alkoholiker geäußert hatte, der in seine Notaufnahme eingeliefert worden war, nur um seine kostbare Zeit zu stehlen.

»Ich könnte in dieser Zeit ein krankes Kind behandeln, stattdessen muss ich mich um einen Säufer kümmern, der es nicht lassen kann«, sagte er voller Verachtung. Ich weiß nicht, ob Nike die Ansichten ihres Boyfriends teilte, aber ich erinnere mich daran, dass sie ihm damals nicht widersprochen hat. Ich lasse das Thema fallen.

Meiner Familie muss ich nichts erklären. Die, die noch trinken, trippeln vorsichtig um mich herum, als ich mit der Nachricht um die Ecke komme, sind verhalten unterstützend, aber unsicher, was das für sie bedeutet. Die, die nicht mehr trinken, empfangen mich wie eine, die lange auf Reisen war und endlich wieder zu Hause angekommen ist.

Ich sitze stundenlang im Wohnzimmer bei meinem Onkel, wir trinken literweise schwarzen Kaffee mit Schokoladenaroma aus goldgeränderten Tässchen wie Adlige aus dem Fin de Siècle und unterhalten uns fieberhaft über das Nüchternsein. Meine Tante, die ältere Schwester meines Vaters, jetzt die Matriarchin der Familie, bunkert alkoholfreien Sekt im Keller, und wir sitzen an Weihnachten zusammen und durchkämmen Fotoalben, und ich frage sie über alle Details der Vergangenheit aus, wie war es damals, wann ist was passiert, wie war das mit Mathilde, wie war es mit meinem Vater? Wie war das nach dem Krieg, was haben die Geschwister meiner Großeltern gemacht, wie sah die Wohnung der Großeltern früher aus, wer hat in welchem Zimmer geschlafen? Und stimmt es eigentlich wirklich, dass Mathilde den Hund vergiftet hat?

Wir puzzeln unsere Familiengeschichte neu zusammen, schauen alles noch mal neu an, jetzt, wo es keine blinden Flecken mehr gibt, jetzt, wo auch die Sucht sichtbar ist.

Fomo

Eines schwülen Sommerabends komme ich aus einem Meeting, aufgebrezelt mit Ketten und Ringen und rotem Lippenstift und spitzenbesetztem Body und Samthosen und offenen Haaren, overdressed wie eine Dolce & Gabbana-Anzeige, für einen Anlass, den es nicht gibt. Ich schiebe mein Fahrrad durch die glühenden Straßen, die

Cafés sind brechend voll, alle sind draußen, schreien sich glücklich lachend an, trinken Aperol Spritz, haben Dates, machen rum, tanzen auf dem Gehweg, machen sich gegenseitig Heiratsanträge, zeugen Kinder, begründen Legenden.

Ich schiebe mein Fahrrad an den Menschenmassen vorbei, habe nichts vor und werde heute voraussichtlich nichts erleben. Ich habe keine Verabredung, kein Date, kein Ziel, keinen Plan. Ich kann eigentlich nur nach Hause gehen. Ich fühle mich abgeschnitten und eingesperrt. Die Fomo wie Blei an meinen Füßen. Ich gehe langsamer, damit ich nicht so schnell ankomme. Aber stehen bleiben kann ich auch nicht, weil: wozu?

Klar zu sein bedeutet auch, dass du immer ziemlich sicher weißt, wie die Nacht enden wird. Nämlich zu Hause, im Bett, vor Sonnenaufgang, abgeschminkt und im gleichen Gemütszustand, in dem du vorher warst. Am Ende der Nacht wird nichts Unvorhergesehenes passiert sein. Nichts wird aus dem Ruder gelaufen oder eskaliert sein, nichts wird eine überraschende Wendung genommen haben. Diese Vorhersehbarkeit ist ein wunderbares Geschenk: Sie bedeutet, wenn du aufwachst, musst du keine Schmerzen haben, nichts bereuen, dich für nichts schämen. Alle deine Sachen und dein Geld sind noch da, du musst dich nicht auf Chlamydien testen, keine Beweise verschwinden lassen und dich bei niemandem entschuldigen. Aber es bedeutet auch: Die Nacht ist kein Versprechen mehr. Sie ist nicht mehr voller Abenteuer. Sie ist nicht mehr groß und uferlos und zeitlos, sondern dauert exakt acht Stunden. Die Nacht ist jetzt kompakt, planbar, gut ausgeleuchtet, zahm und ordentlich, wie du selbst.

Ich komme an eine Bar, in der ich früher oft mit Juri gewesen bin. Wir haben uns hier gegenseitig einige Dramen serviert, einige Liebesschwüre abgelegt, einige durch Whiskey befeuerte Diskussionen eskalieren lassen. Der Barkeeper, an dessen Namen ich mich erinnern kann – Theo –, nickt mir kollegial zu, als ich reinkomme.

Es ist wie früher. Nur ein paar einfache Tische und Stühle, ein vertrauenswürdiger Holztresen und im hinteren Raum, den man über eine kleine Treppe erreicht, Sofas und Sessel, in denen man versinken kann. Vorne sanftes Licht, verspiegelte Regale bis unter die Decke, voller goldener, kupfer- und bernsteinfarben schimmernder Flüssigkeiten, der Barkeeper, der immer schon hier war, mit einem Geschirrtuch über der Schulter, ein Glas polierend. »Was willst du trinken?«

Ich schiebe meinen Hintern auf einen Barhocker und inhaliere die Aura. Ich habe Bars schon immer geliebt, und ich liebe sie noch. Ich liebte sie nie nur wegen des Offensichtlichen, des entgrenzten Alkoholkonsums. Ich liebte sie immer schon, weil sie Orte sind, an denen ein paar Gesetze, die überall sonst draußen in der Welt gelten, nicht gelten.

Gute Bars sind klassenlose Orte. In den Bars, in denen ich gearbeitet habe, war es ganz normal, dass Arm und Reich, Links und Rechts, A-Promi, B-Promi und Normalo gleichberechtigt um die Gunst der mächtigsten Personen des Abends konkurrieren: der Barkeeperinnen. Die bekannte Moderatorin sitzt mit ihrer schönen Freundin an der Bar, wird von zwei Dritteln der Belegschaft nicht erkannt, weil niemand Öffentlich-Rechtliche guckt (dafür kichern aber einige Studentinnen auf der Couch in der Ecke aufgeregt), neben ihnen der verrückte Künstler-Slash-Kleinstdealer von nebenan, der immer da ist und immer einen Pelzmantel trägt, der Bouncer mit dem Glasauge, mein Designmanagement-Prof aus der Uni und ein bekannter Schauspieler mit Seidenschal und exaltierter Lache, dessen Name uns immer entfällt. Und Sina und ich behandeln alle gleich, was bedeutet, wir nennen sie liebevoll Schlampe, wenn sie einen Drink verschütten, und flirten mit ihnen, wenn sie uns Trinkgeld geben.

Ich liebte die Bar, und ich liebte die Bararbeit, die sich anfühlte wie eine wilde Mischung aus Fließbandarbeit, Therapie, Unterhaltungsshow, Schaustellerei und Prostitution. Nachdem ich meinen letzten Barjob mit achtundzwanzig aufgegeben hatte – eine reine Vernunftentscheidung –, durchlief ich einen tiefen Trauerprozess, als hätte ich mich nach zehn Jahren Ehe scheiden lassen, und noch lange hatte ich Sehnsucht danach, hinter der Bar zu stehen und einen Drink zu schütteln und mich in dem schweißtreibenden Tanz dieser Arbeit zu verlieren, dem Gefühl, morgens um vier am Dönerladen gegenüber heiße Pommes und Lammspieße in mich reinzuschlingen, mit schweren Knochen und leerem Kopf und dem Gefühl, wirklich gearbeitet zu haben. Nicht nur auf einen Bildschirm gestarrt und Projekte gemanagt zu haben.

Jetzt, an Theos Bar, der mich erwartungsvoll mustert, während er immer noch den Tumbler poliert, gehöre ich nicht mehr dazu. Und ich weiß nicht, ob ich es aushalte, nie wieder dieses goldene, rauchige Licht zu trinken und mich in dieses samtige, schmutzige Oblivion sinken zu lassen, das eine gute Bar ist.

»Großes Wasser mit Eis und Zitrone«, sage ich.

Theo stellt das Wasser vor mich hin, ich fühle mich ein bisschen scheiße, weil ich keinen richtigen Drink bestelle, und gebe übertrieben viel Trinkgeld. Ich gehe mit dem Wasser vor die Tür, rauche und mache Mat eine lange Sprachnachricht, in der ich mich darüber auslasse, wie uncool ich geworden bin und in welch unerreichbare Ferne all die simplen Freuden der Welt nun für mich gerückt sind.

Dann exe ich noch ein Wasser, rauche noch mehr Zigaretten und denke an Jessa aus *Girls*, die, ebenfalls nüchtern, an einem wirklich miesen Tag, aufgelöst und mit der Entschlossenheit einer Besessenen, straight in eine Bar geht, sich ein »Seltzer« bestellt, sich eine Kippe ansteckt und zum Schluss einen fremden Typen mit aufs Klo nimmt. Alles daran, wie sie ihren miesen Tag ausagiert, ist Melodrama – aber sie bestellt sich keinen Drink. Ein Drink ist einfach keine Option. Sie kann alles machen, was sie will, egal, wie infantil und irrational auch immer, aber Trinken steht nicht mehr auf der Liste, Trinken ist durch, Trinken ist vorbei, völlig egal, was passiert.

Und so ist das für mich auch. Die Trinkromantik zieht alle Register, die Fomo auch, ich leide, ich leide. Aber ich weiß: Trinken werde ich nicht. Ich weiß das in jeder Sekunde in dieser Bar. Ich weiß, dass alles an dieser Situation gefährlich aussieht, aber ich *fühle* mich nicht gefährdet. Und ich finde das sogar ein bisschen zum Kotzen. Ich bin wie ein Kind, das einen Tobsuchtsanfall hat und doch in jedem Moment weiß: Die Erwachsene hat's im Griff. Mir gefällt nicht immer, was sie entscheidet, aber ich weiß, ich kann mich auf sie verlassen. Und jetzt gehen wir nach Hause.

Trigger

Der Nucleus accumbens, eine Struktur tief im Inneren deines Hirns, ist das Zentrum des sogenannten Belohnungssystems und der Motor jeder Abhängigkeit. Hier wirkt der Motivationsstoff Dopamin. Immer wenn Säugetiere etwas Beglückendes erleben, zum Beispiel essen, Sex haben oder viele Likes für einen Instagram-Beitrag sammeln, steigt der Dopaminspiegel. Deswegen wurde Dopamin lange als »Glückshormon« bezeichnet. Man glaubte, dass ein Dopaminrausch sich so gut anfühlt, dass er den Wunsch nach seiner eigenen Wiederholung auslöst. Und dass Drogen deswegen abhängig machen, weil sie dafür sorgen, dass viel mehr Dopamin ausgeschüttet wird als bei Essen, Sex oder Likes. Aber seit einigen Jahren weiß man: Das stimmt nicht ganz.

Dopamin selbst erzeugt keinen Glücksrausch. Alkohol fühlt sich deswegen gut an, weil er Entspannung verstärkt und zusätzlich ein paar Endorphine ausschüttet. Dopamin ist nicht der Glücksstoff – es ist der neongelbe Textmarker, der die positive Information hervorhebt, damit du die angenehme Stelle schnell wiederfindest, wenn du ihr das nächste Mal begegnest. Wenn du trinkst, markiert das Dopamin all die Sinnesreize, die direkt oder indirekt mit dem Trinken in Zusammenhang stehen: das Ambiente eines Restaurants, der Geruch des Weins, das Ploppen des Korkens, der muffige, ledrige Geruch einer Bar, der Anblick eines beschlagenen Weinglases im Sonnenlicht. Und beim nächsten Mal, wenn du eine Bar riechst oder das Klirren von Eiswürfeln hörst, gibt Dopamin dann das Kommando: *trink.* Der Sinneseindruck wird zum Befehl.

Irgendwann sind es nicht mehr nur die offensichtlichen Dinge. Irgendwann sind so viele Sinneserfahrungen mit dem Trinken verknüpft, dass die plötzliche Begierde nach einem Drink durch die unwahrscheinlichsten Reize entflammt werden kann: der Geruch der U-Bahn im Spätsommer. Die Trägheit deines Körpers nach einem langen Tag am See. Eine ganz bestimmte Sorte Melancholie. Der Nachhauseweg, nachdem du das erste Mal mit jemandem geknutscht hast. Die Steuererklärung. Der Familienbesuch. Eine Stadt, ein Land, ein Date, ein Song, eine Person, ein Gefühl, eine Jahreszeit, eine Tageszeit. All diese unschuldigen Nebensächlichkeiten können nach jahrelanger Konditionierung zu Trojanischen Pferden mutieren und die überwältigende Sehnsucht nach einem Drink in dein Hirn schleusen, eine Sehnsucht, deren Wucht für normale Menschen unbegreiflich ist.

Deshalb raten die AA und andere Suchtprofis entschieden davon ab, sich den Reizen auszusetzen, die man mit dem Trinken verbunden hat. Ich soll einen Bogen machen um Bars und Partys und Menschen, mit denen ich getrunken habe. Ich soll nicht einmal an der üblichen Stammkneipe oder den Weinregalen im Supermarkt vorbeigehen. Alkoholfreies Bier und andere Ersatzgetränke gelten als sicherer Weg in den Rückfall und sind deswegen tabu.

Ich missachte die meisten dieser guten und gut gemeinten Ratschläge von Anfang an konsequent. Erstens habe ich eine tief verwurzelte Abneigung gegen gute Ratschläge und Autoritäten jeder Art, und zweitens sehe ich es überhaupt nicht ein, für den Rest meines Lebens in einer Stadt voller Trigger allen Triggern aus dem Weg zu gehen. Das ist *meine* Stadt. Die Trigger sollen verdammt noch mal *mir* aus dem Weg gehen.

Ich setze also auf Konfrontationstherapie. Ich gehe in Bars und hänge mit trinkenden Menschen rum. Ich habe Dates mit trinkenden Menschen. Bei ein paar Gelegenheiten küsse ich trinkende Menschen. Ich sitze am Tresen und trinke Kirschsaft aus Weingläsern. Ich trinke alkoholfreies Bier. Je schärfer mir abgeraten wird, desto trotziger werfe ich mich den Triggern in die Arme.

Nicht alle lassen mich kalt. Julian bringt eines Nachmittags eine Flasche alkoholfreien Wein mit, der rein geschmacklich so viel Ähnlichkeit mit dem Original hat, dass ich schon nach einem halben Glas spüre, wie der Befehl: *mehr!* auf einmal wieder zu hören ist, zuerst leise und unbestimmt, dann immer lauter, wie eine näher kommende Parade. Ich merke, dass ich das Weinimitat plötzlich sehr viel dringender will, als ich den Saft, für den es sich ausgibt, je wollen würde.

Einmal, im ersten Winter, sitze ich mit Pina in einem russischen Restaurant. Alles ist winterlich romantisch, die Luft ist warm und satt und riecht nach Mandeln und Karamell, Kronleuchter strahlen, die Hemden der Kellner sind schneeweiß, ich trage vielleicht sogar einen Schal aus Kaninchenfell, in das ich immer wieder die Finger gleiten lasse, weil ich nicht genug bekomme von seiner brutalen Weichheit.

Pina bestellt ein Glas Rioja. Und in dem Moment, als mir der schwere, süße Rotwein in die Nase steigt, erfasst mich plötzlich ein alter Hunger. Es ist, als ob all das Blut in meinem Körper aufhört zu fließen und sich wie Tausende Augenpaare in einem schlagartigen Wiedererkennen auf die Flüssigkeit in dem Glas fokussiert: *Da ist es.* Und sich im nächsten Moment, wie das Meer, das vom Mond in die Höhe gezogen wird, mit aller Macht dem Wein entgegendrängt, nur provisorisch zurückgehalten von der dünnen Hülle meiner Haut.

Der Befehl ist unerwartet, brachial und absolut körperlich, und es passiert viel, viel schneller, als mein beflissener, wohltemperierter Geist überhaupt aufblicken und zerstreut *Was?* fragen kann.

Pina guckt mich irritiert an, und ich stelle schockiert fest, dass ich kurz vorm Heulen bin – ein verzweifeltes, existenzielles Heulen –, und ich reagiere, indem ich brüsk aufstehe und darauf bestehe, dass wir sofort gehen, ich liefere keine Erklärung, einfach *Nein* und *Sofort.* Das ist das einzige Mal, dass es mir so geht, und es ist mir scheißegal, dass ich melodramatisch wirken könnte, scheißegal, dass wir unsere bezahlten Getränke noch nicht getrunken haben, scheißegal, wie es aussieht.

Der Wille zu trinken ist mit meinem ersten AA-Meeting verschwunden und nie wieder zurückgekehrt. Und auch wenn mein Blut sich, manchmal noch immer, beim Geruch von Rotwein – nie bei irgendetwas anderem – erinnert und von etwas elektrisiert ist, das sich wie Sehnsucht anfühlt; mein Geist ist immer klar und ruhig und absolut sicher, dass wir dieser billigen Sehnsucht nie und nimmer in den Abgrund hinterherspringen würden und dass meine Haut immer standhalten wird.

Ich kenne Leute, die gehen nicht mehr am Weinregal im Supermarkt vorbei, seit sie nüchtern geworden sind. Ich kenne Leute, die sind nur noch mit anderen Nichttrinkern befreundet. Für mich musste es anders laufen. Ich weigere mich von Anfang an, den Alkohol als eine ebenbürtige Macht zu akzeptieren. Ich will ihm zeigen, dass er mir nicht mehr das Geringste anhaben kann, dass ich ihn vollkommen demystifiziert habe, dass er lächerlich ist, dass er ein schlechter Witz ist. Denn wenn ich ihm aus dem Weg gehen müsste, wenn ich auf der Hut sein müsste, wenn ich vor seiner Anwesenheit am Nebentisch erzittern müsste, dann würde das bedeuten: Ich muss vor mir selbst auf der Hut sein. Es würde bedeuten: Etwas in mir will ihn immer noch. Und ich will mir selbst nicht misstrauen müssen. Ich will mir selbst vertrauen können. Alles andere ist kein akzeptabler Grundzustand für mich.

Ich lese, dass die Neuroplastizität – also die erstaunliche Fähigkeit meines Gehirns, sich den Anforderungen meines Lebens entsprechend anzupassen – Trigger nicht nur lernen, sondern auch wieder verlernen kann. Dass mein Dopaminsystem irgendwann die Verbindungen mit Drinks verlieren wird, wenn ich die kritischen Sinnesreize mit neuen Erfahrungen überschreibe. Je öfter ich mit einem Wasser in der Bar sitze, desto schwächer wird die Verbindung Bar-Cocktail. Bis sie irgendwann nicht mehr existiert.

Also übermale ich die dopamingelb markierten Stellen mit vielen neuen neonfarbenen Textmarkern, neuen Erfahrungen, neuen Erinnerungen. Irgendwann erinnert mich das Singen der Nachtigallen nicht mehr daran, betrunken nach Hause zu kommen, sondern an Freiluftkinodates. Frühjahrsputz im Atelier erinnert mich nicht mehr an Bier nach Feierabend, sondern an heiß duschen und XXL-Pizza.

Je öfter ich Triggern widerstehe, desto stärker wird mein Nüchternheitssystem. Genau wie Sarah in *Labyrinth*, die in der finalen Szene des Films den verführerischen Koboldkönig besiegt, indem sie die magischen Worte ausspricht: *Du hast keine Macht über mich.* Und sein Schloss zerfällt zu Staub.

Trinkende Fremde

»Du trinkst nicht? Oh, das ist so toll, das bewundere ich total«, sagt irgendeine Frau auf irgendeiner Party mit schon leicht hängenden Lidern zu mir. »Aber ich könnte das ja nicht.«

In der smalltalkig dahingesagten Feststellung ist oft ein bisschen Arroganz, eine Spur Mitleid, ein winziges bisschen *Gott sei Dank ist es bei mir noch nicht so schlimm, dass ich aufhören muss*, aber manchmal auch ein Hauch *Aber was, wenn doch?*.

Ich mag diese Frau nicht. Sie riecht nach Hypnotic Poison und Herablassung. Ich würde es sogar vorziehen, aggressiv bedrängt zu werden. Doch in meinen Kreisen wird man nicht aggressiv bedrängt. Aggressives Bedrängen im Stil von: »Sei doch kein Spielverderber / einer schadet doch nicht / jetzt komm schon!«, ist etwas, das sich wahrscheinlich im Kontext von Hüttengaudi, Ballermann, Kölner Karneval oder Oktoberfest abspielt, wenn die Akteurinnen schon so besoffen sind, dass sie die Kontrolle über ihre Körperfunktionen verloren haben. Aber nicht in meiner achtsamen, woken Hauptstadt-Akademikerinnen-Blase. In der läuft das subtiler. In der ist man passiv-aggressiv.

Normalerweise wird man gefragt »Wie viel hast du denn getrunken?« von denen, die sich heimlich ein bisschen Sorgen um ihr eigenes Trinkverhalten machen, oder man bekommt einen ungefragt abgelieferten Lagebericht von denen, die sich schon länger heimlich Sorgen machen: »Ich trinke ja eigentlich nur in Gesellschaft / am Wochenende / dreimal die Woche.« Sie fragen mich so beiläufig wie möglich über meine früheren Trinkgewohnheiten aus, erkundigen sich nach Mengen und Uhrzeiten, rechnen im Stillen ihre eigenen Zahlen dagegen, sind entweder merklich beruhigt oder verhalten alarmiert, je nach Pegel. Sie fragen nach dem präzisen Moment, in dem mir klar wurde, dass ich aufhören muss. Was muss passieren? Wie schlimm muss es werden, damit ich dem Drink abschwöre? Was bin ich bereit zu zahlen? Reicht schon ein ausgeschlagener Zahn oder eine peinliche Textnachricht, um das Undenkbare zu tun? Oder brauche ich mehr? Einen stundenlangen Blackout? Zitternde Hände? MPU? Was ist mir der Drink wert? Was bin ich mir wert?

»Darfst du jetzt nie wieder trinken?«, fragen manche mit einer fast kindlichen Unschuld. Süß. Als könnte mir irgendjemand das Trinken erlauben oder verbieten. Als hätte ein Verbot jemals einen Drogenabhängigen vom Drogennehmen abgehalten.

»Stört es dich, wenn ich trinke?«, fragt auch immer mal wieder jemand. Unser Trinken ist ein gemeinschaftliches Unternehmen, sodass es zwangsläufig alle betrifft, wenn eine Person es sein lässt. Es ist ein bisschen wie mit dem Vegetarismus. Wenn ich als einzige Vegetarierin unter Fleischessern bin, fühlen sich manche Fleischesser vielleicht unwohl, weil sie die vielen Gründe, die gegen das Fleischessen sprechen, kennen, aber verdrängen, und die Vegetarierin sie daran erinnert. Trotzdem fragt nie jemand: »Stört es dich, wenn ich Fleisch esse?« Die Abstinenz vom Steak wird als freiwillige Entscheidung betrachtet, die Abstinenz vom Wein als eine unfreiwillig auferlegte Strafe. Viele Menschen nehmen an, dass ich von dem Wein in ihren Gläsern irgendwie retraumatisiert werden könnte. Dass ich ihn so sehr haben will, dass es mich Anstrengung kostet, ihn abzulehnen. Sie glauben, dass der Alkohol in ihren Gläsern Macht über mich hat. Dass mich ihr Wein neidisch macht oder nostalgisch, so als ob sie neben mir mit meinem Ex knutschen, in den ich immer noch verliebt bin. Sie kommen gar nicht auf die Idee, dass ich glücklich darüber sein könnte, den Idioten los zu sein, und sie vielleicht sogar im Stillen dafür bemitleide, dass nun sie auf seine fadenscheinige Masche reingefallen sind.

Einmal, als ich mit Mat, der gerade zu Besuch in Berlin ist, auf einer Dinnerparty bin, reicht mir die Gastgeberin, eine elegante Französin Mitte vierzig, Champagner in einem Kristallkelch, den ich in einer fließenden Bewegung ohne Zwischenstopp an den wie einen Bodyguard neben mir stehenden Mat weiterreiche. Er sagt: »Sie trinkt nicht.« Und die Gastgeberin verdreht allen Ernstes die Augen und sagt geziert: »Wie schade!«

Einmal, in einer Bar im Wedding, mustert mich ein älterer, stiernackiger, rotgesichtiger Mann an der Bar, der allein hinter seinem Bierkrug sitzt. Als er hört, dass ich alkoholfreies Bier bestelle, nuschelt er: »Wat, trinkste nicht?«, und dann, während ich noch nach einer Antwort suche, lächelt er versonnen und fügt hinzu: »Hastes wohl früher ma so richte wild jetrieben, wa?«

»Ja, genau«, sage ich, »übelst wild.« Er nickt wissend, voller Nostalgie.

Und dann gibt es natürlich die Leute, die blind sind für meine Abstinenz. Die ohne mit der Wimper zu zucken mit meiner Cola anstoßen, der einzigen Cola inmitten von Wein, und die es im gleichen Moment schon vergessen haben, weil sie so wenig über Alkohol nachdenken, dass ihr Gehirn die Information *trinkt nicht* als zu unbedeutend einstuft, um überhaupt die Bewusstseinsschwelle zu passieren. Als wäre es ihnen tatsächlich vollkommen gleichgültig, ob in ihrem Glas Wein ist oder Traubensaft. Bedeutet es ihnen wirklich nichts? Haben sie andere Süchte, andere dunkle Begierden, von denen ich so frei bin wie sie vom Alkohol? Sind sie glücklicher, intakter als ich? Sind ihre Gehirne anders konstruiert? Hatten sie eine wahnsinnig sorgenfreie Kindheit?

Einmal erzählt Luca in einem Meeting, in seinem Sportverein hätten sich zwei Typen ein Bier geteilt. »Ein 0,3 Bier!«, sagt er fassungslos, »das waren *erwachsene Männer*!« Das Meeting grinst.

Einmal, in einer totgentrifizierten Eckkneipe in Kreuzberg, sagt eine stylishe Barkeeperin zu mir: »Das ist doch nicht *dein Ernst?*«, als ich Mineralwasser bestelle. Es ist eine Frechheit, aber ich bin nachsichtig. Ich war mal sie. Ich habe die Menschen, die Radler oder alkoholfreies Bier bestellen, sofort weniger ernst genommen als die Menschen, die etwas Anständiges, Erwachsenes trinken, einen Whiskey Sour zum Beispiel.

Am schlimmsten sind die Cool Girls. Sie sind heiß und schön und geil angezogen und erinnern mich an eine romantisierte, sorgenfreie

Version von mir selbst, die es in Wirklichkeit nie gegeben hat, die ich aber in meinem Tagebuch beschrieben und so zu einem Filter gemacht habe, der jahrelang über meiner Realität lag.

Cool Girl sitzt am Nebentisch, eine rotnagelige Hand im makellosen Dekolleté ihrer lasziven Freundin, die andere gestikuliert flatternd vor dem Gesicht eines schönen Barmannes herum, sie lacht laut mit sexy kussverschmierten Lippen und weiß, sie kann jeden haben. Sie reagiert nicht auf mein Nichttrinken, sie vergisst mich und meine langweilige Abstinenz gleich wieder, denn sie ist viel zu beschäftigt damit, Spaß zu haben, den heißen Barkeeper zu einem Trinkspiel zu überreden, existenzialistische Streite vom Zaun zu brechen, die garantiert später in einer wilden Knutscherei im Hauseingang enden werden, und damit ganz allgemein the time of her fucking life zu haben. Diese Frauen geben mir an schlechten Tagen das Gefühl, ich wäre wieder zwölf Jahre alt und werde als Letztes in die Volleyballmannschaft gewählt. Als wäre ich eine Hauptschülerin inmitten von Gymnasiastinnen oder eine Gymnasiastin inmitten von Hauptschülerinnen. Als wäre ich früher mal relevant gewesen, jetzt aber nicht mehr.

Die schöne Französin

Es ist der erste Frühling meiner Nüchternheit, und ich mache den Frühjahrsputz meines Lebens. Als ich meine Bücher aussortiere, fällt mir ein Buch in die Hände, das ich lange nicht mehr gesehen habe: *How to be Parisian wherever you are.* Es ist eine lose zusammenhängende Kollektion aus kleinen Texten und Fotos und Lifestyle-Tipps für Frauen, die wie Klischees von Französinnen aussehen wollen. Die Kapitel geben nicht nur praktisches Mode- und Lippenstiftwissen weiter, sondern auch Ratschläge zu Themen wie Nacktsein (wenn du deinen Hintern nicht magst, geh einfach seitlich an der Wand entlang und zeig deine Brüste), der perfekte Kuss (die Straße ist deine Bühne!), Tiefsinnigkeit (sitze zu einer unorthodoxen Tageszeit auf einer Parkbank und blicke melancholisch in die Weite), Untreue (alles abstreiten!) und Altern (du kannst immer nur eine Art von kosmetischer Chirurgie machen lassen, überleg dir genau, welche!).

Es ist vor allem ein Kaffeetisch-Buch, das man, wie Pornografie, nutzen kann, um eigene Fantasien daran zu entzünden. Die Protagonistinnen sind schöne, in Schwarz-Weiß fotografierte Models mit Bluejeans und roten Lippen und unordentlichen Haaren, die immer so aussehen, als hätten sie gerade Sex gehabt und würden nun in den rasch übergeworfenen weißen Hemden ihrer Liebhaber auf der Fensterbank sitzend eine Zigarette rauchen und dabei nonchalant über Existenzialismus diskutieren.

Als ich das Buch durchblättere, wird etwas in mir zum Schwingen gebracht, das ich lange nicht mehr gefühlt habe. Zum allerersten Mal, seit ich aufgehört habe zu trinken, denke ich: Es wäre so elegant, manchmal ein Glas Rotwein trinken zu können. So lässig, so weltbürgerlich. Ich schaue mir eine Weile dabei zu, wie ich entrückt vor dem Bücherregal stehe und Suchtgedanken habe, und denke mir: Schau an. Wo seid ihr denn all die Monate gewesen?

Es kommt in dem Buch eigentlich gar nicht so viel Rotwein vor. Aber er gehört ganz beiläufig zum Leben der schönen Pariserin dazu. Sie trinkt ihn, während sie in ihrem kleinen Apartment im vierzehnten Arrondissement in der Küche steht und kocht, oder kurz bevor sie einen Mann auf der Straße küsst oder während sie hinreißend gelangweilt in einem kleinen Schwarzen auf einer Vernissage herumsteht. Wahrscheinlich bedeutet der Wein ihr gar nicht so viel wie mir. Aber ich fühle, dass diese Bilder in mir ein komplettes Narrativ sind, ein ganzes System, das sich unter der Oberfläche meines Bewusstseins kilometerweit verästelt wie ein Myzel. Die romantischen Bilder vom

Trinken führen in meinem Unterbewussten offenbar immer noch ein Schattendasein. Sie gehören zu meinem persönlichen Mythos.

Ich blättere durch das Buch und bin erstaunt, wie sehr es noch wirkt. Nicht nur, dass es meine Rotweinromantik reaktiviert, ich spüre auch schon nach kurzer Zeit den klaren und deutlichen Wunsch, eine schwarze Vintage-Clutch von Yves Saint Laurent und einen marineblauen Kaschmirpullover zu besitzen, mir die Lippen rot zu schminken und einen Typen, der aussieht wie der junge Alain Delon, auf der Straße im Regen zu küssen.

Rotwein war immer schon mein Archetypgetränk. Natürlich habe ich auch alles andere getrunken, was Alkohol enthielt, doch Rotwein war mein Go-to, mein ganz persönlicher Klassiker. Meine seltenen Trinkträume handeln immer von Rotwein. Und das hat sehr viel mit der schönen Französin zu tun. Im Leben der schönen Französin ist ein Glas Rotwein die Voraussetzung für eine ganz bestimmte Art von Unaufgeregtheit, von Lässigkeit, von Sexyness, von Sinnlichkeit, von Weiblichkeit. Ein Glas Rotwein ist ein Symbol für eine ganz bestimmte Art von Tiefsinnigkeit, eine ganz bestimmte Art von Traurigkeit, eine ganz bestimmte Art von Liebe. Und gleichzeitig ist es natürlich auch das Gegenteil von etwas: von Verkniffenheit, von Prüderie, von Lustfeindlichkeit.

Jahrelang lehnte ich in kleinen schwarzen Kleidern an der Bar und ließ die langweiligen Freundinnen meiner Liebhaber mit ihren blonden Pferdeschwänzen blass aussehen. Diese Mädchen! Die mikroskopische Mengen Weißweinschorle oder Rosé bestellen, monogame Beziehungen wollen, um zehn ins Bett gehen, heiraten oder Dinge wie einen Thermomix besitzen – das waren für mich bemitleidenswerte Idiotinnen, die ihr Leben verschwendeten.

Für meinen Lifestyle standen mir alle möglichen Accessoires zur Verfügung: schwarze Nylons, roter Chanel-Lippenstift, ostentative Promiskuität, chaotische Lebensverhältnisse, ein französischer Haarschnitt, kriminelle Freunde, eine dramatische Sonnenbrille, ein Päckchen Gauloises, eine YSL-Clutch, ein Glas Merlot in meiner rot manikürten Hand.

Später erzähle ich einer ebenfalls nüchternen Bekannten beim Brunch von meinem emotionalen Romantikrückfall mit dem Französinnenbuch, und sie lacht und hat einen Namen für meinen Zustand. »Kenne ich«, sagt sie. »Sexy french depression.«

Unsere Trinkmythen erfinden wir nicht selbst. Sie sind kollektive Erzählungen. Geschichten, die über Generationen weitergegeben werden, wie Märchen, die ständig wiederverwertet und neu aufgelegt werden, von Popkultur, Werbeindustrie und Lifestyle-Brands. Die schöne Französin ist nur eine davon. Es gibt noch unzählige andere. Der sexy Teufel. Das hässliche Entlein. Der Nerd. Der traurige Vampir. Das nette Mädchen von nebenan. Die Femme fatale. Das unschuldige Schaf. Das blonde Gift. Der richtige Kerl. Der einsame König. Das unverstandene Genie. Der nette beste Freund. Der Bad Boy. Das Cool Girl.

Diese Bilder sind stark. Sie sind überall. Sie sind in Filmen, Serien, Büchern und Songs, in der Kleidung, die du bei H&M kaufst, in der Art, wie du deine Wohnung einrichtest, im Design all deiner Alltagsgegenstände. Diese Narrative bilden, bewusst oder unbewusst, die Vorlagen für alles, was wir tun. Welche Parteien wir wählen, welche Autos wir fahren, wie wir unsere Haare hochstecken, wie wir unsere Beziehungen gestalten. Sie haben eine so große emotionale Kraft, weil sie komplette Sets an Gefühlen und Identifikationsmöglichkeiten, ganze Weltanschauungen transportieren können. Die Psychoanalyse nennt sie Archetypen. Die Werbeindustrie Storytelling. Diejenigen, die die besten Geschichten erzählen, haben die Macht. Und wenn wir uns nicht darüber bewusst sind, nach welchen Geschichten wir unser Leben erzählen, dann *werden* wir erzählt.

Die Geschichten um den Alkohol müssen für die Trinkerin besonders überzeugend und emotional aufgeladen sein, weil sie eine Substanz verkaufen, von der die Trinkerin immer auch weiß, dass sie gravierende Schattenseiten hat. Die Geschichten müssen so gut sein, dass sie schreckliche Kater und fortschreitendes Elend rechtfertigen. Die Geschichten vom Trinken sind deswegen für die meisten Trinker mächtige Mythen, und ihre Wurzeln reichen tief. Sie handeln von den großen Themen: von Gemeinschaft, Tradition, Idealismus und Liebe. Sie schaffen Identität. Wer dauerhafte Nüchternheit will, muss diese Mythen in sich finden und zerstören. Und durch bessere Geschichten ersetzen.

Den Mythos von der schönen Französin zu demontieren ist easy. Offensichtlich macht Rotwein den Teint nicht frischer, denn er entzieht dem Körper Flüssigkeit und stört den Schlaf – zwei Methoden, seine Haut in kürzester Zeit zu ruinieren. Offensichtlich macht er den Sex nicht besser, denn beim Sex geht es um intensive Sinneserfahrungen, und Alkohol ist ein Sedativum, das genau diese Sinneserfahrungen betäubt. Offensichtlich macht er dich weder schlauer noch weltgewandter noch tiefsinniger, denn er lähmt alle kognitiven Prozesse. Die schöne, sinnliche, tiefsinnige, Rotwein trinkende Französin ist also ein äußerst durchschaubares Märchen. Andere Mythen sind schwieriger zu dekonstruieren.

Das berauschte Genie

Als ich noch studierte, hatte ich einen Illustrationsprofessor, der bei jeder Art von kreativer Schwierigkeit riet: »Trinken Sie ein Glas Rotwein.« Das musste man mir nicht zweimal sagen, denn für mich waren Trinken und Kreativität quasi synonym. Ich war überzeugt davon, dass es Bewusstseinsebenen gibt, die ohne Rausch unerreichbar bleiben, dass wahre Tiefe nur in der Selbstauslöschung zu finden ist. Dass ich es nur sehr selten schaffte, nach dem ersten Glas Wein noch kreativ abzuliefern, brachte mich nicht von meinem Glauben ab. Die Trinklegenden berühmter Künstlerinnen überstrahlten meine eigene Erfahrung.

Marguerite Duras (ein archetypisches Beispiel für die schöne Französin) schrieb: »Was einen – wenn man süchtig nach Trunkenheit ist – hindert, sich umzubringen, ist der Gedanke, dass man, einmal tot, nicht mehr trinken wird.«

Dorothy Parker (ein frühes Cool Girl) schrieb viel über ihre unglückliche Liebe zu Männern und zum Drink und fasste ihre Hassliebe zu beiden in messerscharfe Verse: »I like to have a Martini, two at the very most. After three, I'm under the table, after four I'm under the host.«

Françoise Sagan kurvte in schnellen Autos durch Paris, verprasste ihr vieles Geld im Casino und schaffte es, trotz Dauertrunkenheit über dreißig Bücher zu schreiben. Was für eine Tausendsassa.

Anaïs Nin, deren Tagebücher mit achtzehn meine Bibel waren, inszenierte ihr gesamtes gut betuchtes Leben als einen nicht enden wollenden Rausch aus heimlichen Affären und sexuellen Grenzüberschreitungen. Zwischendurch ging sie zur Psychoanalyse und sezierte ihre eigene Seele für ihre schöpferische Arbeit.

Frida Kahlos voluptuöse Blumengemälde erblühten wie Fieberträume, sie goss literweise Tequila auf ihren Schmerz. Ihre Sorgen lernten schwimmen, es war ihr egal.

Das waren meine Heldinnen. Von den vielen besoffenen männlichen Schriftstellern und Künstlern, die ich verehrte, gar nicht zu reden; Dijans französische Version amerikanischer Coolness, Bukowskis halsbrecherische Schnodderigkeit, Millers poetische Schilderungen der Pariser Rotlichtviertel, Bacon, der die ganze Nacht trank und den ganzen Tag malte, Johnny Depps Tattoo *I love Wino*, und natürlich Hemingway, der Maskulinste und Coolste und Genialste von allen, der angeblich sagte: »Write drunk, edit sober.«

Für Menschen, die so empfindsam, so klug, so feingeistig, so genial sind, dachte ich, für die ist der Rausch ein Muss. Der Alkohol öffnet nicht nur die Türen in die Seelentiefen, in denen die wahre Kunst verborgen ist, sondern hilft gleichzeitig auch dabei, die dunklen und gefährlichen Wahrheiten zu ertragen, die man dort zwangsläufig findet.

Die Popkultur liebt berauschten Dramaporn. Amy Winehouse, Kurt Cobain, Falco, Alexander McQueen, Whitney Houston – alle sind laut Boulevardpresse-Romantik *zu schnell zu reich* geworden, zu *empfindsam* für die Welt gewesen und darum an ihr zugrunde gegangen. Sie sind nicht an den Drogen, sondern *am Ruhm* zerbrochen.

Es wäre auch wirklich eine allzu deprimierende Story, wenn es wirklich bloß der Whiskey und das Heroin gewesen sein sollen, die Amy Winehouse umgebracht haben. Aber obwohl sie mit Sicherheit sowohl begnadet als auch empfindsam war; wären Whiskey und Heroin nicht gewesen, wäre sie höchstwahrscheinlich noch am Leben, trotz all ihrer Genialität. Sie wäre am Ende eben doch in die Rehab gegangen. Sie hätte eine Therapie gemacht, sich mit klarem Kopf in jahrelanger Kleinstarbeit mit ihrer Kindheit und ihrem problematischen Bindungsmuster auseinandergesetzt, hätte ein bisschen zugenommen und wäre deswegen von der Sun auseinandergenommen worden, hätte mit Folk experimentiert, ein paar mäßig erfolgreiche Alben herausgebracht, geheiratet, wäre in einen bürgerlichen Teil von London gezogen und hätte ihr Karriereplateau dazu genutzt, unbehelligt von Paparazzi ein paar langweilige, kleinbürgerliche Probleme zu genießen, wie eine Schreibblockade oder eine zäh verlaufende Scheidung.

Aber eine solche Geschichte ist nichts, was sich gut verkaufen lässt.

Zu lang, zu bourgeois, zu wenige Highlights, zu wenige Tiefpunkte, kein Bösewicht. Einfach nur zu viel Koks und zu viel Whiskey – das ist ein dermaßen banales Problem, ein Problem für den Pöbel, ein Problem, für das man wirklich absolut nichts können muss. Abhängigkeit und Kreativität wird oft in Zusammenhang gebracht, dabei sind Künstlerinnen gar nicht häufiger abhängig als andere Leute, man kann ihre Abhängigkeit bloß besser romantisieren.

Irgendwann in meinem ersten nüchternen Jahr erfuhr ich, dass Tom Waits nüchtern ist. Tom Waits, der den Soundtrack zu meinem letzten Kater geschrieben hatte: Der Song *Who are You*, las ich mit Gänsehaut, war auf seinem ersten nüchternen Album. Er war ein Abgesang, ein Abschied vom Drink, eine Geschichte über den Heartbreak der Sucht.

Rotwein und Rebellion

Unter Tech-Dudes mit ironischem Vollbart, Weinregal und Fixie Bike und kulturschaffenden Millennialfrauen mit teuren weißen Sneakern und Messy Bun floriert eine spezielle Sorte Alkoholverklärung: Trinken als Kapitalismuskritik. Die politische Rechte sieht im Trinken Tradition – und den Alkohol allein deswegen als schützenswert. Die politische Linke kann schlecht mit Tradition argumentieren, deswegen macht sie es einfach andersrum: Trinken ist Rebellion.

Die Kernthese wird von der VICE so zusammengefasst: »Wer säuft, kann nicht arbeiten. Wer säuft, kann sich nicht selbst optimieren. Wer säuft, tut einfach nur das, was ihm Spaß macht, was ihn Mensch sein lässt. Ohne Rücksicht auf den Kapitalismus und dessen Zwänge.«

In diesem Narrativ ist das Trinken und der Rausch eine leidenschaftliche, eine geradezu heldenhafte Absage an die neoliberale Leistungsgesellschaft. Wer sich selbstbestimmt vergiftet, der widersetzt sich den Fesseln des Marktes. Wer sich selbst durch lähmende Kater arbeitsunfähig macht, entzieht sich der Produktivitätsdoktrin. Und zeigt somit der effizienzbesessenen Selbstoptimierungsdiktatur den Mittelfinger. Denn bin ich drogen- und katerfrei, habe ich mehr Zeit und Energie und werde wahrscheinlich früher oder später anfangen, Tugenden an den Tag zu legen, die sich leicht als spießig, streberhaft, ja geradezu rechtskonservativ deuten lassen: Effizienz, Ordnung, Pünktlichkeit.

Die Jugend trinkt immer weniger[1], bemerkt die ZEIT und warnt vor der Gefahr, die – gerade für die vulnerabelsten Gruppen – in der Abstinenz lauert: »In einer Leistungsgesellschaft, die ständige Verfügbarkeit schon für die Jüngsten predigt, ist es nicht verwunderlich, dass der Rahmen fehlt loszulassen.«

Sie beschreiben es tatsächlich als ein Horrorszenario: Generationen abstinenter Jugendlicher, die unfähig sind, sich zu entspannen, so ganz ohne Alkohol. Die Autorin ist 1991 geboren und froh, dass sie noch eine »richtige Jugend« hatte. Das Trinken ist für sie ein politischer Akt, denn: »Alkohol uncool zu machen war das Beste, was (…) Konzernen passieren konnte. Keine verkaterten Mitarbeiter mehr, weil sich niemand traut, auch nur eine Minute zu spät zu kommen.«

Gero von Randow findet die Abstinenz »tragisch«. Allein der Wein und seine subversive Kraft habe die Macht, ein menschenfeindliches System auszuhebeln, schreibt er, weil der Suff »den Menschen immer wieder am Käfig der Vernunft rütteln« lasse.

Unterm Strich ist die Abstinenzlerin in dieser Geschichte also eine brave, lustfeindliche Arbeitsbiene, ein willenloses Rädchen in einem menschenfeindlichen System, zu ängstlich für Rebellion, zu vernünftig für Lebensfreude, unfähig, sich zu entspannen und einfach mal *loszulassen*.

Wenn man das Rebellionsnarrativ auf Realitätstauglichkeit abklopft, hat es natürlich gewisse Schwächen. Über neunzig Prozent der Deutschen zählen zu den Trinkenden. Totale Abstinenzler sind eine winzige Gruppe – allein schon zahlenmäßig ist also klar: Saufen ist keine Nische, sondern eindeutig Mainstream und darum auch keine Rebellion. Wenn es wirklich stimmte, dass Alkohol die tragische Langweilerin in eine leidenschaftliche, ihre Ketten sprengende Rebellin verwandelte, wenn es stimmte, dass der Wein uns an den Gittern unserer Käfige rütteln lässt, müsste der Zusammenbruch des Systems unmittelbar bevorstehen. Die herrschenden Eliten müssten sich in akuter Gefahr befinden und den Alkohol mit allen Mitteln bekämpfen.

In Wirklichkeit arbeiten Politik und Wirtschaft beharrlich daran, dass die Deutschen so früh wie möglich anfangen zu trinken, dass sie zu so vielen Gelegenheiten wie möglich trinken und das Trinken so wenig wie möglich hinterfragen. Alkoholproduzenten werden vom Staat in absurdem Maß subventioniert und genießen Steuererleichterungen, von denen die meisten anderen Branchen nur träumen können. Ich war gerade neulich in einem großen Tech-Unternehmen in Berlin zu Besuch, in dem auf jeder der drei Büroetagen meterlange Weinkühlschränke bereitstanden. Der Staat verdient ziemlich gut daran, wenn wir trinken (drei Milliarden Euro im Jahr), argumentiert die Industrie. Aber den irrsinnig viel höheren volkswirtschaftlichen Schaden, der durch Alkohol verursacht wird (zweiundfünfzig Milliarden Euro im Jahr), bezahlen wir alle zusammen. Mit unseren Steuergeldern.

Es ist bemerkenswert, wenn Leute mit Namen wie Gero, Elisabeth oder Jakob – weiße Gutverdiener und Akademikerinnen, die in ihren stuckverzierten Altbauwohnungen in Berlin oder Hamburg sitzen und auf ihren MacBooks Artikel für das ZEIT-Feuilleton tippen – sich über das Joch des Kapitalismus und die subversive Kraft des Suffs auslassen. Mit ein bisschen Sensibilität für ihre eigenen Privilegien müsste ihnen klar sein, dass sie nicht zu der Gruppe Leute gehören, die der Kapitalismus am härtesten trifft oder die eine besondere Motivation hätten, dagegen aufzubegehren. Mit einer unterdrückten Arbeiterklasse haben sie nur sehr wenig zu tun.

Das Narrativ »Trinken gegen den Kapitalismus« ist also nicht nur fadenscheinig, heuchlerisch und elitär, sondern zudem eine lächerliche und eitle Selbstromantisierung von Leuten, deren Rebellion sie noch nie etwas gekostet hat.

Die romantischen Bilder von Alkohol werden installiert, lange bevor du in der Lage bist, sie zu dekonstruieren, lange bevor du den Realitätscheck machen kannst. Während ich in meinem schöne-trinkende-Französin-Buch blättere, spüre ich, dass ich diese popkulturell konstruierten Selbstbilder wohl nie komplett loswerde. Der Teenager in mir rollt immer noch mit den Augen, wenn ich um Mitternacht die Party verlasse oder den heißen, durchtrieben lächelnden Lederjackentypen bei Tinder nach links swipe. All diese Geschichten von Rebellion und Abenteuer sind Lügen – auf einer intellektuellen Ebene weiß ich das. Auf einer emotionalen Ebene wirken sie aber überraschend stark und hartnäckig weiter. Gefühle bewegen sich nicht in der gleichen Geschwindigkeit wie Gedanken.

Um mit dem Trinken aufzuhören, hat es nicht gereicht, bloß den alten romantischen Bildern abzuschwören, ich brauchte neue romantische Bilder. Es reicht nicht, von einem Ort wegzuwollen, man muss auch einen Ort haben, zu dem man hinwill. Ich muss der Horrorstory von der langweiligen, grauen, tristen und spaßbefreiten Nüchternheit etwas entgegensetzen, für das ich mich begeistern kann. Ich brauche einen neuen Mythos von der Klarheit.

Maximal minimal

Es ist der erste Frühsommer meiner Nüchternheit, und ich spiele das 30-Tage-Minimalismus-Spiel. Zwei amerikanische Lifestyle-Gurus, die sich The Minimalists nennen, predigen in Podcasts, Büchern, Dokumentationen und Workshops die spirituelle Überlegenheit derer, die ihre materiellen Besitztümer auf ein absurdes Minimum reduzieren. Beide Männer sind mittelalt, hetero und weiß und haben ihren Weg in die Bedürfnislosigkeit mit fünfstelligen Monatsgehältern geebnet. Ihre Genügsamkeit ist also durch Immobilien, Aktienfonds und das boomende Minimalismus-Business weich gepolstert. Doch solche Feinheiten sind mir jetzt egal. Ich bin dabei.

Nach den Regeln des 30-Tage-Minimalismus-Spiels muss ich am ersten Tag ein Besitztum aus meinem Haushalt entfernen, am zweiten Tag zwei, am dritten Tag drei und so weiter. Vierhundertfünfundsechzig Sachen sollen am Ende des Monats entsorgt, verschenkt oder verkauft sein. Es fällt mir absolut nicht schwer. Ich bin in einer Entrümpelungsekstase. Ich schmeiße Sachen weg, als wäre ich gestorben und müsste meine eigene Wohnungsauflösung organisieren.

Alles muss raus. Eingetrocknete Acrylfarben und Nagellacke, alte Lippenstifte, Lidschatten und Wimperntuschen, ausgeleierte Haargummis, zehn Jahre alte Akten, zentnerweise Modemagazine, Bücher, die ich nur einmal gelesen habe, Klamotten, die ich nie trage, einzelne Socken, Postkarten von Leuten, die ich nicht mehr kenne, Bettwäsche, die mir eigentlich nicht gefällt, praktische, aber hässliche Küchenutensilien, Knäuel aus Kabeln mit vergessener Funktion, Kleidung, die dazu gemacht ist, Männern zu gefallen, aber drückt, scheuert und mich einschränkt. Kleidung, die ich für die Person gekauft habe, die ich früher gern gewesen wäre, aber nie war und jetzt auch nicht mehr sein will. Gegenstände, die ich doppelt besitze, weil ich vergessen habe, dass ich sie schon mal gekauft habe, alles, was ich seit Jahren plane zu reparieren, zu lesen, zu lernen oder zu benutzen, aber nie repariere, lese, lerne oder benutze. Ich will, dass alles in meinem Leben funktional, leicht, effizient und transparent ist, rein wie mein Geist, klar wie Wasser.

Mein Aufräumen nimmt absurde Züge an. Ich entsorge alle farbigen Tassen, weil ich meinen schwarzen Kaffee nur noch aus weißen Tassen trinken will. Ich entsorge all meine alten Messer, weil ich nur noch Klingen akzeptiere, die so scharf sind, dass man eine Hirn-OP mit ihnen durchführen könnte. Ich entsorge all meine farbige Bettwäsche, weil ich nur noch weiße dulde, in der ich morgens erwache wie ein frisch erblühendes Schneeglöckchen. Ich trage nur noch einfach geschnittene Pullover aus Seide, Merinowolle oder Kaschmir in monochromen Farben, die ich in stundenlangen Streifzügen durch Second-Hand-Shops erbeute, weil ich ausschließlich die exquisitesten Materialien auf meiner gut durchbluteten, zarten, nüchternen Haut dulde. Ich folge Capsule-Wardrobe-Blogs und schaue mir Dutzende YouTube-Videos über den angeblich klassisch französischen Stil an, der immer die gleichen zehn uralten Stylingregeln propagiert. Ich klebe ein Coco-Chanel-Zitat über meinen Schreibtisch: *Eleganz ist Verweigerung.* Ich folge Stylistinnen, die mir erklären, wie ich meine Garderobe so aussuche, dass ich mit dreißig Kleidungsstücken auskomme. Wie ich mich mithilfe von achtzehn Produkten so schminken kann, dass ich aussehe wie ungeschminkt. (Irgendwann, das sehe ich schon auch, wird es grotesk, aber mein westfälischer Onkel sagt, man muss manchmal die Dinge eine Weile lang manisch machen, wenn man sie richtig machen will.)

Zusätzlich zu meiner neu gefundenen Lifestyle-Askese gehe ich zu einer wöchentlichen Meditationsgruppe, die von einem Club von Buddhisten in einem schicken Loft am Hackeschen Markt veranstaltet wird. Es ist genau das, was ich brauche: kein Eso-Talk, kein autogenes Training, niemand, der mit einschläfernder Stimme erzählt, dass ich an einem weißen Strand entlanglaufe. Stattdessen, auch hier, radikaler Minimalismus: ein Gongschlag, Augen zu, eine Stunde lang im Kreis sitzen und nichts denken, zweiter Gongschlag, Ende. Ich frage, ob ich mich auf meinen Atem konzentrieren kann, damit das Nichtdenken einfacher wird, der Buddhist, der uns coacht, sagt: »Nein.«

Niemandem ist klar, wie das Nichtdenken gehen soll, der Coach sagt: »Man muss eben erst mal ein paar Jahre lang scheitern.«

Wenn ich in Meetings von meiner Minimalismus-Obsession erzähle, wird wissend genickt. Das Ausmisten von Wohnung und Geist ist ein typisches Symptom der frühen Nüchternheit. Baby-sober-Leute entrümpeln, detoxen und fasten so exzessiv, wie sie früher getrunken haben. Nie hat sich Verzicht so gut angefühlt. Du erlebst das erste Mal in deinem Leben, dass du einen Rausch erzeugen kannst, indem du etwas *nicht* tust, *nicht* konsumierst, *nicht* besitzt, indem du den Raum, der früher vollgemüllt war, frei lässt. Du holst dir einen Kick beim Neinsagen, also wird das Neinsagen deine Lieblingsbeschäftigung. Du sagst Nein, als wäre es dein Job: Nein danke, nicht für mich, nicht heute, ich will nicht, ich bin raus – *nein* ist der heißeste Dirty Talk.

Mein Nein betrifft nicht nur Materielles. Ich sage auch Nein zu Leuten, zu Beschäftigungen, Verabredungen, Verpflichtungen, zu denen ich nur aus Höflichkeit oder Unentschlossenheit Ja gesagt hätte. Ich sage Nein zu allem, was kein hundertprozentiges Ja ist. Nichts in meinem Leben soll mehr unnötig Raum einnehmen, verschwendet und in irgendeiner Ecke vergessen werden, kaputt oder unbrauchbar sein. Nichts soll mehr halbherzig sein. Nichts soll mehr Ballast aus der Vergangenheit oder ein Hoffen auf eine bessere Zukunft sein, alles soll unmittelbar sein, alles soll Jetzt sein, alles soll wirklich meine Entscheidung sein. Jedes neue Nein feiert mein ursprüngliches Nein, mein Nein zum Drink. Ich werde immer leichter, leichter als Sauerstoff, ich schwebe über dem Alltag wie eine rosa Wolke aus Helium.

Phoenix und Plastikpalmen

Irgendwo auf dem freien Feld, eine Stunde von Berlin entfernt, liegt eine riesige Blase voller Chlorwasser, Pommesbuden und Plastikpalmen. Tropical Islands ist wie eine ostdeutsche Kirmesversion der *Truman Show*. Es gibt künstliche Wellen, künstliches Vogelgezwitscher, künstliches Klima. Klopft man gegen die Palmen, hört man, dass sie innen hohl sind.

Ich bin auf einem dreißigsten Geburtstag hier, und es ist meine eigene Schuld. Ich bin in eine billige Hipsterfalle getappt, als Freunde von Freunden mich einluden und ich ganz selbstverständlich davon ausgegangen bin, dieser Ausflug sei ironisch gemeint, was ich aber erst merke, als mir klar wird, dass dem nicht so ist.

Zwischen schreienden, softeisverklebten Kindern, wahrscheinlich schwer depressiven Flamingos und glücklichen Brandenburger Muttis mit Cocktailschirmchen im Drink liege ich auf einer Liege und schaue mir den künstlichen Sonnenuntergang an. Neben mir zwei Frauen aus der Partygesellschaft in Bikinis. Die eine schaut entrückt in die künstliche Ferne und sagt ganz bezaubert: »Wie wunderbar, stellt euch mal vor: hier die Flitterwochen verbringen! Romance!«

Die andere ist frisch getrennt und hat keine Lust auf Flitterwochen, so verführerisch diese Aussicht auch sein mag.

»Du kannst ja noch ein bisschen leiden«, sagt die erste, »aber warte nicht zu lange, du wirst schließlich nicht jünger!« Dann fährt sie fort zu beschreiben, was für ein Wahnsinn das wäre, wenn man hier, direkt am Strand, einen Heiratsantrag bekäme!

Ich schweige, wickle mich fester in mein Badetuch, sehne mich nach einer Zigarette und denke darüber nach, wie viel es mich kosten würde, hier und jetzt einen Polnischen zu machen. Alles an dieser Szene macht mich fertig. Das trostlose Ambiente und die billigen, deprimierenden Träume der anderen Partygäste sickern wie lähmender Sirup in mein Herz.

Als ich noch trank, stellte ich mir die Nüchternheit schlimmstenfalls so vor wie das hier: ein Heiratsantrag unter einem künstlichen Sonnenuntergang. Plastikpalmen, traurige Flamingos, billige Romantik. Die Akzeptanz, dass das Leben mit dreißig vorbei ist. Brandenburger Tristesse.

Bevor ich aufhörte zu trinken, fürchtete ich: Um nüchtern zu sein, müsste ich mich mit etwas anfreunden, das ich hasse, und jemand werden, der ich nicht sein will. Ich dachte, ich müsste mit der langweiligen, spießigen Versicherungsangestellten aus der Hölle Frieden schließen, ich dachte, ich müsste mich irgendwie dazu kriegen, ihre Spießigkeit erstrebenswert zu finden. Ich dachte immer, ich müsste eine fesselnde Geschichte von Mittelmäßigkeit erzählen, in der Um-zehn-ins-Bett-Gehen, Vernunftentscheidungen und Pauschalurlaub so geil aussieht wie früher meine Visionen von Sex, Tod und Teufel. Ich dachte: Wenn ich es richtig anstellte, würde ich Gefallen finden an der Langeweile der Symmetrie, an der Ereignislosigkeit eines simplen Charakters, an der seelischen Gesundheit eines uninteressanten Menschen.

Ich dachte, ich müsste eine werden, die keine Abgründe hat. Jemand mit flachen Gefühlen und unschuldigen Freuden. Eine, die destruktives Verhalten, die Sehnsucht nach Selbstauslöschung, toxische Liebschaften oder unvernünftige Entscheidungen einfach nicht nachvollziehen kann, eine, die seelisch so intakt ist, wie das rotwangige Kind auf der Kinderschokolade aussieht.

Ich dachte also, es wäre nötig, in den Zustand vor dem Sündenfall zurückzukehren, alles zu vergessen, was ich weiß, und mich den Menschen anzuschließen, die seelisch so gesund sind, dass sie sich in jemanden verlieben, weil der nett ist, und die aufhören zu trinken, wenn sie einen Schwips haben. Ich dachte, um glücklich nüchtern zu sein, müsste ich mich selbst dazu bringen, künstliche Palmen für echte zu halten. Und ich wusste, dass ich das nicht schaffen würde.

Hinter diesen Ängsten liegen nicht nur alle möglichen unbewussten Vorurteile über Alkohol und Nüchternheit, sondern auch eine tief verwurzelte Abneigung gegen das Gewöhnliche – eine Antipathie, die viele Süchtige teilen.

Wenn Alkohol oder andere Drogen zur Normalität werden, entwickelst du Toleranz. Nicht nur gegen die Substanzen, sondern auch gegen die eigenen Gefühlsregungen, gegen das eigene Leben. Durch die regelmäßige Betäubung verlierst du die Fähigkeit, die vielen feinen Nuancen zwischen Euphorie und Verzweiflung wahrzunehmen, und fühlst irgendwann nur noch die brachialen Emotionen an den beiden äußeren Enden des Gefühlsspektrums. Alles dazwischen ist taub. Suchtis, die ihre Gefühle routinemäßig hoch- und runterregeln, fürchten diesen emotionalen Zwischenraum, weil sie ihn zwangsläufig als Mangel erleben. Das Normale, Gewöhnliche, Harmonische, Lauwarme, Subtile, Milde und Dezente verschwindet aus dem Repertoire. Es gibt keine Zwischentöne mehr. Alles, was nicht schreit, wird geräuschlos, alles, was nicht brennt, wird gefühllos.

Suchtis fürchten die Mittelmäßigkeit mehr als andere Menschen. Das Lauwarme war immer schon mein schlimmster Albtraum. Als ich mit vierzehn zum Marilyn-Manson-Fan wurde und mir die Augenbrauen abrasierte, sagte meine Mutter zu einer Freundin: »Was soll ich machen, das Kind liebt die Extreme.« Und ich dachte: Ja, so jemand bin ich.

Ironischerweise ist so eine Abhängigkeit ja der Inbegriff von Langeweile und Austauschbarkeit. Je abhängiger du wirst, desto mehr beginnst du, in Verhalten und Denkmustern anderen Abhängigen zu gleichen. Ein Alltag mit Sucht ist das Langweiligste, was es gibt. Bei einer Abhängigkeit geht es einzig und allein um Wiederholung. Es ist buchstäblich immer das Gleiche, jeden Tag, jahrelang: Anbahnung, Konsum, Kater, Reue, Repeat.

Der einzige Grund, weshalb du diese Endlosschleife als aufregend empfindest, ist, weil du irgendwann so lebensunfähig bist, dass dich das dümmste selbst gebaute Drama sofort emotional überfordert, weil du all deine Kraft brauchst, um die simpelsten Sachen auf die Reihe zu kriegen, weil du immer wieder am ersten Level scheiterst, weil du so taub bist, dass nur noch das totale Chaos sich anfühlt, als würde irgendwas passieren.

Ich gehörte immer schon zu diesen Leuten, die sich ein großes, bedeutungsvolles Leben wünschen. Ich wollte Kitsch und Romantik und Grandezza und große Gesten. Meine erste Motivation zu trinken war nicht das Betäuben von Gefühlen, im Gegenteil, ich wollte mehr fühlen, ich wollte die Lautstärke und die Farben hochdrehen, den Bass durch meinen Bauch wummern hören und die Intensität verstärken. Ich wollte epische Geschichten. Ich wollte das Leben. In all seiner Unmittelbarkeit. Ich machte keinen Unterschied zwischen den harten und den weichen Emotionen, nahm erst mal alles, Hauptsache bedeutsam, Hauptsache intensiv.

Und ich entwickelte Toleranz. Ich brauchte immer mehr, um auf die gleiche Intensitätsstufe zu kommen. Und zwischen den kurzen, extremen Hochs und Tiefs breitete sich deprimierender grauer Nieselregen aus.

In der Nüchternheit erwacht mein System langsam wieder zum Leben. Jede Faser des Gewebes wendet sich dem Licht entgegen. Die Antennen nehmen wieder feine Schwingungen wahr. Ich komme mir plötzlich vor, als hätte ich neue, artfremde Sinnesorgane ausgebildet, als könnte ich Infrarot sehen oder im Hochfrequenzbereich hören. Da, wo ich immer nur Leere vermutet habe, ist alles voller Leben.

Was für eine revolutionäre Entdeckung: Das Geheimnis eines aufregenden Lebens liegt nicht darin, sich so vollzuknallen, dass nur noch epische Dramen irgendeine Reaktion provozieren, sondern ein so fein justiertes, empfindliches, feinfühliges System zu haben, dass das Gewöhnliche zu einem Drama mit homerischen Dimensionen werden kann.

Das hat natürlich alles seine Schattenseiten. Beispielsweise, dass dich ein Nachmittag im Tropical Islands so runterzieht, dass du am Sinn des Lebens zweifelst. Aber die andere Seite dieses Deals ist super sweet: Banalitäten wie ein Maiglöckchen im Frühling, ein toller Song oder ein Roadtrip mit deinem Lover durch Brandenburg können so überdimensionale Emotionen von Freude und Dankbarkeit provozieren, dass dein ganzes Leben sich anfühlt wie Hollywood.

Die Auferstandenen

Zu Beginn meiner Nüchternheit finde ich in einem meiner Magazine die Anzeige irgendeiner Klamottenmarke, darauf sind ein Engel in weißer Seide und ein Teufel in schwarzem Leder abgebildet, darunter der Slogan: *Every saint has a past. Every sinner has a future.* Ich reiße die Anzeige aus dem Magazin und pinne sie über meinen Schreibtisch. Außer dem ahnungslosen, unschuldigen Normie und dem berauschten, sich selbst zerstörenden Genie gab es immer schon einen dritten Archetyp für die Suchterzählung: Phoenix aus der Asche. Die Wiederauferstandene. Das Beste aus beiden Welten.

Phoenix ist ein mythischer Vogel, der sich selbst einen Scheiterhaufen baut, auf dem er sich verbrennt, um drei Tage später aus seiner eigenen Asche aufzuerstehen.

Die Auferstandenen sind jetzt meine Leute. Die mit Feuer Getauften. Die, die sich tief in die Dunkelheit begeben haben und zurückgekehrt sind. Die, die ihren Dämonen ins Auge geblickt und widerstanden haben. Die mit allen Wassern Gewaschenen. Die mit den Narben und den Kriegsgeschichten und den Tattoos von verflossenen Lieben.

Bis heute ist mir die Gesellschaft von Exsuchtis am liebsten. Und ich meine nicht nur die, die eine Alkoholabhängigkeit überwunden haben, sondern alle, die irgendeine Art persönlicher Apokalypse überlebt und sich im Angesicht totaler Zerstörung selbst neu erschaffen haben.

Diese Apokalypsen sind fast immer innerliche. Es sind Verluste durch Tod oder Trennung, Unfälle oder Krankheiten, markerschütternden Liebeskummer oder das Beerdigen einer Zukunft, an der es nie einen Zweifel gegeben hat. Es sind Transformationsprozesse, die das Leben, wie es war, beenden.

Diese Art von fundamentalem Wandel erfordert Furchtlosigkeit und Zähigkeit und die Bereitschaft, alles, was sicher und selbstverständlich erschien, eigenhändig niederzubrennen. Und das Vertrauen, dass man selbst danach noch da ist. Sich über die Asche seiner eigenen Identität zu erheben, alles loszulassen, was man für selbstverständlich hielt, um mit einem neuen, tieferen Verständnis für das Leben wiedergeboren zu werden; dieser Prozess ist etwas für totale Heldinnen.

Und niemand muss Plastikpalmen toll finden. Wir haben hier echte Palmen.

DER CLUB

Der Club

Der staubige, babyblaue Toyota kraxelt wie ein glänzender Käfer auf den kargen, steinigen Berg, auf dessen Spitze eine winzige, weiße und goldgeschmückte Kirche steht. Die Sonne geht grade in melodramatischem Rot über der trockenen Ebene unter, die Luft flirrt im Abendlicht, die Zikaden singen ihren unendlichen Sommersong. Das Auto schaukelt, ich sitze auf der Rückbank, vor mir auf dem Beifahrersitz Claire, am Steuer George, ein gut aussehender Malteser mit Reibeisenstimme, den wir vor zehn Minuten kennengelernt haben. Jesus hat ihn geschickt, weil er selbst uns nicht abholen und zum Meeting fahren konnte. »Something's wrong with his dogs«, erklärt George, »he's obsessed with his dogs.«

George hat eine Kippe im Mundwinkel, die tätowierten Unterarme lässig auf das Lenkrad gestützt, die Haare zurückgegelt wie ein Held des alten Hollywood. Dann sagt er, mit einem Blick in den Rückspiegel: »The meeting is in Malti.« Und Claire dreht sich um und wirft mir einen Blick zu, der sagt: Na super, wie soll das denn gehen?

Claire und ich sind vor zwei Wochen nach Malta geflüchtet. Sie ist seit wenigen Wochen nüchtern und muss dringend weg aus Berlin, wo überall Erinnerungen an das alte Leben die Atmosphäre vergiften. Ich bin mürbe von der Pandemie, und alles kotzt mich an. Claire sagt: »Lass uns halt einfach abhauen.«

Ihr Bruder lebt praktischerweise auf Malta, und er und seine Mitbewohner quartieren uns im Gästezimmer ihres Poolhauses ein, solange wir wollen. Von unserer Nüchternheit halten sie allerdings ungefähr so viel wie von Vegetarismus, Vermögenssteuer oder Tempolimit. Und feiern lieber exzessive Poolpartys mit befreundeten Unternehmensberatern, Schnaps, teurem Wein und viel rotem Fleisch.

»Wir brauchen dringend normale Leute«, sagt Claire deswegen schon am dritten Tag. Wir suchen also auf der maltesischen AA-Seite ein paar englischsprachige Meetings raus, leihen uns den Jaguar der Jungs und suchen uns in den Kirchenhinterzimmern Maltas neue Freunde. Der Erste, den wir kennenlernen, ist der Chair des Valletta-Meetings, ein hübscher junger Heartbreaker mit Fliegerbrille und Trouble in den Augen, den wir Jesus taufen. Jesus kümmert sich fortan darum, dass wir immer jemanden haben, der uns zum Meeting fährt. Heute eben auf den Berg.

Wir sind auf dem Gipfel angekommen und steigen aus dem Auto. Die kleine Kirche schaltet genau in diesem Moment summend das weiße Neonkreuz an, das ihr Dach schmückt: sechs Uhr. Der Sonnenuntergang macht sich bereit für ein dramatisches Finale. Junge Katzen balgen sich im Staub vor der Kirche. Etwas abseits steht ein kleiner Bungalow. Ein kleiner, weiß verputzter Raum mit einer Spüle, in der gekühlte Wasserflaschen liegen, Fliegengitter vor dem Fenster, Plastikstühle, ein Fenster mit Blick auf die weite, leere Ebene, acht Männer in verschwitzten Baumwollshirts und verdreckten Arbeitsstiefeln, mit tätowierten Schultern und Goldkreuzen um den Hals, und wir in Flipflops und Sommerkleidchen, flankiert von George, der zwischen uns sitzt und das ganze Meeting über murmelnd synchron übersetzt.

Ich starre auf die sonnenverbrannten, in Andacht gesenkten Nacken vor mir, falte instinktiv die Hände, atme tief durch und stelle mich selbst auf die Vibration des Meetings ein. Während der

Chair die Präambel auf Maltesisch vorliest, finde ich mühelos diese Frequenz, auf der wir alle über ein unsichtbares Netz miteinander verbunden sind.

Der Erste, ein junger Typ mit dichten Mädchenwimpern, beginnt zu reden. Er spricht von seiner Nüchternheit, seiner Dankbarkeit, noch am Leben zu sein, und der bedingungslosen Liebe zu seinen Freunden. Von seiner Angst, untauglich für die romantische Liebe geworden zu sein. Seine Rede bringt mich Lichtjahre weit weg von den Poolpartys und dem leeren Geld und dem exaltierten Oberflächenlifestyle da unten in der Stadt. Wir sitzen alle mit gesenkten Köpfen und spüren, wie die Unterschiede zwischen uns in die Bedeutungslosigkeit verblassen. Wie wenig wirklich zählt, außer einer Handvoll elementarer Dinge: Nüchternheit und Liebe und Freundschaft und dieser Moment, jetzt, in dem alles passiert, jenseits dessen es nichts gibt. Es wird ein bisschen geweint und ein bisschen gelacht, und am Ende bedanke ich mich für das Meeting und dafür, dass wir Gemeinschaft finden dürfen an einem unerwarteten Ort. Das Licht in der Hütte kippt vom Orange ins Blau, und die Hitze verliert ein bisschen was von ihrer lähmenden Kraft. Als das Meeting nach einer Stunde vorüber ist, stehen wir draußen und rauchen, etwas leichter als zuvor, und als wären wir gerade aus einem Traum erwacht, ein bisschen beschämt von unseren eigenen Gefühlen.

George und ein paar der anderen kommen feixend zu uns rüber, und George sagt: »Food?«, und wir fahren alle zusammen runter zum Fuß des Berges und essen und trinken Limonade, ein kleiner Junge bringt uns Feta und Salat und Oliven, streunende Katzen umkreisen den Tisch, die Jungs reißen Witze, und im Hintergrund läuft ein Fußballspiel, und Claire und ich reden nicht viel, und als der Kellner kommt und mir Wein anbietet und ich ihn nicht verstehe und mit den Schultern zucke, lachen sie sich kaputt, und George sagt: »Now you've missed your chance!«

Wenn man lernen will, die Menschen zu lieben, dann sollte man zu den Anonymen Alkoholikern gehen. So wie auf Malta ist es überall. Du kennst die anderen nicht, du verstehst vielleicht noch nicht mal die Sprache, aber du weißt, du hast in den gleichen Abgrund geblickt und den gleichen Kampf gekämpft. Man muss nicht miteinander warm werden oder das Eis brechen oder um den heißen Brei herumreden oder Small Talk machen. AA ist Small-Talk- und bullshitfreie Zone. Wir kennen einander nicht, aber du bekommst hier alles, was du brauchst, ohne dass groß Fragen gestellt oder Gegenleistungen erwartet werden. Einen Kaffee, eine Mitfahrgelegenheit, einen Schlafplatz, jemanden zum Reden, jemandes Autoschlüssel. No questions asked.

»AA ist ein bisschen so, wie wenn du ein Diplomatenkind bist und im Ausland andere Diplomatenkinder triffst«, sagt Claire. Es ist eine eingeschworene Gemeinschaft, deren Mitglieder sich gegenseitig erkennen. Materielles interessiert hier niemanden, weil alle sich mit der fieberhaften Suche nach Materiellem um ein Haar umgebracht hätten. Oberflächliches Blabla interessiert hier niemanden, weil wir alle drüber weg sind, uns gegenseitig zu erzählen, es sei alles okay, wo doch in Wirklichkeit gar nichts okay ist, wo wir doch in Wirklichkeit auf einer winzigen blauen Kugel im Zentrum der unendlichen Ewigkeit herumschleudern und gerade erst begriffen haben, dass niemand, wirklich niemand, weiß, wie uns geschieht oder was der Masterplan für diesen ganzen Wahnsinn sein soll.

Wir alle mussten an irgendeinem Punkt unseres Lebens radikale Ehrlichkeit praktizieren, weil wir sonst – faktisch oder spirituell – gestorben wären. Und wenn man sich einmal daran gewöhnt hat, tief zu gehen, kommt man da nur schwer wieder raus.

Mit zwanzig schlingerten Claire und ich hoffnungstrunken durch die Berliner Nacht, naiv, hungrig, arrogant. Wir tranken mehr Wein, als wir vertrugen, und träumten davon, dass irgendwer oder irgendwas uns aus der drohenden Mittelmäßigkeit des Lebens retten würde. Jetzt, fünfzehn Jahre später, sitzen wir in einer warmen Sommernacht mit einer Gruppe Hafenarbeiter kriegsversehrt in einer maltesischen Taverne, trinken Limo und sind genau da, wo wir hingehören. Wir haben uns selbst vor all den fantastischen Dingen gerettet, die wir damals so sehr wollten.

Die Anonymen Alkoholiker

Was man auch von diesem Club halten mag: Das Phänomen AA ist erstaunlich. Die Organisation ist eine nicht hierarchische, basisdemokratische Graswurzelbewegung, die im Sommer 1935 in Ohio von einem Arzt und einem Investmentbanker gegründet wurde und heute in über hundertfünfzig Ländern existiert. Die Organisation hat keine Hierarchie, keine Vorstände, keine Sprecherinnen. Sie finanziert sich ausschließlich durch eigene Spenden und funktioniert nach genau den gleichen Prinzipien und Statuten wie bei ihrer Gründung vor fast neunzig Jahren.

Trotz eines antiquiert wirkenden Programms, nicht existierender Öffentlichkeitsarbeit, einer sektenartigen Anmutung und einem skurrilen Gründungsmythos (Bill Wilson behauptete, ein religiöses Erweckungserlebnis habe ihn dazu inspiriert), sind die AA die mit Abstand erfolgreichste Organisation im Kampf gegen Alkoholismus, die es je gab. Ihre Treffen, die Meetings, findet man auf der ganzen Welt, ihre Codes und Rituale werden überall verstanden, ihre Mitglieder sind einander in einer stillen Komplizenschaft verpflichtet.

Die Zwölf Schritte und die Zwölf Traditionen, eine Art Sammlung von Leitlinien für die Nüchternheit und die Organisation der einzelnen Gruppen, bieten das philosophische Grundgerüst, an dem sich die Mitglieder orientieren können. Man kann bereits nüchtern sein, wenn man zu AA kommt, muss aber nicht. Man kann in den Meetings reden, muss aber nicht. Man kann sich einen »Sponsor« suchen – eine Person, die als eine Art Mentor fungiert –, muss aber nicht. Man kann *Das Blaue Buch* lesen, die *Zwölf Schritte* erarbeiten und sich an die *Zwölf Traditionen* halten, muss aber nicht. Abgesehen vom Chair – einer Person, die im Rotationsprinzip bestimmt wird, der jeweiligen Gruppe vorsitzt und die Meetings moderiert –, gibt es keine Autoritätsfiguren. Es gibt keine Regeln, nur Empfehlungen. Alle Mitglieder sind anonym. Niemand muss sich an- oder abmelden, es werden keine Anwesenheitslisten geführt. Alle sind gleichberechtigt, egal, ob ihre Mitgliedschaft seit vierzig Jahren oder vier Minuten besteht, egal, wie viele freiwillige Dienste sie übernehmen. Die Organisation ist konsequent unpolitisch und nimmt keine Spenden außer von ihren Mitgliedern an, Gelder, mit denen Meetingräume bezahlt und notwendige Anschaffungen gemacht werden. Es gibt keine Agenda und keine Kommunikation mit der Öffentlichkeit. Niemand verdient Geld. Wer entscheidet, Mitglied zu sein, ist es. Die einzige Voraussetzung für eine Mitgliedschaft ist »der Wunsch, mit dem Trinken aufzuhören«.

In all dieser geradezu anarchischen Regellosigkeit organisieren sich die AA seit vielen Jahren bemerkenswert friedlich und erfolgreich selbst und schaffen es, Klassen-, Alters- und Einkommensunterschiede, kulturelle Schranken und politische Lager unter ihrem Dach zu vereinigen. Da niemand irgendwelche Voraussetzungen erfüllen muss und die Organisation nicht behauptet, die letzte, wahre Antwort zu kennen, können sich auch Leute damit arrangieren, die eine gewisse Abneigung gegen Hierarchien und Autoritätsfiguren haben, während das Prinzip der Sponsorschaft und das Programm denjenigen zugutekommt, die sich mit Regeln und Autoritäten besser aufgefangen fühlen. Vorschläge anzubieten statt Regeln zu setzen macht das altbackene und nie reformierte Programm erstaunlich flexibel. Die Einfachheit der angebotenen Leitlinien gestaltet es weitgehend barrierefrei.

Gemäß dem Gebot, »Prinzipien über Personen« zu stellen, gibt es nie Einzelne, die sich zum Gesicht der gesamten Organisation entwickeln können; das schützt die AA vor Personenkult, Machtkonzentrationen, internen Rivalitäten und gefallenen Heldinnen. Und es schützt jede Einzelne vor der irrigen Annahme, mehr nüchterne Zeit bedeute exklusives Wissen oder besondere Fähigkeiten.

Dass niemand innerhalb der AA finanziell profitiert, stellt sicher, dass das Programm und seine Mitglieder ausschließlich von ideellen Kräften motiviert werden, dass die Mitglieder einzig ihrem eigenen Gewissen verpflichtet sind, und nicht »Macht- und Prestigeprobleme von unserem eigentlichen Zweck ablenken«, wie es in den Traditionen heißt. Dieser Zweck ist schlicht: »Nüchtern zu bleiben und anderen Alkoholikern zur Nüchternheit zu verhelfen.«

Die AA werden von den Sozialwissenschaften regelmäßig als ein Beispiel für ein erfolgreiches Verhaltensänderungsprogramm untersucht, von dem immer noch nicht ganz klar ist, warum es für so viele unterschiedliche Menschen funktioniert. Die Mitglieder selbst berufen sich oft auf die »Schrittearbeit« oder ihre »Höhere Macht«, die, je nach persönlicher Präferenz, Jesus, Allah, Aphrodite oder das fliegende Spaghettimonster sein kann.

Ich glaube nicht an Gott und auch nicht an andere höhere Wesenheiten. Ich glaube daran, dass wir selbst die Arbeit tun, die uns nüchtern macht. Wenn ich all die Puzzleteile meines Nüchternwerdens anschaue, ergeben sie ein solides Rezept. Ich habe viel gelesen und mich mit Wissen vollgesogen. Ich habe viele Tests gemacht, die mir eine Abhängigkeit bescheinigten, und oft genug bewiesen, dass ich meine eigenen Regeln nicht einhalten kann. Ich habe Familienmitglieder, die mir sowohl Sucht als auch Nüchternheit vorgelebt haben. Ich habe Freundinnen, die nicht abhängig waren und mit denen ich nüchtern Zeit verbringen konnte, ohne mich erklären zu müssen. Ich bin schlau und durchtherapiert, ich habe Erfahrung damit, mich selbst zu hinterfragen. Ich habe immer schon einen etwas pubertären Hang dazu gehabt, Tabus zu brechen und den Small Talk zu überspringen, um schnell zu den echten Themen zu gelangen – diese Eigenschaft ist jetzt ein Vorteil. Ich hatte Ressourcen, auf die ich zurückgreifen konnte, um mich zu befreien, und ich nutzte sie auch. Aber jenseits all dieser einzelnen Checkmarks gibt es eine Wahrheit, die größer ist als die Summe ihrer Teile, und ein Geheimnis, das sich nie ganz entschlüsseln lässt. Es gibt so viele Abhängige, die wieder und wieder versuchen aufzuhören und es trotzdem nicht schaffen. Warum ich?

Der erste Schritt

Es war genauso, wie ich mir das immer vorgestellt hatte: Nach meinem ersten Meeting trank ich nie wieder. Es war, als hätte mich das Meeting mit einem Zauber belegt, der mein Trinken bannte. Es funktionierte, obwohl ich eine schlechte Schülerin war. All die To-dos, mit denen Veteraninnen den Erfolg des Programms begründen, habe ich ausgelassen: Ich habe nie Schrittearbeit gemacht. Ich habe nie das *Blaue Buch* gelesen und auch sonst keine AA-Literatur. Ich habe mir nie eine Sponsorin gesucht. Ich bin nach wie vor überzeugte Atheistin. Ich habe viele der Empfehlungen und Traditionen missachtet, teils aus Überzeugung (wie das Prinzip der persönlichen Anonymität), teils aus Desinteresse (wie das Kommunizieren mit einer höheren Macht), teils aus purer Rebellion (wie die Empfehlung, im ersten nüchternen Jahr keine romantischen Beziehungen anzufangen). Trotzdem hat die Meetingmagie bei mir kolossal gewirkt. Und ich bin mir sicher, dass sie bei den meisten Menschen wirkt, die regelmäßig in die Meetings gehen.

Der Sinneswandel, der mit meinem ersten Meeting einherging, kam mir lange Zeit so unglaublich vor, und der Paradigmenwechsel war so eindrücklich, dass ich fast bereit war zu akzeptieren, dass doch eine höhere Macht ihre Finger im Spiel gehabt hatte. Wahrscheinlich hatte Bill Wilson wirklich ein weißes Licht gesehen, das ihn in die Nüchternheit führte.

Inzwischen machen mich Meetings nur noch selten high, und ich bin gewillt, pragmatischere Erklärungen für den Erfolg der AA zu akzeptieren.

Die Erfolgsfaktoren kann man auch in anderen Communitys und Nüchternheitsprogrammen beobachten. AA ist nicht im Besitz exklusiven Geheimwissens. Die Lebensweisheiten jedes x-beliebigen Life-Coaches, Selbsthilferatgebers und Spiri-Gurus klingen banal, weil sie das sind. Sie sind einfach zu verstehen und schwer umzusetzen. Aber wir alle haben die Werkzeuge, die dafür notwendig sind. Ich glaube, wir alle werden mehr oder weniger auf die gleiche Art nüchtern, und ich glaube, Nüchternheit ist alles andere als kompliziert. Die Unterschiede in den einzelnen Programmen sind kosmetisch.

Ich glaube außerdem: Der Weg in die Nüchternheit ist universell, man kann ihn nicht nur verfolgen, wenn man mit dem Trinken aufhören will. Jeder andere schmerzhafte Abschieds-, Trauer- und Wachstumsprozess lässt sich genauso machen. Erstens: Kapituliere. Zweitens: Sage die Wahrheit. Drittens: Erinnere dich. Viertens: Finde deine Leute.

Kapitulation

Eines Abends fährt mich ein Freund aus meinem Meeting nach Hause, und ich erzähle ihm mit Herzchen in den Augen von meinem ersten Mal bei AA. Wie gedankenlos und leer ich mich gefühlt hatte. Wie alles, was ich wusste oder wollte oder plante, sich auflöste und ich nur noch ein weißes Blatt Papier gewesen war. Wie unschuldig, wie frisch und wie seltsam leicht alles plötzlich gewesen war, wie verdächtig leicht – zu leicht, um wahr zu sein. Wie orientierungslos und wie high und wie frei ich auf einmal war. Ich sagte, dass ich immer noch nicht richtig verstand, was da mit mir passiert sei an diesem Tag. Es müsse so eine Art Bann gewesen sein.

Der Freund parkt vor meinem Haus ein, lässt den Motor absterben und guckt mich dann amüsiert an. »Das war Kapitulation«, sagt er milde lächelnd. »Du hast kapituliert.«

Das war also Kapitulation, huh? Bis dahin hatte ich eine ganz andere Vorstellung von Kapitulation gehabt. Ich war immer schon ein ziemlich hartnäckiger Typ gewesen: Wenn ich mich einmal zu etwas entschlossen hatte, ließ ich nur schwer wieder davon ab. Aufgeben war nicht mein Stil. Der Weg, etwas zu schaffen, war, es zu lernen, zu meistern, zu bezwingen, es zu beherrschen, es zu kontrollieren. Wenn ich etwas nicht überwinden konnte, schloss ich immer daraus: Ich habe mich eben nicht genug angestrengt. Ich habe noch nicht genug Zeit investiert. Ich habe nicht genug Disziplin angewandt, nicht genug Druck ausgeübt, nicht genug Willenskraft gehabt, nicht genug Stärke gezeigt.

Die Idee, mich geschlagen zu geben, stand im totalen Widerspruch zu allem, was ich über Problemlösung wusste. Meine Kapitulation vor dem Drink war das erste Mal, dass ich aufhörte, etwas zu versuchen, das ich wirklich wollte. Und es war keine freie Entscheidung. Es war ein Geschenk.

Kapitulation hat insgesamt einen schlechten Ruf in unserer Kultur: Aufgeben und Loslassen ist nicht Teil unserer Ausbildung. Und das Trinken aufzugeben, kommt schon mal gar nicht infrage. Nicht nur Abhängige können sich ein Leben ohne Drink nicht vorstellen. Auch Gewohnheitstrinkerinnen ohne Alkoholproblem lernen schon früh, Abstinenz als einen Verlust an Lebensqualität zu sehen. Ich kann gar nicht zählen, wie oft ich gefragt worden bin: Darfst du jetzt nie wieder trinken? Ist das nicht wahnsinnig schwer? Vermisst du das Trinken nie? Bist du nie in Versuchung?

Wenn man psychisch abhängig wird, ist Nie-wieder-trinken-Können das größte vorstellbare Unglück, und man will es um jeden Preis vermeiden. Die meisten Süchtigen verbringen Jahre ihres Lebens im Fegefeuer der Kontrollversuche, weil sie glauben, Abstinenz sei schlimmer als Trinken. Aber im Meeting spürte ich eines sehr deutlich: Alle hier waren froh und dankbar, nicht mehr da sein zu müssen, wo ich war. Und allen lag etwas daran, mich auf die andere Seite zu ziehen, mir eine Wahrheit zu zeigen, die in der Mitte dieses Raumes schwebte. Jede Wahrheit, wie monumental und neu sie auch wirkt, ist immer schon lange da gewesen. Im Moment der Erkenntnis zieht man bloß noch den letzten dünnen Schleier beiseite.

Und in dem Augenblick, in dem du es kapierst, es wirklich begreifst, nicht nur mit dem Kopf, sondern mit jeder Zelle, in dem Moment, in dem du wirklich loslässt, wirklich aufgibst, in diesem Moment dreht sich der Boden um, ein Tor öffnet sich, und du bist auf einem neuen Level. Fanfaren, ein Sternenregen, silbernes Konfetti, du trittst über die Schwelle in ein blendend helles Licht, in ein neues, unbekanntes Land, dessen Regeln du selbst erfinden musst, mit lauter geheimnisvollen Werkzeugen, die du noch nicht bedienen kannst.

Meine Kapitulation war auch der Moment, in dem ich endlich verstand, was Daniel Schreiber mit dem rätselhaften Satz gemeint hatte, über den ich jahrelang brütete: *Du hörst auf, indem du aufhörst.*

Die unerträgliche Leichtigkeit, die über mich kam, überraschte mich so sehr, dass ich mich noch wochenlang ungläubig selbst beobachtete und meinem neuen Geisteszustand nicht traute. In meiner Vorstellung war Kapitulation gleichbedeutend mit Tod gewesen. Doch in Wirklichkeit ist es Wiedergeburt. Nüchternwerden bedeutet nicht, dass ein Kampf beginnt. Es bedeutet: Der Kampf ist zu Ende. Der Kampf ist das Trinken.

Sag die Wahrheit

Im zweiten Winter meiner Nüchternheit fliege ich für die jährliche Weihnachtsfeier des Tech-Start-ups, für das ich arbeite, nach Wien. Das bedeutet: Essen und Team-Events mit ein paar mittelalten Software-Developern und Marketing-Managern, die tagsüber Escape-Games spielen und sich den ganzen Abend über die Vorzüge verschiedener Airlines unterhalten wollen. Ich bin bei meinem dritten Wasser angekommen und habe mich in einem Gespräch über elektronische Konsumgüter verheddert. »Ich kaufe alles nur noch bei Amazon«, sagt ein Typ mit fast durchsichtigem Bartflaum, dessen ganzer Körper die Farbe und Konsistenz eines Aufbackbrötchens hat, »das ist das beste Unternehmenskonzept, das es jemals gab.«

Als ich nach drei Tagen nach Hause komme und meine Tasche in die Ecke schleudere, bin ich fast wahnsinnig vor Hunger nach Wahrheit und Bedeutung. Ich muss mich jetzt sofort mit irgendjemandem über den Tod unterhalten, sonst raste ich aus. Ich renne in das Meeting in meiner Straße, in das ich sonst nie gehe, und während ich zuhöre, wie eine Ex-Heroinabhängige erzählt, wie sie in ihrer ersten eigenen Wohnung nach der Obdachlosigkeit stundenlang von Dankbarkeit erfüllt der Waschmaschine beim Waschen zugeschaut hat, strömt wieder neues Leben in meine Adern.

Meine Freundin Lulu – die nie ein Alkohol- oder sonstiges Drogenproblem hatte – begreift sich selbst als nüchtern. Sie hat meine Lieblingsdefinition für Nüchternheit geliefert. Nüchternheit nach Lulu ist »die Entscheidung, mich selbst nicht mehr zu verarschen«.

Und genau darum geht es in Meetings. Man geht da hin, um zu üben, sich selbst nicht zu verarschen. Die Dinge, die in Meetings gesagt werden, sind die Dinge, die unter all dem liegen, was wir sonst so den ganzen Tag labern: All der Kaffeemaschinen- und Spielplatz- und Weihnachtsfeier-Small-Talk, die Floskeln und der Gossip und das Networking und die politischen und weltanschaulichen Debatten, die man führt, um sich hervorzutun, sich abzugrenzen, sich abzulenken, sich darzustellen, höflich zu sein, die Etikette einzuhalten, die Leere zu füllen, den Schein zu wahren. In Meetings sagen Leute, was sie wirklich sagen wollen. Manchmal, was sie sagen müssen, um bei Verstand zu bleiben.

Sie sagen, dass sie auf Geschäftsreisen ihren Hund mehr vermissen als ihre Frau. Sie sagen, dass sie froh sind, dass ihre Eltern endlich tot sind. Sie sagen, dass sie Angst vorm Kaffeetrinken haben. Sie sagen, dass sie nicht mehr leben würden, wenn ihnen nicht ein Krankenkassenmitarbeiter vor fünfzehn Jahren die fehlenden Mitgliedsbeiträge erlassen hätte. Sie sagen, dass sie nicht mehr weiterwissen. Redet man, ohne vorher darüber nachzudenken, was man sagen wird, ist man manchmal überrascht, was man so sagt. Die Wahrheit sagen ohne Agenda ist eine erstaunliche spirituelle Praxis.

Wissenschaftliche Untersuchungen zeigen, dass es einen sofortigen Entspannungseffekt auf den ganzen Organismus hat, wenn man eine unausgesprochene Wahrheit befreit. Bei AA bekommt das Ehrlichsein eine Form, die man draußen in der Welt nirgendwo sonst findet:

Niemand reagiert. Niemand hinterfragt, beschwichtigt, relativiert, bezweifelt oder kommentiert das, was man sagt. Man kann weinen, und niemand sagt: wein doch nicht. Die Wahrheit kann einfach *sein.*

Erinnere dich

»Glaubst du, dass du die Meetings brauchst, um nüchtern zu bleiben?«, fragt Sarah mich. Sarah gehört zu diesen rätselhaften Wesen, die alle zwei Wochen ein einziges Glas Wein trinken, ohne darüber groß zu sinnieren.

Ich bezweifle, dass ich ohne Meetings einen Rückfall erleiden würde. Manchmal gehe ich ein paar Wochen hintereinander nicht ins Meeting, weil ich arbeite oder verreise, und nie habe ich das Gefühl gehabt, dass mir etwas fehlt, das ich für meine Abstinenz zwingend brauche. Ich habe meine Nüchternheit mit einem System unterschiedlicher Sicherungsseile festgezurrt und bin nicht ausschließlich auf Meetings angewiesen. Ich gehe nicht in Meetings, weil ich Sorge habe, dass andernfalls meine Nüchternheit kippt. Ich gehe aus anderen Gründen.

Ich gehe in die Meetings, weil ich Menschen, die eine persönliche Apokalypse mit anschließender Wiederauferstehung hinter sich haben, tendenziell interessanter finde als Leute mit lückenlosen Lebensläufen. Ich gehe in Meetings, um mich daran zu erinnern, dass andere Leute auch Probleme haben. Und dass mein Drama nicht der Nabel der Welt ist. Ich gehe in Meetings, weil es das System reinigt und den emotionalen Dreck, der sich im Alltag ansammelt, wegspült. Ich gehe in Meetings, weil ich wissen will, was ich sagen werde, wenn ich vorher nicht darüber nachdenke. Ich gehe in Meetings, weil sie ein endloser Fundus an Weisheit sind und mein Schreiben konstant inspirieren. Weil sie mir Dinge über die menschliche Natur zeigen, die man so in keinem Job lernt. Weil sie sauwitzig sein können oder sehr berührend. Weil sie den Horizont erweitern – allein durch die Tatsache, dass man dort Menschen trifft, denen man im normalen Leben nie begegnen würde, wie einen achtundfünfzigjährigen Maurermeister aus Köpenick, der einen zehn Minuten lang tief in sein Inneres blicken lässt, das sich höchstens in Stil und Dekor vom eigenen unterscheidet, aber nicht fundamental, nicht im Wesentlichen. Meetings sind Anti-Echokammern. Man geht da nicht hin, um sich abzugrenzen, sondern um Gemeinsamkeit zu ritualisieren.

In Meetings kommt das Beste in den Leuten zum Vorschein: ihre Freundlichkeit, ihr Mitgefühl, ihre Toleranz und, vielleicht wichtiger als alles andere, ihre Fähigkeit zu grundlegendem Wandel. Das Fundament der Hoffnung.

Immer wieder mal ist eine Neue da. Man sieht, dass es sie alles gekostet hat, was sie hatte, hierherzukommen, das Stigma und die Angst und die Scham zu überwinden, den kleinen Raum voller fremder Menschen zu betreten, ohne die Regeln zu kennen, sich als eine Person zu outen, die verzweifelt und ratlos und am Ende ihrer Kräfte ist. Sie sitzt blass, nervös und erschöpft am Tisch, knibbelt an ihren Fingern rum, wird von den anderen mit Kaffee und Keksen vollgestopft und mit aufmunternden Blicken bedacht wie ein grippiges Kind.

Wenn sie redet, weiß sie nicht, wo sie anfangen soll. Oder es platzt alles auf einmal aus ihr raus. Sie sagt bei der Vorstellungsrunde: »Ich bin Soundso, und ich bin Alkoholikerin«, oder sie sagt: »Ich habe scheinbar ein Alkoholproblem«, oder sie sagt: »Ich weiß noch nicht, was ich bin.« Oft hat sie Alkohol in der Familie, meistens hat sie einen jahrelangen Kampf hinter sich, meistens kennt sie die Wahrheit, die nun zum ersten Mal ausgesprochen wird, schon seit langer, langer Zeit.

Die Neuen kommen an die Tische wie aus dem Krieg: verwundet, traumatisiert, entsetzt, entkräftet, erleichtert, dass es vorbei ist. Wenn sie nach einem oder nach zwei Meetings für immer verschwinden, denke ich manchmal an sie und frage mich, was wohl aus ihnen geworden ist. Wenn sie dableiben, kann man sich durch sie an seine eigene frühe Nüchternheit erinnern: die Euphorie der rosa Wolke, die steile Kurve nach oben. Man kann dabei zugucken, wie sie rasend schnell mit sprudelnder Lebensenergie aufgefüllt werden, wie sie all die Erkenntnisse haben, die man selbst mal als spirituelle Revolutionen erlebt hat: Wie gut es einem geht. Wie rosarot die Morgen sind. Wie rasant das Selbstvertrauen wächst, wenn man sich selbst gegenüber wieder Versprechen halten kann. Wie riesengroß und hell diese neu entdeckte Welt ist.

Das ist einer der Gründe, weshalb so viele Alteingesessene nach Jahrzehnten der Nüchternheit immer noch in Meetings gehen: Die Neuen erinnern uns daran, wie schlimm es mal war, und schützen uns davor, das Ende unseres Trinkens zu vergessen. Wir müssen uns aktiv erinnern, denn unsere Vergangenheit altert mit uns mit, ihr fallen die Zähne aus, und sie verliert ihren Schrecken und wird zu einem Kindermärchen, weich gezeichnet vom Sepiafilter der Nostalgie.

Finde deine Leute

Genesende Alkoholabhängige brauchen die Gemeinschaft mit Gleichgesinnten vielleicht noch dringender als die Genesenden von anderen Süchten, weil Alkohol in unserer Gesellschaft so allgegenwärtig ist und so wenige Menschen eine ehrliche Beziehung zu ihrem eigenen Trinken haben. Erst wenn man nüchtern wird, erkennt man so richtig, wie bizarr die Realität des gesellschaftlich akzeptierten

Trinkens eigentlich ist. Vorher ist man damit beschäftigt, sich selbst sein eigenes Trinken als normal zu verkaufen. Sobald man damit aufhört, sieht man, wie viele Leute tatsächlich ein Problem haben. Weil die Dekonstruktion einer so machtvollen alten Geschichte so mühevoll und schambesetzt ist, brauchen frisch Nüchterne andere Nüchterne, die diesen Prozess schon durchgemacht haben, die schon auf der anderen Seite angekommen sind und denen man nichts mehr erklären muss.

Du wirst auf einem AA-Treffen allen Arten von Menschen begegnen: allen Altersklassen, Nationalitäten, Bildungsschichten, Berufsgruppen. Es ist die diverseste Gruppe, die sich je in deinem Einzugsgebiet in einem Raum versammelt hat. Aber du wirst keine einzige Person finden, die sich wünscht, zum Trinken zurückzukehren. Niemand dort, egal, ob er gerade mitten in einer schmutzigen Scheidung steckt oder seine Mutter verloren hat, ist nicht froh und dankbar, nüchtern zu sein. Man findet bei AA ein wildes Sammelsurium der unterschiedlichsten Strategien, nüchtern mit dem Leben klarzukommen. Du kannst dort sehen, dass Genesung für alle zu haben ist. Jede Person kann ein glückliches, nüchternes Leben führen, egal, wie weit die Abhängigkeit schon fortgeschritten war und wie ungünstig die Startvoraussetzungen ausgesehen haben. Ich saß mal in einem Meeting, in dem jemand sagte: »Wir sind die Auserwählten«, ohne dass das Statement auch nur eine einzige hochgezogene Augenbraue nach sich zog.

Bin ich Alkoholikerin?

Manchmal kommen Leute ins Meeting, die von anderen geschickt werden. Ein Biker mit Fransen an der Lederjacke, der von seiner Frau beim heimlichen Trinken auf dem Klo erwischt wurde, rutscht ruhelos auf seinem Stuhl herum. Seine Frau habe ihm ein Ultimatum gestellt, erzählt er. Was doch eigentlich vollkommen übertrieben sei. Sein Trinken sei ja eigentlich nicht so viel anders als das seiner Kumpel, er kümmere sich doch schließlich genauso um Haushalt und Kinder wie seine Frau, da wird ein Bierchen ja wohl noch gestattet sein, das sei doch alles vollkommen übertrieben, sie trinke ja schließlich auch ihr Sektchen mit ihren Freundinnen, das gehöre doch schließlich zum Leben dazu, das haben wir doch schon immer so gemacht, wie soll man sonst entspannen und Spaß haben nach Feierabend, Verbotsgesellschaft, Kulturgut, Tradition, Lebensqualität.

Das Meeting hört geduldig zu. Alle hier haben die gleiche Trinkverhandlung, die gleichen Rechtfertigungsspiralen jahrelang gedreht und hören seither, damit sie diesen Wahnsinn nicht vergessen, anderen dabei zu. Am Ende, als der Typ mit seinem Monolog fertig ist, sieht er mich direkt an, weil ich an diesem Tag Chair bin, und sagt: »Also ich weiß echt nicht. Ich bin doch kein *Alkoholiker*, oder?«

Als ich nur lächle, sagt er: »Nein, ernsthaft. Ich will eine Antwort.«

Es gibt wenige Worte, die so stark negativ geladen sind, so voller Ballast wie das Wort *Alkoholiker*. Obwohl ich so vertraut mit dem Begriff bin und schon so lange mit ihm lebe, spüre ich noch immer sein Gewicht.

Das Label *Alkoholiker* ist weit mehr als eine Diagnose. Es ist ein Wort, das schmutzig und schambeladen ist, sodass viele es eher ausspucken als aussprechen. Es ist ein Kainsmal, ein politischer Kampfbegriff, ein Schlüsselwort, das Privilegien ausschaltet wie sonst nur Begriffe wie *pädophil* oder *schizophren*. Der Begriff trägt das ganze Gewicht jahrhundertelanger Stigmatisierungstradition.

Obwohl Alkoholismus seit Mitte des zwanzigsten Jahrhunderts als Krankheit anerkannt ist, erscheint die Diagnose immer noch oft wie ein moralisches Urteil. In der Klatschpresse müssen Prominente, deren Alkoholproblem sichtbar wird, traditionell in weißen Leinenklamotten die *Alkoholbeichte* ablegen, als wäre ihre Krankheit ein sittliches Vergehen. Als wäre die Öffentlichkeit, als wären wir alle die Richterinnen über die Reinheit ihrer Seelen.

Schon Jahre, bevor ich aufhörte zu trinken, tippte ich regelmäßig *Bin ich Alkoholiker?* in die Suchmaschine. Die Antwort auf diese Frage schien über alles in meinem Leben zu entscheiden. Wäre ich *Alkoholikerin*, wäre ich für immer zu einem Dasein in Langeweile und Freudlosigkeit verdammt, keine meiner Glamourfantasien wäre je wieder verfügbar, ich wäre gescheitert, mit allem, für immer. Und noch dazu müsste ich mich auch noch schämen. Weil ich versagt hätte. Weil ich nicht *normal* trinken konnte. Weil ich damals noch dachte, dass es so was wie *normales* Trinken gibt.

Ich gehe in ein Zwölf-Schritte-Meeting in Kreuzberg. Es ist eines der Meetings, das von vielen jüngeren Ex-Partygirls und -boys, von stylishen Vollbartdudes, Künstlertypen und in die Jahre gekommenen Westberliner Hippies frequentiert wird. Gleich zu Beginn steht eine Frau auf, um zu teilen. Sie ist jung, vielleicht fünfundzwanzig, trägt Mommy-Jeans und Tattoos und einen stylishen wasserstoffblonden Bob und sieht aus, als käme sie geradewegs aus einem Gender-Studies-Seminar. Sie beginnt beseelt lächelnd von ihrem Weg in den Alkoholismus zu reden. »Früher sah ich nichts anderes als mich selbst und mein übergroßes Ego«, zwitschert sie, »ich dachte, ich bin besser als alle anderen. Ich habe nicht verstanden, dass es meine Charakterfehler und mein Größenwahn waren, die mich zur Alkoholikerin gemacht haben.«

Größenwahn? Ich schaue mir ihr liebliches Mittelstandsgesicht und ihre perfekt manikürten Nägel an und denke: Mädchen, laber doch nicht. Teenage Girls kommen doch nicht auf die Idee, sich die Lichter auszuknipsen, weil sie so große Egos haben.

In den Schriften der Anonymen Alkoholiker heißt es, der Ursprung des Alkoholismus seien »Charakterfehler«. Diese »Mängel« seien der Grund dafür, dass Menschen alkoholabhängig werden. Charakterfehler sind beispielsweise ein aufgeblasenes Ego, mangelnde Demut, schwelender Groll, verschwenderisches Geldverprassen, die Idee, der Nabel des Universums zu sein, der megalomane Wahn, alles kontrollieren zu können. Die Art von Problemen also, die wahrscheinlich nicht untypisch waren für mittelalte weiße Ärzte und Investmentbanker im Ohio der Neunzehnhundertdreißigerjahre. Solche Männer konnten damals zu den AA kommen, sich ihre übergroßen Egos brechen lassen, Demut lernen und an ihren defizitären Persönlichkeiten arbeiten, bis Gott schließlich Gnade walten ließ und ihre Charakterfehler beseitigte.

In den letzten paar Jahren haben sich speziell in den USA, dem Geburtsland der AA, und im englischsprachigen Europa ein paar jüngere Exabhängige zusammengetan, die Kritik an diesem Narrativ üben.

Die einflussreichste Stimme ist wahrscheinlich die von Holly Whitaker, der Gründerin des Unternehmens Tempest, das sich als zeitgemäße Alternative zu herkömmlichen Selbsthilfeprogrammen versteht. In ihrem Buch *Quit Like a Woman* nimmt Whitaker die klassische Suchthilfe, allen voran die Anonymen Alkoholiker, gründlich auseinander. Der Verein und das Programm seien veraltet und paternalistisch, für Frauen und marginalisierte Gruppen völlig ungeeignet. Frauen, so argumentiert Whitaker, leiden normalerweise nicht unter überdimensionalen Egos oder an mangelnder Demut. Ganz im Gegenteil – ihr Problem sei in der Regel eher zu wenig Ego und zu viel Demut. Ihr Schlüssel zur Nüchternheit sei es, für sich selbst einzustehen, Nein sagen zu lernen, eigene Bedürfnisse zu priorisieren, Selbstwert zu entwickeln.

Whitaker schreibt in ihrem Buch außerdem: So was wie einen *Alkoholiker* gibt es überhaupt nicht. *Alkoholikerinnen* gibt es genauso wenig, wie es Nikotiniker oder Kokainikerinnen gibt. Es gibt Leute, die von einer Substanz abhängig werden, die abhängig macht. Alkoholismus ist keine Charakterschwäche, sondern eine ganz natürliche Reaktion jedes gesunden Körpers auf regelmäßiges Trinken. Alkoholiker sind keine Ausnahmeerscheinungen und Ethanoltrinken keine Kunst, die irgendwer beherrschen müsste oder sollte.

Dass die AA das Alkoholismus-Narrativ der Gesellschaft übernehmen, schade allen, die abhängig werden, zementiere das Stigma und spiele der Alkoholindustrie in die Karten, die sich darüber freut, dass sogar die Anonymen Alkoholiker selbst – ausgerechnet die Leute, die am meisten unter dem Alkohol gelitten haben – dabei helfen, die Lieblingslüge der Industrie zu verbreiten: dass nicht etwa die Droge verantwortlich für die Abhängigkeit ist, sondern die fehlerhafte Konsumentin selbst. Eine Geschichte, die nicht nur unwissenschaftlich ist, sondern gefährlich.

Holly Whitaker und die Neue Nüchternheitsbewegung haben dazu beigetragen, dass die Selbsthilfe jünger, weiblicher, diverser, inklusiver, aufgeklärter und wissenschaftlicher geworden ist. Auch hier in Deutschland gibt es eine immer größer werdende Gruppe von Aktivistinnen, die sich die Entstigmatisierung der Abhängigkeit auf die Fahnen geschrieben hat. Auch hier gibt es immer mehr

Bücher und Podcasts, immer mehr offen nüchtern lebende Menschen in den Medien, immer mehr Wissenschaftlerinnen, die über das Schadenspotenzial von Alkohol aufklären, immer mehr Stimmen, die unseren gesellschaftlichen Umgang mit dem Suff kritisch hinterfragen.

Damit leistet diese Bewegung einen wichtigen und lange überfälligen Beitrag: Sie erreicht die Leute nicht erst, wenn sie schon so verzweifelt sind, dass sie sich an einen Verein wenden, der ihr Ego brechen will und rüberkommt wie eine christliche Sekte, nicht erst, wenn sie schon körperliche Entzugserscheinungen haben, sondern schon viel früher. Weil sie den großen Graubereich der Abhängigkeit sichtbar macht, nicht nur die äußersten Ränder des Elends. So werden Leute angesprochen, die sich mit dem gruseligen Alkoholismusbild der Mainstreamgesellschaft nicht identifizieren können: Leute wie ich. Leute, die noch keine Wodkaflaschen im Gästebad verstecken. Leute, die dreimal die Woche zum Sport gehen. Leute mit perfekt manikürten, zitterfreien Händen. Leute mit Medienjobs und Personalverantwortung und stylishen Freundinnen und Dating-App und Skin-Care-Routine.

Diese Leute führen in der Regel trotz ihrer Abhängigkeit noch ein ziemlich selbstbestimmtes Leben, übernehmen viel Verantwortung und sind gut ausgebildet, und das Letzte, was sie brauchen, ist ein Programm, das sie bevormundet und das Ziel hat, ihr Ego zu brechen, sie zu missionieren oder sie Demut zu lehren.

Viele Mitglieder der Neuen Nüchternheitsbewegung lehnen die AA mitsamt dem Label *Alkoholiker* deswegen ab. Sie wollen sich nicht als chronisch krank sehen, weil sie sich das erste Mal in ihrem Leben gesund fühlen. Sie wollen ihre Nüchternheit nicht als das traurige Schicksal charakterschwacher Menschen sehen, sondern als die stolze und selbstbestimmte Entscheidung, die sie ist.

Als ich das erste Mal auf einem Meeting den berühmten Satz sagte: »Ich bin Mia, und ich bin *Alkoholikerin*«, sagte ich ihn nur, um dazuzugehören. Ich wollte ernst genommen werden, ich wollte Strecke machen, ich wollte auf die andere Seite meines Trinkens kommen. Und ich wusste, dass dies die magischen Worte waren, die mich dorthin bringen konnten.

Und dann sage ich den magischen Satz jede Woche in meinem Meeting. Das Ritual macht mich zu einem Mitglied der Gemeinschaft, der ich mich zugehörig fühle – dem Club der Gewinner. Es ist für die Leute hier der Satz, der ihre Genesung einleitete, eine Zauberformel der Selbstermächtigung. Das Label *Alkoholiker* bedeutet für sie Freiheit. Ich nenne mich *Alkoholikerin*, wenn ich mit älteren AAs spreche. Mich Alkoholikerin zu nennen, ist dann das Gleiche wie die ältere Person zu siezen – ein Zeichen des Respekts.

Aber außerhalb von Meetings verwende ich das Label fast nie. Für mich hat der Begriff *Alkoholikerin*, trotz aller Reflexionsarbeit, nie seinen düsteren Ballast verloren. Meine Schultern verspannen sich, wenn ich es ausspreche. Meine Gefühle waren nie im Einklang damit. Ich fühlte immer eine Schwere auf mir lasten, wenn ich das Wort verwendete. Es war für mich immer verbunden mit Krankheit, Tod, Depression und Abhängigkeit. Es klang nie hell und melodisch, es klang nie, wie meine Nüchternheit sich anfühlte, es fühlte sich immer so an, wie mein Trinken sich angefühlt hatte: schwer, eng, dunkel.

Manchmal benutze ich das Wort genau deswegen als Kampfbegriff, mit dem ich angetüterte Fremde auf Partys schockieren kann. Es macht mir Spaß, auf wannabe-schicken, Crémant-getränkten Abendveranstaltungen zu sagen: »Danke, für mich nicht, ich bin *Alkoholikerin.*« Ich genieße den Tabubruch, die Betretenheit, den Schreck in den Gesichtern der feinen Gesellschaft. Je ängstlicher jemand vor dem Wort zurückschreckt, desto entschiedener verwende ich es. Will mich jemand benutzen, um sein eigenes problematisches Trinken an mir zu verhandeln, verwende ich den Begriff, weil ich weiß, dass ich ihn mit dem Nichterfüllen des Klischees im besten Fall für seine eigenen Vorurteile sensibilisieren kann.

In meinem Stammmeeting höre ich nach ein paar Jahren auf, das Label zu verwenden. Ich beginne stattdessen zu sagen: »Ich bin Mia, und ich bin nüchtern.« Es ist eine bewusste Entscheidung, zu der ich mich nach vier Jahren Meeting bereit und berechtigt fühle. Aber es fühlt sich trotzdem erst mal an wie Verrat an der Gemeinschaft. Als würde ich mich für etwas Besseres halten. Als würde ich das alles nicht mehr ernst nehmen.

Einmal ist eine Neue im Meeting, eine junge Frau mit feinen Zügen in einem teuren königsblauen Wollmantel. Bei der Vorstellungsrunde bahnt sich das Wort seinen Weg durch die Reihe, alle sagen es, Alkoholikerin, Alkoholiker, Alkoholikerin, Alkoholiker, die Neue starrt auf den Tisch vor ihr, die Reihe ist an mir, ich sage: »Ich bin Mia, und ich bin nüchtern.«

Die Neue starrt mich an wie eine Rettungsboje: »Darf man auch sagen, dass man nüchtern ist?« Ein paar Alteingesessene sind stinksauer, das spüre ich, es ist das erste Mal, dass mir Rebellion keinen Spaß macht.

Das Ding ist: Ich bin fest davon überzeugt, dass man das Label nicht braucht, um nüchtern zu werden. Was mich vor meiner Sucht gerettet hat, war nicht die Einsicht, dass ich *Alkoholikerin* bin. Sondern der Glaube, dass Nüchternheit besser ist als Trinken. Es war wichtig, zu reflektieren, was ich hinter mir lasse, aber um die Kraft dafür aufzubringen, musste ich erst mal eine Idee davon bekommen, was vor mir liegt. Ein Leben als chronisch Kranke, die sich fortan permanent mit ihren Charakterfehlern beschäftigen muss, um nicht rückfällig zu werden – nee, danke. Das war nicht meine Vorstellung von einer attraktiven Zukunft.

Der Begriff *nüchtern* entspricht heute viel mehr dem, wonach sich mein Leben nach ein paar Jahren ohne Alkohol anfühlt. Ich mag, dass es kein Substantiv ist, sondern ein Adjektiv. Es definiert nicht mich, sondern meinen Zustand. Es ist ein selbstbestimmter Zustand, meine eigene Entscheidung, eine Auszeichnung, auf die ich stolz bin, ein Wort, zu dem ich mich begeistert bekennen kann, zu dem ich mich nicht zwingen muss. Der Begriff *Alkoholikerin* ist ein Nein – ein Nein zur Vergangenheit, zum Trinken, zur Abhängigkeit, zu einer alten, nutzlosen Art, mein Leben zu leben. Der Begriff *nüchtern* ist ein Ja. Und auch wenn Nein sagen zweifellos wichtig ist und mich abschirmt gegen Bullshit aller Art: Ich sage lieber Ja.

Trotz all dieser Überlegungen und aller semantischen Haarspaltereien und philosophischen und wissenschaftlichen Theorien, trotz aller Kritik an Krankheitsbegriffen und Labels und Definitionen und Selbstzuschreibungen und altbackenen Schriften fühle ich mich der Gemeinschaft der Anonymen Alkoholiker entschiedener zugehörig als jedem anderen Club auf der Welt.

Trotz meiner soliden Anti-Religiosität erscheint es mir manchmal tatsächlich wie Magie, wenn ich mich daran erinnere, wie der Zauber meines ersten Meetings mich umfangen und mit so viel Wahrheit abgefüllt hat, dass ich nie wieder trinken wollte. Noch immer fühlt es sich übernatürlich an, wenn ich in einem fremden Land, auf einem Berg im Sonnenuntergang, zusammen mit zwölf Hafenarbeitern spontan eine Liebe beschwören kann, die uns alle miteinander versöhnt.

Es ist so großartig, einem Club anzugehören, in dem man überall auf der Welt aufschlagen kann, wo man gratis einen Kaffee und einen Keks und ein gutes Gespräch bekommt.

Immer, wenn ich mal wieder dem Redebeitrag eines ruppigen, graubärtigen, alten Extrinkers zuhöre, der ein paar Entgiftungen und ein paar Jahre Obdachlosigkeit auf dem Buckel hat, bin ich dankbar, dass er mich an meine Privilegien erinnert. Mich daran erinnert, dass alles viel schlimmer hätte werden können, mich daran erinnert, dass wir genau das Gleiche gedacht, gemacht, gefühlt haben, mich daran erinnert, dass uns mehr verbindet als trennt.

Je länger ich nüchtern bin, desto weniger möchte ich zu einer exklusiven, schicken Elite von Lifestyle-Nüchternen gehören, die sich für was Besseres halten, weil man ihnen das Trinken noch nicht angesehen hat. Je länger ich nüchtern bin, desto mehr schätze ich es, Menschen zuzuhören, die weiter weg von meiner eigenen Lebensrealität sind. Verbindung herzustellen und Gemeinsamkeiten dort zu finden, wo es scheinbar nur Unterschiede gibt, ist eine ganz besonders heilsame Art von Meditation. Die Welt braucht nicht noch mehr separierte Lager. Sie braucht mehr Einigkeit, mehr Toleranz, mehr Zusammenhalt, mehr Liebe.

Wenn du also keinen Bock auf Meetings hast: fine. Es gibt tausend Arten, nüchtern zu werden. Wenn du es lieber im Yogaretreat machst und dazu Acht-Euro-Detox-Smoothies trinkst, lass dich nicht abhalten. Wenn du lieber eine eigene Sober-Gruppe auf Instagram gründest, mach. Was auch immer dich nüchtern hält, ist die richtige Strategie.

Aber wenn sich die Neue Nüchternheitsbewegung von den Anonymen Alkoholikern distanziert, beraubt sie sich dadurch nicht nur eines unerschöpflichen kollektiven Erfahrungsschatzes. Sondern sie kämpft auch an der falschen Front. Wenn wir anfangen zu glauben, es gäbe bessere und schlechtere Abhängige, reproduzieren wir genau die Stereotype, die wir eigentlich bekämpfen wollen. Wir halten das Stigma am Leben, statt es zu zerstören, wir konstruieren nur wieder ein neues, fiktives, binäres System, anstatt endlich anzuerkennen, dass Abhängigkeit ein Spektrum ist.

Wenn die Neue Nüchternheitsbewegung einen wirklichen Wandel herbeiführen will, sollte sie sich lieber gegen die Ignoranz der saufenden Mehrheitsgesellschaft formieren, gegen die gemeingefährliche Alkohollobby oder gegen die absurde Drogenpolitik unserer rechtskonservativen Bierminister. Die AA sind nicht die richtige Angriffsfläche.

Denn egal, ob wir uns Alkoholikerinnen nennen oder nicht, egal, wie wir es branden oder verkaufen, egal, ob wir es verschämt verschweigen oder exaltiert feiern, egal, ob wir es rosa oder blau anmalen, egal, ob wir schon billigen Wodka zum Frühstück oder noch teuren Rotwein zum Abendessen getrunken haben, egal, ob wir uns unsere eigene Suchtgeschichte als Komödie oder als Tragödie oder als Coming-of-Age-Drama erzählen – Alkoholabhängigkeit ist und bleibt die gleiche Konstitution. Wir Exsuchtis unterscheiden uns nicht wesentlich voneinander. Wir waren alle am gleichen Ort. Manche sind bloß weitergegangen oder länger geblieben.

Dieses Manifest für meinen Club schreibe ich natürlich nur für meinen eigenen Seelenfrieden. Die Anonymen Alkoholiker als Gemeinschaft sind ziemlich unbeeindruckt von derartigen Verhandlungen, denn sie interessieren sich einen Dreck für Moden oder Trends oder die Meinungen von Einzelpersonen. Ihr öffentliches Image ist ihnen ziemlich egal. Sie müssen keinem Vorstand Rechenschaft ablegen, keine Quartalsberichte vorlegen und können kein Management feuern. Sie haben eine einzige Aufgabe: Leben retten. Und das werden sie weiterhin tun – ohne Re-Design, ohne Pressestelle, ohne Marketingabteilung. Sie werden sich bis in alle Ewigkeit weigern, aus ihrer Arbeit Profit zu schlagen.

Nach sechs Jahren ohne Drink interessiert mich das Label *Alkoholiker* nur noch als eine kosmetische Angelegenheit. Es ist nicht identitätsstiftend für mich. Ich ziehe es an und aus wie ein T-Shirt, ich brauche es nicht, aber es erschreckt mich auch nicht. Niemand kann es gegen mich verwenden. Du kannst mich nennen, wie du willst, es ist mir egal. Ich bin Alkoholikerin, ich bin Suchti, ich bin Extrinkerin und Exabhängige, ich bin unabhängig vom Alkohol, ich bin in Recovery, ich habe eine Krankheit in Remission, ich habe eine Alkoholkonsumstörung, ich bin gesund, ich bin nüchtern, ich bin sober, ich bin frei.

DATES OHNE DRINKS

Nüchterner Sex

Das Date ist bisher ganz gut gelaufen. Es ist sonnig, wir gehen durch den Park, ich langweile mich nicht, und er erinnert mich vage an den heißen Boyfriend, den meine Freundin Anne in der Mittelstufe hatte.

Deswegen gehe ich mit ihm nach Hause, als er vorschlägt, einfach selbst was zu kochen, anstatt essen zu gehen. Wir machen Pasta, und er fragt mich, ob es mich stört, wenn er was trinkt, und ich sage natürlich Nein, denn was soll ich schon sagen? Welche Frau, die bei Verstand ist, würde schon beim ersten Date anfangen, einen Mann ändern zu wollen?

Er trinkt also sein Glas Rotwein, und es ist so, als würde er versuchen, auf eine beiläufige Art ein Gorillakostüm zu tragen. Und das Glas und der Geruch des Weines und die ganze Anwesenheit des Weines mit all seinen Bedeutungsebenen nimmt plötzlich sehr viel Raum ein. Ich finde es auf einmal krass irritierend, dass er eine bewusstseinsverändernde Droge konsumiert, während wir uns kennenlernen, und frage mich: Auf einer Skala von eins bis zehn – wie okay ist es, das bizarr zu finden, obwohl ich bis vor Kurzem immer genau das Gleiche gemacht habe? Ob wir wohl wahrnehmungsmäßig weiter voneinander entfernt sind, wenn wir beide betrunken sind, oder nur einer von uns? Irritiert mich das bloß deswegen so, weil ich instinktiv spüre, dass er kein Normie ist? Ich frage mich, ob er deswegen bei einem ersten Date Rotwein trinkt, weil ihm der Wein so unglaublich wichtig ist oder weil er ihm so unglaublich egal ist – beides ist denkbar –, und ich denke an all die Life-Coaches, die immer sagen, wenn dich etwas besonders triggert, dann ist das so, weil du es an dir selbst beobachtest, aber verdrängen willst, und ich befrage mich streng: Will ich in Wirklichkeit einfach nur unbedingt diesen Wein, ohne es mir einzugestehen? Oder muss ich fortan einfach immer völlig hysterisch auf jedes Glas Alkohol reagieren, das irgendwer trinkt? Was bedeuten würde, dass ich niemanden mehr daten kann, der trinkt – was der Horror wäre, denn die Zahl der nüchternen Männer in Berlin, die datebar sind, liegt bei ungefähr zwei.

Mittlerweile riecht alles nach Rotwein. Und als wäre das noch nicht genug, baut er sich dann auch noch einen Joint. Und erzählt mir währenddessen, dass er – obwohl er selbstverständlich kein Drogenproblem hat – eigentlich noch nie ein Date ohne Alkohol hatte.

Mein heutiges Ich ist sehr davon überzeugt, dass man es bedenkenlos als ein Drogenproblem klassifizieren kann, wenn man nicht weiß, wie man nüchtern ein Date durchstehen soll, aber hier bin ich noch zu nah am Trinkverhalten meines früheren Ich, das Dates ohne Drinks praktisch undenkbar fand, jedenfalls gute.

Der Typ trinkt und kifft und will schließlich rummachen, aber omg, LOL, das wird so was von nicht passieren, und ich sage Nein. Das kann ich ja jetzt schon. Daraufhin entweicht alle Energie aus dem Mann, wie Luft aus einem Fahrradreifen, und er sinkt in die Couch, trinkt demoralisiert seinen Wein aus und hält einen langen Monolog darüber, dass in der heutigen Zeit alles so schrecklich kompliziert geworden und uns allen die Spontaneität abhandengekommen sei, und wie schade es doch sei, dass man Dinge nicht einfach mal *geschehen lassen* und sich *auf jemanden einlassen* könne. Ich lache und sage: »Ich muss jetzt los«, nehme die angebrochene Tüte Chips mit Rosmarin-Flavour mit und esse sie in der U-Bahn leer, während ich darüber nachdenke, wie nett es manchmal wäre, ein Mann zu sein und total überzeugt von so Sachen wie: Wenn jemand nicht auf mich steht, dann hat das nichts mit mir zu tun, sondern ist stattdessen ein Problem *meiner Generation*.

Bei AA wird dringend dazu geraten, im ersten Jahr der Nüchternheit nicht zu daten. Romantische Verstrickungen sind emotional zu aufwühlend, Trinken und Liebe viel zu eng miteinander verbunden, romantische Enttäuschung und romantisches Glück viel zu intensiv, all das emotionale Drama insgesamt eine viel zu große Rückfallgefahr.

Nichts hat mir jemals mehr eingeleuchtet als dieser Rat. Aber auch ihn muss ich leider von Anfang an konsequent missachten. Das ist zu fünfzig Prozent Trotz, zu fünfzig Prozent Angst. Ich habe den Drink aus meinem Leben gestrichen und somit eine ganze Identität hinter mir gelassen. Und das muss jetzt auch wirklich mal reichen. Ich werde deswegen sicher nicht gleich vollkommen ausflippen und ein völlig anderer Mensch werden und den letzten paar Kicks abschwören, die mich noch vor der totalen Spießigkeit bewahren.

Mat erzählt mir per Sprachnachricht neue Geschichten: Er hat eine Frau kennengelernt, die Parfum aus dem Duft von Vaginas entwickelt und in einer offenen Beziehung mit einem bekannten Regisseur ist, und Mat hat letzte Nacht *auf einem Flügel* mit ihr geschlafen. Mats Leben ist wie die Fernsehserie *Californication*. Er fährt mit dem Fahrrad zu Dinner-Dates, zu denen wunderschöne Supermodelfrauen in Abendkleidern erscheinen, schläft mit Yogalehrerinnen und Schmuckdesignerinnen, lässt sich von einer reichen Witwe nach Hawaii einladen und hat absolut keine Sorgen im Leben. Ich bewundere seinen sexuellen Hedonismus und seine Unbekümmertheit – Eigenschaften, die ich früher ebenfalls hatte, die mir in der Nüchternheit nun aber offenbar geraubt wurden. Meine Libido ist zu einer überempfindlichen Orchidee mutiert und kann nur unter sehr speziellen Bedingungen gedeihen, die niemand kennt. Alles kann mich vom Sex abbringen. Es reicht, wenn der Typ das falsche Deo oder das falsche Adjektiv verwendet, und ich bin so abgeturnt, dass meine Schenkel zufallen wie eine Tresortür. Ich beginne zu fürchten, dass ich womöglich Liebe brauche, um Sex mit jemandem zu wollen. Ein absolut unakzeptabler Gedanke.

Ich beschwere mich bei Mat darüber, dass ich mein Rizz verloren habe. »Keine Ahnung, wie das gehen soll, nüchtern Sex zu haben!«, jammere ich. Ich erkenne mich selbst nicht mehr. Ich war eine, für die Knutschen mit Fremden eine Art Sport war. Jetzt komme ich mir vor wie eine verklemmte Jungfrau. Mat rät: »Fake it 'til you make it!«

Also mache ich mir Sex klar. Ich mache Tinder auf und swipe los. Nach kurzer Zeit habe ich einen auf dem Schirm, der wie gemacht scheint für unverbindlichen Sex. Sein Name ist Sam. Oder Tom. Oder Jon. Er lächelt siegessicher in die Kamera. Er sieht so gut aus, dass der Blick einfach an ihm abrutscht wie an einer zu glatten Oberfläche. Er benutzt bestimmt ständig Zahnseide. Ich wische ihn nach rechts, und es ist ein Match! Schon wenig später haben wir einen seichten Chat. Es ist die typische Berlin-Mitte-Unterhaltung: Er ist wegen irgendeines Start-ups hierhergezogen aus Kopenhagen oder Barcelona, macht irgendwas mit UX-Design oder Content-Marketing und wohnt am Prenzlauer Berg oder in Kreuzberg, und die Benutzung von Dating-Apps ist fester Bestandteil seines Lebens, wie Facebook für Boomer.

Ich halte den Chatverlauf kurz. Ich will hier nicht tief schürfen, ich will nüchtern Sex haben. Wir verabreden uns in einer Bar zwischen unseren Wohnungen. Er sieht tatsächlich genau so aus wie auf seinen Fotos, nämlich blendend. Er ist gefährlich nah dran, durch den Turing-Test zu fallen. Er redet ein bisschen über das Leben in Barcelona oder Kopenhagen und zählt die vielen Länder auf, in denen er schon gelebt hat. Wir trinken die höfliche Getränkeanzahl – anders als bei der Ermittlung einer Abhängigkeit ist die Zahl der Getränke, die man braucht, um bedenkenlos mit einem Fremden nach Hause gehen zu können, sehr eindeutig: zwei. Und dann sagt er, wir könnten zu ihm gehen, er wohne zufälligerweise ganz in der Nähe.

»Ich hab's getan! Ich hatte meinen ersten nüchternen Sex!«, sage ich anderthalb Stunden später zu Mat, der sich gerade in der kalifornischen Wüste von einem etwas zu starken Haschkeks erholt. Ich habe einen kleinen Machtrausch, weil es so leicht war, an Sex mit einem schönen Mann zu kommen, und gleichzeitig bin ich tief verstört, weil ich weniger Leidenschaft empfunden habe als beim Putzen meiner Waschbecken.

Mat lobt mich und fragt mich Fachspezifisches – ob Sam oder Tom oder Jon bestimmte technische Finessen beherrsche, wie etwa das Finden des G-Punktes. Ich glaube nicht an den G-Punkt. »Was weiß ich«, sage ich, »darum geht es doch überhaupt nicht!«

So ist er also, klarer Sex ohne Belang, denke ich später bei einer Schale YumYum-Suppe in meiner Küche. Wenn man alles subtrahiert – zwischenmenschliches Interesse, Verknalltheit, Euphorie, Rausch, Trunkenheit, Nervosität, eine ungewöhnliche Geschichte –, bleibt nur der rein technische Akt übrig; wenn man mal ehrlich ist, ein nicht gerade abendfüllendes Thema. Mir schwant, dass ich bedeutungslosen Sex offenbar gar nicht so interessant finde, wie ich früher immer dachte. Ich will keine Technik, ich will ein Narrativ. Gib mir eine Geschichte, für die ich etwas empfinden kann.

Betrunkener Sex

Es ist ja nicht so, als hätte ich nie nüchtern Sex gehabt. Ich hatte lange, feste Beziehungen, und ich habe zu keinem Zeitpunkt täglich getrunken, und dementsprechend habe ich natürlich nicht bei jedem Sex Alkohol im System gehabt. Trotzdem: Ich schätze, dass locker achtzig Prozent des Sex, den ich in meinen Zwanzigern hatte, ohne Alkohol nicht stattgefunden hätte. Je früher in der Phase des Kennenlernens ich mich befunden habe, desto wahrscheinlicher war ein Drink dabei. Auf ersten Dates trank ich immer. Ich fiel damit nicht auf; alle machten das. Ich traf mal einen britischen Journalisten, der mir von seiner Studienzeit erzählte: »Wenn man auf der Uni nüchtern Sex mit jemandem hatte, bedeutete das, es ist eine ernsthafte Beziehung.«

Das traf auf mein Liebesleben zu hundert Prozent zu. Seit ich achtzehn gewesen war, hatte ich kein erstes Mal mehr ohne Alkohol erlebt. In meinen Zeiten als Barkeeperin betrank ich mich manchmal mit dem Ziel, Sex haben zu können. Meistens mit Leuten, die ich nüchtern nie an mich rangelassen hätte. Nicht unbedingt, weil sie objektiv gesehen irgendwie abschreckend gewesen wären, sondern einfach, weil sie mich nicht interessierten. Weil sie Fremde waren. Meistens betrank ich mich und hatte dann Sex, um mir selbst etwas zu beweisen. Zumeist, dass ich cool genug war, leichtherzig Sex mit Fremden zu haben. Manchmal betrank ich mich, um mich selbst zum Sex zu zwingen. Wenn ich – wie es typisch für mich war – mal wieder viel zu lange brauchte, um über irgendjemanden hinwegzukommen – Sex war mein cmd+z. So zumindest die Idee. Ich praktizierte den Leitsatz: »In order to get over someone, you need to get under someone else.« Ich glaubte, dass, wenn ich nur exaltiert genug die coole Rampensau raushängen ließe, würde ich früher oder später auch zu einer werden.

Einige Male hatte ich Sex, an den ich mich nicht oder nur schemenhaft erinnern kann. Ich erinnere mich an ein Date mit einem Typen, von dem ich nach drei Minuten wusste, dass ich mich nie von ihm angezogen fühlen werde. Aber er war okay genug, ein bisschen mit ihm rumzuhängen. Ich bestellte ein Glas Weißwein. Und er war dankbar dafür, dass ich ihm die Erlaubnis gab, ebenfalls was zu trinken, obwohl es erst vier Uhr nachmittags war. Das Glas Weißwein verwandelte sich unvermeidlich in zwei, drei und vier Gläser Weißwein, und ich nahm den Typen irgendwann kaum noch wahr und dann mit nach Hause, weil es vollkommen egal wurde, wer er war und was passierte.

Am nächsten Morgen erwachte ich nach solchen Abenteuern verkatert und voller Reue: Erinnerungsfetzen, die ich loswerden will, hastig abgeworfene Kleidung, unkoordinierte Berührungen, Küsse, die leidenschaftlich scheinen sollen, aber in Wirklichkeit bloß achtlos sind. Ich verschwinde ohne Kaffee aus ihren Wohnungen, lösche ihre Nummern und versuche, sie so schnell wie möglich zu vergessen. Wenn sie sich danach noch mal bei mir melden, verachte ich sie sogar noch mehr als mich selbst.

Mädchen und Jungen lernen entgegengesetzte Dinge, wenn es darum geht, mit ihrer eigenen Sexualität umzugehen. Für Jungs ist Sex ein Take-away: Es geht darum, ein Mädchen zu »erobern«, sie in Besitz zu nehmen und dadurch Männlichkeit zu demonstrieren. Eine hohe Zahl an »Eroberungen« ist etwas, mit dem man als Junge herumprahlt. Erfahrung ist ein Plus.

Für Mädchen ist Sex ein Give-away: Sie lernen, dass sie bloß nicht leichtfertig ihre Jungfräulichkeit verschwenden sollen, dass ihr »erstes Mal« um Himmels willen etwas Besonderes sein soll – mindestens sollten Duftkerzen angezündet und Blütenblätter auf dem Laken verteilt werden. Ein reicher Erfahrungsschatz ist bei Mädchen unerwünscht, schiere Lust ohne edlere Ziele anrüchig, eine hohe Zahl an Liebhabern etwas, das man besser verschweigt.

Als Cool Girl durfte ich nicht wie die anderen Mädchen sein, also musste ich viel Sex haben. Das Problem war nur, dass ich in Wirklichkeit, tief im Inneren, ein richtiges Klischee-Mädchen war: Ich war überaus wählerisch. Ich wollte von den meisten Männern nichts wissen. Manchmal war da ein ganzer Club voller Typen, und die waren alle nichts. Hörte ich auf mein Bauchgefühl, machten mich nur ein paar wenige richtig an. Ich brauchte also was, um mein Bauchgefühl zu betäuben. Was dabei sehr gut hilft, man ahnt es bereits: Cocktails.

Betäubt und benebelt lässt sich Kaltschnäuzigkeit super performen. Ich kann mich stumpfer und weniger wählerisch machen, kann mein Bauchgefühl zum Schweigen bringen, das normalerweise bei achtzig bis neunzig Prozent der Typen ein Veto einlegen würde. Alkohol macht mich unempfindlich. Ich kann nicht wirklich verletzt werden, denn ich bin überhaupt nicht vollständig anwesend. Was für ein fantastischer Trick. Was für eine Zeitverschwendung.

Nüchtern kommt auch sexuell mein wahres Ich zum Vorschein: Meine Standards sind sprunghaft gestiegen. Heiße Unterarme reichen mir nicht mehr. Der Typ muss auch noch auf die richtige Art gut riechen und eine Meinung zur Klimapolitik haben, mit der ich leben kann. Ich kann meine vielen feinen Antennen und die unzähligen Informationen, die sie mir permanent geben, nicht mehr ausblenden. Plötzlich ist keiner mehr gut genug. Sie riechen falsch, gucken falsch, sagen falsche Sachen.

Gefällt der Typ mir, bin ich auf die entgegengesetzte Art wahnsinnig. Ich bin nervöser als mit vierzehn auf dem Schulhof. Und wenn es dann losgeht, kann es passieren, dass mein Kopf währenddessen unbedingt intensiv über mein Bauchfett oder meine ungewaschenen Haare nachdenken will oder über die Tatsache, was für ein totaler Irrsinn es eigentlich ist, einen quasi Fremden seine Zunge *in meinen Mund stecken zu lassen.* Meine Gedanken stehen alle komplett angezogen um das Bett herum, essen Popcorn und kommentieren kritisch oder amüsiert alles, was vor sich geht. Sie reißen schlechte Witze oder erinnern mich ungefragt daran, dass ich noch meine Umsatzsteuervoranmeldung machen muss. Nüchterner Sex ist absolut erschreckend.

Luca

An einem schwülheißen Sommerabend, ich bin seit einem Jahr nüchtern, sitze ich mit Luca in einer Imbissbude, und wir essen Burger und Pommes. Ich habe aus irgendeinem Grund wieder angefangen, Fleisch zu essen. Außerdem esse ich neuerdings Kapern und eingelegten Hering und ein paar andere Dinge, die ich bislang nicht ausstehen konnte, und verwende Unmengen Chili und Zitronensaft beim Kochen. Es ist, als ob sich mein Bedürfnis nach extremen Empfindungen auf Nahrungsmittel verlagert hätte.

Luca und ich machen oft zusammen Nachmeeting, so heißt das, wenn man nach der Selbsthilfegruppe zusammen rumhängt. Über das Trinken und die Nüchternheit mit einer anderen nüchternen Person zu reden, ist, besonders im ersten Jahr, wie Balsam auf eine Wunde zu schmieren. Alles gründlich zu verstehen, jedes Erlebnis und all die Probleme, die man in der Trinkzeit hatte, neu zu bewerten, weil man nun endlich den einen, den entscheidenden Faktor einberechnen kann.

Lucas Outfit ist heute ein bisschen daneben. Es besteht aus einem Feinrippshirt mit fast satirisch tief ausgeschnittenen Armen, einer Fliegerbrille und Hawaiishorts. Er sieht aus wie ein Kleingangster aus dem *Scarface*-Universum, aber er ist nebenbei auch wunderschön und kann sich das komplett leisten. Er ist selbstvergessen wie ein Kind. Er hat keine Probleme damit, sehr reflektiert darüber zu reden, wie schwer es ihm fällt, seine Süchte und seine Unsicherheiten in den Griff zu kriegen. Außerdem scheint ihm der Sinn für Ironie zu fehlen. Manchmal vergesse ich mich und fange an, mich ein bisschen über ihn lustig zu machen, aber das kriegt er immer schneller mit als ich und stoppt es sofort: Denk bloß nicht, du bist was Besseres, Prinzessin.

Es ist draußen schwül und drinnen schwül, es riecht nach Burgerfett, und auf der Straße grölen betrunkene Kids Helene-Fischer-

Songs. Ich trage ein schwarzes, tief ausgeschnittenes Sommerkleid, Sandalen und eine goldene Kette, und Luca trägt ein paar schwarze Ringe, die er, während er mit mir redet, einen nach dem anderen über meine Finger schiebt – ein nonverbaler Dialog, der unter unseren Worten liegt wie ein zweites Gespräch, wie ein Schattengespräch, wie das eigentliche Gespräch. Draußen beginnt es zu gewittern. Wir stellen uns vor den kleinen stickigen Imbiss unter die Markise, während der Regen rauschend auf die Straße prasselt, ich rauche, Luca raucht nicht. Er hat aufgehört, weil das Rauchen irgendwann von selbst »von ihm abgefallen« ist, wie immer wieder von den AA prophezeit wird. Ich habe Angst, dass mir das Gleiche passieren könnte, und rauche deswegen so viel ich kann, bevor es so weit ist.

Als es zu regnen aufhört, schiebe ich mein Fahrrad noch ein bisschen neben ihm her, um ihn zu seiner Tramstation zu bringen. Er arbeitet in einem Coffeeshop und muss morgen früh raus. Die Luft ist merklich abgekühlt, meine Arme frieren ein bisschen, alles riecht nach Regen. Der Himmel ist schon fast schwarz, und die Lichter der Autos spiegeln sich im Asphalt. An der Tram umarmen wir uns, Küsschen links, Küsschen rechts, Lucas Mund streift wie zufällig meinen Mundwinkel, und auf einmal sind all meine Nerven hellwach. Nachdem er kurz Luft holt und mich anschaut, und es so ist, als würde er Anlauf nehmen, zieht er mein Gesicht mit beiden Händen zu sich und küsst mich richtig. Mit Pathos.

Es fühlt sich an, als würden wir zusammen von einer Klippe springen. Mir bleibt die Luft weg, und ich bin im freien Fall, und dann plötzlich unter Wasser, schwerelos. Ich höre nichts mehr als das Rauschen meines Blutes, und der Moment zieht sich ewig hin, wie im Traum verlangsamt sich die Zeit. Dann tauchen wir auf und lassen einander los und starren einander schockiert an, und weil ich nicht weiß, was ich sagen oder tun soll, drehe ich mich einfach um, springe auf mein Fahrrad und rase den ganzen Weg nach Hause, als wären sie hinter mir her, ich rase durch den dunklen Park, in dem eine letzte Nachtigall singt, und als ich in meiner Straße ankomme, ist mein Rücken schweißnass, und mein Herz klopft.

Nach dem Kuss optimieren Luca und ich unsere Nachmeeting-Routine: Wir holen uns einmal die Woche XXL-Meeresfrüchtepizza an meiner Ecke, gehen zu mir, legen uns ins Bett, gucken Netflix und machen rum. Jeden Samstag. Einen schönen, trägen Sommer lang.

Luca ist kein Boyfriend-Material. Er hat Monogamie mal als »eine Falle des Patriarchats« bezeichnet, dabei mit einer Geste an seinem Körper herabgedeutet, als würde er ein Outfit präsentieren, und erklärt: »Das hier, das ist alles Open Source«. Dafür ist er sehr gutes Lover-Material. Er ist hot und sober, und das macht ihn zum perfekten Übungsfeld für die nüchterne Romantik.

Ich bin oft und viel nervös mit Luca. Ich stehe auf Partys neben ihm, umklammere wie eine Irre den Hals einer Colaflasche und kann mich nicht dazu bringen, ihn zu küssen. Wenn wir uns beim Vögeln in die Augen schauen, fühle ich mich nackter als nackt, wie lebendig gehäutet. Selbst nachdem wir einige Samstage zusammen nach Hause gegangen sind, habe ich manchmal noch immer Angst, mich ihm zu nähern, und ich brauche lange, um das Gedankenkarussell zum Schweigen zu bringen, das versucht, die Situation zu kontrollieren, wenn wir rummachen. Ich habe Schwierigkeiten, meinen Kopf auszuschalten und nicht permanent darüber zu obsessieren, was alles Furchtbares passieren könnte, wenn er erst rausfinden würde, wer ich wirklich bin.

Früher habe ich mit Alkohol umstandslos alle zehn Intimitätsstufen übersprungen, die man normalerweise durchlaufen muss, um jemandem nahezukommen. Jetzt lerne ich den Geschmack von naturbelassenem Sex. Der Typ, mit dem ich schlafe, ist nicht nur ein heißes Stück Fleisch, sondern außerdem ein echter Mensch und noch dazu ein Freund. Und ich baby sober, die ganze Zeit unerträglich klar.

Wie normal es für die Normies doch sein muss, die Schüchternheit und die Beklommenheit einer jungen Romanze auszuhalten und diese spezielle Form der Nacktheit zu ertragen, wenn man alles sieht, alles riecht, alles hört, sich an alles erinnert und beim Sex den Blickkontakt hält. Ich erinnere mich vage an diesen rohen Zustand, damals, mit Jascha.

Luca ist der ideale Komplize für diese Phase der Verwirrung, denn er kennt seine eigenen Unsicherheiten gut und weiß mit ihnen umzugehen. Eines Tages erklärt er mir zum Beispiel, wie man sich dazu bringt, jemanden zu küssen: »Du beschließt es. Und dann darfst du nicht zögern, nicht mal eine Millisekunde darfst du nachdenken, denn wenn du nachdenkst, ist es vorbei, dann kannst du es nicht tun, es ist zu gefährlich. Du musst es sofort machen.«

Mir wäre es nicht im Traum eingefallen, dass ein schöner junger Typ wie er überhaupt irgendwelche Hemmungen haben könnte, jemanden zu küssen. Ich war jahrelang davon überzeugt, alle Männer hätten grundsätzlich so Sex, wie ich Sex hatte, wenn ich besoffen war.

Ich denke darüber nach, wie unser erster Kuss war. Die fast unerträgliche Intensität, die Spannung, die entsteht, wenn etwas auf dem Spiel steht, wenn man nicht das sichere Polster einer tauben Betrunkenheit nutzen kann, um sich selbst darin verschwinden zu lassen. Sich besoffen was trauen kann wirklich jede, kapiere ich jetzt. Den Mut aufzubringen, sich nüchtern die Klippe runterzustürzen, das ist wirklich sexy.

Mein brandneuer Körper

Zu Beginn meines dritten nüchternen Jahres habe ich all meine verbleibenden High Heels verkauft. Ich habe keine Toleranz mehr für unbequeme Schuhe oder unpraktische Jeans oder schöne, scheuernde

Unterwäsche. Ich will jetzt Kaschmir, Merino und Seide. Ich kaufe nur noch Second-Hand-Klamotten in makelloser Qualität. Ich lerne, wie man eine gut gemachte Naht erkennt. Die trendigen, zum Wegwerfen produzierten Plastikklamotten der Modeketten stoßen mich regelrecht ab. Es hat jetzt Priorität, wie sich Sachen anfühlen und wie frei sie mich machen. Meine Kleidung muss mir dienen.

Mein Körpergefühl hat sich verändert. Obwohl ich vor zehn Jahren bestimmt eine, objektiv betrachtet, bessere Haut und all die übrigen billigen Vorzüge der Jugend gehabt haben muss, finde ich mich viel schöner als früher. Mein Zentrum hat sich nach innen verlagert und hängt wie ein ruhiges, warmes Pendel hinter meinen Rippen. In-mir-Wohnen fühlt sich gut an. Gehen, Stehen, Mich-Beugen fühlt sich gut an. Effizienter, fließender, eleganter. Alle meine Nerven sind wach. Ich habe eine radikal neue Definition von Sexyness.

Seit ich mich selbst im Spiegel erkennen kann, weiß ich, was an meinem Körper optimiert werden könnte. Ich wusste schon mit acht, was eine »Problemzone« ist und welche meine sind. Ich verbrachte mein komplettes bisheriges Leben mit dem Vorsatz, zwei bis drei Kilo abzunehmen. Meine Poren mussten sauberer werden. Meine Bauchmuskeln definierter. Mein Arsch fester. Mein Körper war immer nur ein Übergangskörper, eine provisorische Version meines Körpers, bis ich erst diszipliniert genug wäre, mich in die eigentliche, die ideale Version von mir zu verwandeln und mein richtiges Leben zu beginnen.

Mit der Nüchternheit bin ich das erste Mal in meinem Leben mit meiner irdischen Hülle deckungsgleich. Ich ziehe mich nur für den Körper an, den ich habe, nicht für den, den ich nach der Meinung irgendwelcher Modemagazine haben müsste.

Auch andere Menschen gefallen mir aus neuen Gründen. Es ist, als könnte ich plötzlich ihre Aura sehen. Sind sie gesund und im Reinen mit sich selbst, gefallen sie mir. Alte Männer auf Beutezug nach jüngeren Frauen riechen schon von Weitem nach abgestandener Verzweiflung, unaufgearbeiteten Neurosen und Todesangst. Ich sehe ihre angespannten Kieferknochen, ihre Wohlstandsplauzen, ihre grobe Haut, die von Wein und rotem Fleischkonsum erzählt.

Ich finde andere Frauen heiß, wenn sie verschwitzt und happy vom Sport kommen oder wirklich begeistert von irgendwas sind oder wenn sie Sachen aufgeben, die sie lieben, um sich selbst treu zu bleiben. Fettige Haare oder Fettpolster sind irrelevant geworden.

Es ist ein Jahr nach meinem Nüchternwerden und neun Monate nach meinem ersten nüchternen Sex mit dem schönen Tindertypen. Ich bin irgendwo angekommen, wo es leicht ist. Mein Kopf lässt mich in Ruhe, er hat verstanden, dass keine Gefahr besteht, die Anxiety hat aufgehört, und es gibt keine Störgeräusche mehr, die mich von meinem Bauchgefühl ablenken. Ich fühle mich in meinem Körper zu Hause, und ich habe einen klaren Blick auf mich und die anderen, und ich weiß genau, wen ich will.

Desperado

Das Problem mit der Romantik habe ich allerdings immer noch.

Die Typen, die ganz genau mein Typ sind, nenne ich Desperados. Sie sind sexy, haben aber wenig mit Sex zu tun. Sondern mit Leidenschaft. Und Drama.

Hin und wieder läuft mir ein Desperado über den Weg. Ich sehe ihn auf einer Dating-App oder auf der Straße. Ich erkenne ihn, wie man einen Menschen erkennt, den man von früher kennt. Desperado ist dunkel, verwegen, spöttisch. Er trägt eine Lederjacke oder sieht zumindest so aus, als würde er öfter eine Lederjacke tragen. Er raucht. Er liest in einer abgegriffenen Ausgabe von *Rot und Schwarz*. Er lächelt selten, und wenn, dann wie die Mona Lisa: als ob er ein Geheimnis kennt, das er dir vielleicht verrät, wenn du ihm gefällst. Er ist klug, aber nicht nett. Er beherrscht die Kunst des bedeutungsvollen Blickkontakts. Er beherrscht die Kunst des Halblächelns. Er redet über Politik oder Wirtschaft oder *South Park* oder Vladimir Nabokov und schaut dich dabei an, als würde er über etwas völlig anderes reden. Er hat eine Tiefe, die dich anzieht wie eine große Höhe. Er liebt Frauen. Oder das, was ihm die Frauen geben. Er hat oft einen ziemlichen Verschleiß. Er ist ausgesprochen interessiert an Sex. Er hat Probleme. Oft genug: ein Alkoholproblem. Manchmal auch andere Süchte; Fremdgehen oder Lügen. Oder ganz allgemein Schwierigkeiten, Nähe zuzulassen. Er ist charmant. Er ist charismatisch. Er ist ein Rattenfänger. Du kannst ihn nicht zähmen. Niemand kann das. Wenn er älter wird und den Punkt verpasst, an dem es Zeit ist, erwachsen zu werden, droht sein Charme ins Weinerliche zu kippen. Aber solange er die fünfunddreißig nicht überschritten hat, ist er unwiderstehlich. Zumindest für Leute wie mich.

Desperados gingen früher in meinem Leben ein und aus. Ich habe einen sechsten Sinn für sie. Wenn sie in der Nähe sind, gibt es eine atmosphärische Verschiebung, einen Druckabfall wie in einem Flugzeug im Sinkflug. Es ist der Typ hinten in der Ecke, dessen Blick durch den Raum knallt wie ein einzelner Peitschenschlag. Der Typ, der mir von gemeinsamen Freunden vorgestellt wird. Sein Hemd rutscht hoch, als er mir die Hand gibt, und gibt ein Skorpiontattoo auf seinem Unterarm frei. Manchmal sieht er aus wie das totale Klischee von einem Lederjackentypen – also trägt eben wirklich eine Lederjacke, Kippe im Mundwinkel, hat diese scharfen Wangenknochen, diese Katzenhaftigkeit. Manchmal ist er schwerer zu erkennen. Dann versprüht er Surferboy-Vibes oder wirkt, als würde er jeden Sonntag mit seiner Mutter zusammen Marmelade kochen. Oder er verkleidet sich erfolgreich als nerdiger Möbeldesigner, der auf der Suche nach der großen Liebe ist. Sie sehen unterschiedlich aus, die

Desperados, doch in welcher Verkleidung sie auch immer daherkommen, eins haben sie alle gemeinsam: Sie sind nicht zu haben.

Die Aura der Indifferenz umgibt die Desperados wie ein Leuchtstoff, wie auf einer Infrarotkamera kann ich die Unverliebtheit der Desperados im Dunkeln glimmen sehen, ich fühle mich magisch von ihnen angezogen, sie sind der Endgegner, das eine Rätsel, das ich knacken, das eine Spiel, das ich gewinnen will und nie gewinnen kann.

Einer von ihnen begegnet mir gegen Ende meines zweiten nüchternen Jahres auf der Party eines Auftraggebers. Ich sehe ihn am anderen Ende des Tisches, er sieht mich auch, Halblächeln, eine kurze Verlangsamung der Zeit, und sofort ist alles klar, sofort geht das Spiel los. Unbemerkt von allen anderen werfen wir unsere Einsätze auf den Tisch.

Ich will ihn sofort sehr. Und er will mich immer ein kleines bisschen weniger. Sofort entsteht ein Unterdruck in der Dynamik, sofort bin ich ein bisschen hungriger. Mein Bauchgefühl sagt mir, dass er nicht gut für mich ist, ich ignoriere mein Bauchgefühl. Ehe ich michs versehe, bin ich auch schon dabei, unsere Beziehung vor meinen Freundinnen zu rechtfertigen, Regeln für den Umgang mit ihm festzulegen, Kater zu kurieren, die er mir macht. Ich entschuldige respektloses Verhalten, ignoriere Red Flags, spiele die Wirkung herunter, die er auf mich hat, tue so, als würde ich ihn nicht wollen, in der Hoffnung, dann alles von ihm zu kriegen. Kurz gesagt: Desperado hat den exakt gleichen Effekt auf mich wie der Drink.

Aber verdammt noch mal, lasst mir doch wenigstens diesen einen Spaß! Ich bin baby sober, und es gibt keine anderen Kicks mehr für mich, ich will zumindest diesen einen. Ich gehe ihm also nicht konsequent aus dem Weg. Wir täuschen eine lockere Bekanntschaft vor. Das ist einfach. Unsere Leben haben genug Schnittmengen, es wie Zufall aussehen zu lassen. Wir haben gemeinsame Freunde und gemeinsame Dinner, und wir sind oft ganz zufällig die Letzten, die aufbrechen. Er fährt mich dann nach Hause, und wir führen bedeutungsvolle Gespräche im Auto.

Er sagt: »Ich bin genau das Drama, das du willst.«

Ich sage: »Vergiss es, ich schlaf nicht mit dir«, und fühle mich cool und überlegen. Ich versuche, mir selbst vorzumachen, ich sei mit ihm »befreundet«. Ich rede mir ein, ich könnte einen Kick light bei ihm bekommen, den Energieschub des Flirts, aber ohne die Gefahr, verletzt zu werden. Rausch ohne Reue. Ich achte darauf, ihn nicht zu konsumieren. Ich darf also nicht mit ihm rummachen. Oder wenn ich mit ihm rummache, darf ich nicht bei ihm übernachten. Oder wenn ich bei ihm übernachte, darf ich hinterher eine Woche nicht schreiben. Ich halte mich an die Regeln und komme mir dabei schlau vor. Es muss leicht aussehen, es muss mühelos aussehen, es ist wie Ballett – harte Arbeit.

Und irgendwann kommt unweigerlich der Moment, in dem ich aus dem Takt gerate. Ich mache einen Fehler. Eine meiner Antworten ist weniger lakonisch, weniger kokett als der übliche Tonfall, den ich für diese Beziehung aufgelegt habe. Meine Fassade kriegt einen Riss. Der Fehler ist unendlich subtil, niemand, der in der Nähe ist, würde ihn je bemerken. Aber er bemerkt ihn. Ich verliere nur ganz kurz die Balance, dann fange ich mich wieder, aber es ist egal, es ist zu spät, er hat es gesehen. Die Machtverschiebung ist fundamental und unumkehrbar. Er lächelt. Ich habe verloren. Aber ich ignoriere es. Und er spielt weiter, macht seinen letzten Zug und erledigt mich.

Das Ende dieser ganz und gar fiktiven Beziehung ist würdelos und stürzt mich in eine Krise, die dramatisch und überdimensional aufgeblasen ist, ein vollkommen unverhältnismäßiges Drama, für außenstehende Beobachterinnen nicht nachvollziehbar (ich habe ja auch immer so getan, als wäre das alles nicht der Rede wert). Ich kannte diesen Typen kaum, es war eigentlich nichts, und doch: Ich zerfalle.

Die Geschichte beschwört und reaktiviert einen sehr alten Schmerz, der in mir schläft wie ein dunkles Tier. Es ist ein existenzieller Verlust, ein Urverlust. Ich bin untröstlich. Aber diesmal nur kurz.

Ich habe das Spiel das erste Mal ohne Alkohol gespielt. Trotz Demütigung und schmerzendem Ego ist es interessant, mich selbst mit einem klaren System beim Scheitern zu beobachten. Mein Körper reagiert mit Vergiftungssymptomen. Mir ist tagelang übel. Ich wälze mich in dunklen Albträumen herum, aus denen ich mitten in der Nacht schwitzend und desorientiert aufwache. Ich bin niedergeschlagen und kraftlos, als hätte ich eine Grippe. Ich liege durchtränkt von Selbstmitleid auf der Couch. Ich heule meine Freundinnen voll. Und nach drei Tagen ist es vorbei. Als wäre es nie passiert.

Danach banne ich Desperado. Ich rede nie wieder mit ihm. Ich antworte auf keine seiner Nachrichten. Und wenn er mir über den Weg läuft, behandle ich ihn wie einen Fremden. Es ist vielleicht ein bisschen übertrieben, aber das ist mir egal: es wirkt. Ich stecke einen Zettel mit seinem Namen in eine mit Wasser gefüllte Plastikflasche und friere sie in meinem Tiefkühler ein. Solange sie starr und tot, vom Eis umschlossen in meinem Kühlschrank liegt, fühle ich mich sicher.

Andere von seiner Sorte begegnen mir immer noch gelegentlich. Ich erkenne einen auf der Straße, oder am anderen Ende des Raumes auf einer Party. Sie haben ihre Wirkung nicht verloren. Ich spüre immer noch, wie all meine Aufmerksamkeit sich auf sie richtet, wie Eisenpulver um einen Magneten. Aber ich lasse mich nicht mehr auf sie ein. Wenn ich mit ihnen spreche, weigere ich mich, mit ihnen zwischen die Zeilen abzutauchen, ich bleibe konsequent auf der Oberfläche des Gespräches, als würde ich sie nicht verstehen. Als würde ich sie nicht erkennen, als hätten wir keine gemeinsame Geschichte, die älter ist als die Welt. Ich lächle und zucke freundlich mit den Schultern, wie um zu sagen: Entschuldigung, ich verstehe Ihre Sprache nicht. Sie denken dann, sie hätten sich geirrt. Und verlieren das Interesse.

Der perfekte Rausch

Am Anfang meines dritten nüchternen Jahres versuche ich, die Desperados zu meiden und stattdessen explizit die gesunden, netten, verfügbaren Jungs zu daten, die mich nicht in Sinnkrisen stürzen. Was mir nicht leichtfällt. Viele Leute, die Rausch mögen, haben gern rauschhafte Beziehungen. Das Problem ist, dass rauschhafte Beziehungen schlimme Kater hinterlassen. Die Leute, die eine gute Idee sind, haben nicht die gleiche Wirkung auf das Nervensystem: Schlechte Leute sind starke Endorphin-Cocktails, gute Leute sind grüne Smoothies.

Luca erklärt mir mein Problem. Romanzensucht heißt das, was ich habe, sagt er: »Klassisches co-abhängiges Verhalten.«

Bei meiner Recherche zum Thema Romanzensucht lerne ich, dass ich Leute daten muss, die nicht mein Typ sind. Und sie zu meinem Typ machen muss. Ich versuche, mich selbst zu erziehen, wie einen alten Hund, dem ich neue Tricks beibringen soll. Ich habe viele erste Dates.

Ich habe ein erstes Date mit einem erfolglosen Künstler mit chaotischer WG-Küche und Weinkistenregalen, mit dem ich *Natural Born Killers* gucke und auf seiner auf dem Fußboden liegenden Matratze rumknutsche. Als er nach einer Viertelstunde Petting kommt und ihm das total peinlich ist, fühle ich mich endgültig, als wäre ich wieder sechzehn.

Ich habe ein erstes Date mit einem gönnerhaften Bürohengst, der darauf besteht, meine Limo zu bezahlen, und glaubt, dass er sich dadurch das Recht auf ein zweites Date erkauft.

Ich habe ein erstes Date mit einem Typen, der ernsthaft versucht, mich in sein Bett hineinzudiskutieren.

Ich habe ein erstes Date mit einem Typen, der so unendlich enttäuscht davon ist, dass ich nicht trinke, dass ich fast Mitleid mit ihm bekomme.

Ich habe ein erstes Date mit einem Typen, der ohne mit der Wimper zu zucken das N-Wort in einer ganz normalen Konversation verwendet.

Ich habe ein erstes Date mit einem extrem erfolgreichen Manager mit Zwölf-Stunden-Tagen, der sagt: »Ich hab viel zu wenig Gefühle, um einen Burn-out zu kriegen.«

Ich habe ein erstes Date mit einem, der *sober* in seiner Profilbeschreibung angegeben hat und mir dann sagt, dass er dachte, *sober* bedeute, »dass man maßvoll trinkt«.

Ich habe ein erstes Date mit einem, der eine *Herrin* hat, die entscheidet, mit wem er schlafen darf und mit wem nicht. (In meinem Fall hatte sie offenbar bereits entschieden, denn er fragte nach einer Stunde ungeduldig, ob wir jetzt endlich in die Kiste gehen.)

Ich habe ein erstes Date mit einem, der in seiner Profilbeschreibung angegeben hat, dass er gerade eine Trinkpause macht. Obwohl ich eine sehr klare Meinung habe, was Trinkpausen betrifft, nähre ich ein paar Tage lang eine kleine Allmachtsfantasie, in der er, positiv beeinflusst von mir, sein Trinkproblem entdeckt, nüchtern wird und realisiert, dass ich ihn de facto *gerettet* habe, und weil der erste nüchterne Sex ja im Grunde wie der erste Sex überhaupt ist, mich maßlos idealisiert und mystifiziert und mir auf ewig treu ist.

Als ich den Trinkpausentypen dann treffe und wir eine Runde um das Kottbusser Tor herumgehen, wird allerdings schnell klar: Seine Abhängigkeit ist in vollem Gange und seine Trinkpause voller Löcher. Er erzählt ohne Umschweife von tagelangen Partys, die er sich *verdient* hat, von Blackouts, von durchzechten Nachtschichten und daraufhin verpassten Deadlines, von prekärer Schwarzarbeit und schwammiger Lebensplanung. Er ist nett, und es hat sogar irgendwie etwas Unschuldiges, dass er all diese erschreckenden Details über sein prekäres Leben offenbar als ausreichend normal und okay wahrnimmt, um sie bei einem ersten Date zu erzählen. Ich gehe neben ihm her und sage: »Wow« und »Aha«, und seine Aura wirkt auf mich körperlich abstoßend, in seiner Nähe zu sein, ist wie in einer dunklen, bedrückenden Wohnung sein, in der ich die Luft anhalten muss, um nicht aus Versehen etwas Gefährliches einzuatmen. Mein Bauchgefühl zerrt wie mein Hund an meinem Ärmel und fleht mich an: *Lass uns bitte jetzt sofort abhauen.*

Nach einem schwarzen Tee am Späti fragt der Trinkpausentyp, ob wir uns wiedersehen, und ich sage so klar und ehrlich wie möglich: »Du bist mir zu sehr mit Alkohol beschäftigt. Ich kann das nicht in meinem Leben haben.«

Ich fahre mit der U8 nach Hause, fühle mich souverän und trage mein Nein wie eine warme Felljacke, die sich um mich wickelt und mich beschützt.

Obwohl ich keine Ahnung habe, was genau meinen neuen Typ auszeichnen wird oder ob ich je wieder romantische Gefühle haben werde, wenn einer keine Lederjackenvibes ausstrahlt, kann ich mich zumindest darauf verlassen, dass mein innerer Radar bei Trinkern Alarm schlägt.

Ansonsten habe ich aber nie zuvor so wenig Ahnung davon gehabt, was ich mag oder nicht mag, wie in meiner frühen Nüchternheit. Daten ist wie ein trippiges Spiegelkabinett. Es kann vorkommen, dass ich zwei Stunden lang eine Unterhaltung mit jemandem habe, die so intensiv ist, dass ich mich danach erst mal hinlegen muss, und wenn ich am nächsten Tag aufwache, habe ich keine Meinung mehr zu dieser Person. Über manche habe ich eine Million positive Gedanken, aber mein Bauchgefühl ist vollkommen indifferent, als würde es schlafen. Manche Typen will ich küssen, obwohl sie mich langweilen. Manche machen mich aggressiv, obwohl sie einfach nur total nett sind. Bei manchen denke ich: In dich hätte ich mich vor fünf Jahren total verknallt. Bei manchen frage ich mich, ob ich sie anziehend gefunden hätte, wenn ich ihr Rasierwasser nicht total eklig gefunden hätte. Bei manchen denke ich: Du bist zu hübsch für mich. Ich spüre jeden noch so subtilen Vibe, jede Schwingung, jede atmosphärische Verschiebung.

Ich gebe mir Pausen. Ich übertreibe es nicht. Ich habe nur ein bis zwei Treffen im Monat. Ich gehe den Jungs aus dem Weg, die mich spontan sexuell interessieren. Ich gehe weniger in Bars. Ich gehe bowlen und Minigolf spielen. Ich versuche, die fluktuierenden, irrationalen Regungen meiner Intuition wahrzunehmen. Ich versuche, die nüchterne Perspektive auf Männer zu behalten: gesunde, rationale Kriterien anzulegen. Verlässlichkeit, Ehrlichkeit, Sicherheit. Ich schone mein System, gehe viel spazieren, bin unerklärlich abgestoßen vom Körpergeruch eines Typen und unerklärlich angezogen von der Zahnlücke eines anderen, küsse manchmal jemanden auf einer Wiese oder an einer Straßenecke, erzähle meinen Freundinnen, die in Beziehungen sind, von meinen Dates und schmücke die Geschichten aus, weil sie so begierig auf Single-Life-Headlines sind. Ich übe, höflich das zweite Date abzulehnen, bin amüsiert bis verstört und sage sehr oft Nein.

An einem schönen, unscheinbaren Juninachmittag unter der Woche habe ich ein Date mit einem netten, normalen Typen. Auf seinen Fotos hatte er wie der Nicht-mein-Typ-Posterboy gewirkt: ein bisschen prollig, aber gutherzig, AirPods und Gel in den Haaren, ein Hoodie, teurer, als er aussieht – gefakte Street Cred –, eigentlich aber ein Anzugträger durch und durch.

Sein Text ist kurz und klug, und er erwähnt darin Esther Perel, und ich denke mir: Wenn ein Mann mit dem Werk Esther Perels vertraut ist, muss man ihm wahrscheinlich nicht mehr so viel über Persönlichkeitsarbeit erklären.

Ich bin ein bisschen zu spät, weil meine Fahrradkette auf dem Weg rausgesprungen ist, und habe schwarzes Öl an den Händen, als ich ihn auf einer sonnigen Terrasse am Maibachufer finde.

Er habe nur anderthalb Stunden Zeit, hat er vorher geschrieben, weil er hinterher zur Therapie muss. Wenn ein Typ zur Therapie geht, hat er automatisch schon vier von fünf Sternen.

Weil er nicht mein Typ ist, bin ich nicht nervös. Ich bin ungeschminkt und ungeduscht, selbstvergessen und voller Fahrradöl, und sage alles, was mir so einfällt. Unser erstes Gesprächsthema ist Selbstmord. Wir diskutieren die angenehmsten Arten, uns das Leben zu nehmen, trinken dabei Limo und lachen viel.

Ich erzähle ihm, dass ich nicht trinke, weil ich mal abhängig war. Das ist etwas, das ich mittlerweile bei jedem ersten Date mache, weil die Reaktion darauf ein wirkungsvoller Normie-Test ist. Er besteht ihn mühelos: Er erkundigt sich, wie das so ist, wenn man mal abhängig war, und stellt interessierte, aber nicht alarmierte Rückfragen.

Wir haben von Anfang an eine Atmosphäre müheloser Ehrlichkeit, wie wenn man seit Jahren befreundet ist und einander sowieso nichts mehr vormachen kann, wozu auch. Das Gespräch hat Tempo, und wir sind gut gelaunt. Ich denke nicht darüber nach, ob er auf mich steht oder ich auf ihn oder ob ich Spinat im Zahn habe, denn das würde er mir schon sagen.

Danach geht er zur Therapie, und ich fahre mit dem Fahrrad nach Hause und fühle mich wie frisch geduscht. Er sammelt einen weiteren Pluspunkt, als er mir direkt nach dem Date schreibt, wie toll er mich fand und dass er mich gern wiedersehen würde.

Ich habe absolut nicht das Gefühl eines sich episch vor mir auftürmenden Schicksals, deswegen überrascht es mich selbst, als Mat sich erkundigt, wie es gelaufen ist, und ich ihm eine Sprachnachricht aufnehme, in der ich sage: »Ich weiß nicht, warum, und es ist irgendwie komisch, aber ich glaube, dieser Typ kann Stellen in mir erreichen, an die niemand sonst rankommt.«

Was bitte soll das denn wieder bedeuten?

Beim zweiten Date haben wir noch mehr Spaß, und er sagt mir, dass er frisch von einer langen Beziehung getrennt ist. Sehr frisch. So frisch, dass man es als eine Red Flag werten muss. Aber er ist ansonsten nicht mein Typ, außer, dass ich seine Arme sehr sexy finde und seine Intelligenz auch, deswegen ignoriere ich die Red Flag, und wir haben das dritte Date, bei dem wir dann knutschen, und dann gibt es keinen Weg zurück.

Ich bin so schnell so heftig verliebt, dass ich eine Weile brauche, um es zu merken – wie eine, der heimlich LSD in den Drink gekippt wurde und die das erst kapiert, als der Wasserhahn sich zu ihr rüberbeugt und anfängt, sich mit ihr zu unterhalten.

Genau wie in allen meinen bisherigen Lovestorys überspringen wir alle zehn Stufen des Intimitätsaufbaus innerhalb kürzester Zeit. Wir haben einfach keine Zeit für Umsicht und Vernunft. Als wir uns etwa eine Woche lang jeden Tag gesehen und nonstop entweder stundenlang rumgemacht oder einander jedes Detail unseres bisherigen Lebens erzählt haben, muss er übers Wochenende nach London und teilt mir nebenbei mit, dass er seinen Rückflug umgebucht hat, damit wir am Donnerstag, wenn er zurückkommt, fünf Stunden gewinnen.

Ich habe einen kurzen, klaren Moment und sage: »Vielleicht sollten wir das hier ein bisschen entschleunigen, bis wir wissen, was passiert.«

Wie jemand, der weiß, dass eine Bombe im Gebäude deponiert wurde und wir noch sechzig Sekunden haben, bevor sie hochgeht, sagt er: »Du weißt *genau*, was hier passiert.«

In den darauffolgenden Wochen bin ich am Rande des Wahnsinns. Ich denke nur noch an ihn, Tag und Nacht, ich schreibe und rede über nichts anderes mehr, denn nichts anderes ist mehr interessant. Wenn wir uns nicht sehen, texten wir. Wir schlafen maximal vier Stunden pro Nacht und sind trotzdem immer knallwach. Ich starre ihn an, während er schläft, als wäre er ein Wunder der Natur. Ich gehe nicht mehr, ich schwebe überallhin. Wenn wir zehn Minuten Händchen halten, muss ich danach meine Unterwäsche wechseln. Ich lächle alle Menschen auf der Straße an, als wäre ich dauerbekifft. Sechsstündige Gespräche verfliegen in Minuten. Mein Herzschlag ist nur noch ein Summen, wie der eines Kolibris. Ich nehme drei Kilo ab. Ich verliere einen großen Kunden, der siebzig Prozent meines Einkommens ausmacht, und müsste eigentlich angesichts der finanziellen Unsicherheit total panisch werden, aber ich denke nur: geil, mehr Zeit für ihn. Scheiß auf Arbeit. Ich kann mich sowieso nicht konzentrieren. Und wozu brauche ich schon Geld. Ich brauche nichts außer Sonnenlicht und Kokoswasser und ein paar Oliven am Tag und die Nährstoffe in meinem heißen, elektrischen Blut.

Ich fahre übers Wochenende weg, und er fängt vor Sehnsucht an zu rauchen. Wir telefonieren viermal am Tag eine halbe Stunde und nachts dann noch mal richtig. Nach einem Monat lassen wir uns tätowieren, nach zwei Monaten zieht er bei mir ein, nach drei Monaten sagen wir uns, dass wir einander lieben. Ich habe keinen Zweifel daran, dass es für immer ist. Ich kann alles sehen, den ganzen, endlosen Moment, wie in Ultranahaufnahme, alles gestochen scharf, alles gleißend hell. Es gibt nichts außer der makellosen Gegenwart, es gibt nichts außer uns.

Das High, das ich in diesem dritten Sommer meiner Nüchternheit erlebe, ist mit nichts anderem zu vergleichen. Nicht mit meiner ersten Teenieliebe, nicht mit irgendeinem Drogentrip, nicht mit der

Pink Cloud und mit keiner Lovestory dazwischen. Mein Hirn in diesem Sommer ist wie ein Million-Dollar-Musical: Glitter und Fanfaren, jeden Abend Feuerwerk, weiße Tauben flattern durch den pinken Sonnenuntergang, und ständig fängt irgendjemand grundlos an zu singen.

Doch das Besondere an diesem High ist nicht seine Wucht, sondern seine Klarheit. Es gibt keinen Haken. Keinen Grund, vorsichtig zu sein. Es gibt nichts zu rechtfertigen oder zu entschuldigen. Ich muss nicht bezahlen. Und ich muss nicht auf der Hut sein wie sonst immer. Denn er ist ein guter Typ, und zwar nicht nach meinen alten, ungesunden Lederjacken-Maßstäben. Er ist wirklich gut, auch auf dem Papier. Er taktiert nicht, spielt nicht, hält nichts vor mir zurück. Er ist ehrlich, auch wenn es ihn was kostet. Er spielt keine Wartespielchen und keine Männlichkeitsspielchen. Er ist ein Normie! Er trinkt ungefähr dreimal im Jahr Alkohol, immer aus sozialen Gründen. Er steht auf Treue, Familie und Monogamie – all die uncoolen, spießigen Sachen, für die ich bis vor Kurzem Begeisterung vortäuschen musste. Er ist völlig begeistert davon, mich als seine Freundin vorzustellen. Er lässt keinen Zweifel daran, wie toll er mich findet. Und das alles stört mich kein bisschen.

Ich kann es kaum fassen. Das erste Mal in meinem Leben brenne ich für jemanden, gegen den absolut nichts einzuwenden ist. Ich kann sie bekommen, die Trunkenheit ohne Kater. Ich bin geheilt, denke ich, ich bin endlich gesund. Es ist der perfekte Rausch.

ALLES FÜHLEN

Happy End

Und dann habe ich endlich alles, was ich mir wünsche. Große Liebe, tollen Sex, finanziellen Wohlstand, reine Haut, einen BMI von neunzehn, eine mühelose Sportroutine, inneren Frieden und einen Mann, der Abenteuer und Sicherheit gleichzeitig ist. Und wir lebten glücklich und zufrieden bis an unser Lebensende. Alles nur, weil ich mit dem Trinken aufgehört habe.

The End.

Wirklich?

Natürlich nicht. Die Nüchternheit ist keine verdammte Romcom. Und die heteronormative Paarbeziehung nicht die ultimative Belohnung dafür, dass du ein braves Mädchen gewesen bist. Obwohl ich in meinem dritten Jahr ganz kurz davor bin, das zu glauben.

So läuft es mit Nick: Wir haben ein sehr gutes Jahr. Dann haben wir ein sehr schlechtes Jahr. Und dann trennen wir uns. Und es bringt mich fast um.

Immer wieder hört man: Wenn du nüchtern wirst, fällst du in den emotionalen Entwicklungsstand zurück, auf dem du warst, als du angefangen hast zu trinken. Du hast mit dem lähmenden Einfluss des Alkohols die Pausentaste für deine Gefühle gedrückt, und wenn du nach Jahren oder Jahrzehnten zu dir kommst, musst du die verlorenen Jahre aufholen, wie jemand, der aus einem Koma erwacht. Ich weigere mich, das vorbehaltlos zu unterschreiben, weil ich glaube, es ist alles ein bisschen komplexer, aber ich kann nicht bestreiten, dass sich diese Beziehung genau so anfühlt. Ich liebe Nick auf diese teeniehafte, kindliche, archaische Art, die keine Angst kennt und keine Klischees. Ohne Sicherheitsnetz, ohne Präzedenzfälle, ohne Plan B, ohne einen Hauch gesunden Menschenverstand, als wäre ich ein Teenie, als wäre ich nie verletzt worden.

Ich träume von seinem Geruch. Ich wache auf, wenn er nachts neben mir einen Albtraum hat, greife in seinen Schlaf hinein und ziehe ihn in meinen Armen zu mir hoch wie einen Ertrinkenden, bis er wieder Luft kriegt. Ich spüre mikroskopische Verschiebungen seiner Energie so deutlich, als könnte mein Körper seine Gedanken lesen. Die Art, wie sich seine Schultern verspannen, und ich weiß genau, was los ist. Ich habe so viele Worte für sein Schweigen, wie Inuit Wörter für Schnee haben. Ich schreibe Zweitausend-Wort-Essays über die Art, wie er ein Käsebrot macht.

Ich kann es nicht fassen, dass er mich gut findet. Ich kann nicht fassen, dass er all die Wahrheiten über mich kennt und trotzdem nicht abhaut. Wir sitzen auf dem Bett, halten einander an den Schultern fest, starren einander an und reden darüber, wie unmöglich die Vorstellung ist, dass wir uns jemals trennen werden, wir können uns einfach keinen Grund vorstellen. Wir sind die ganze Zeit außer Atem.

Einmal, während er auf mich wartet, fällt stundenlang der Strom aus. Als ich nach Hause komme, ist die ganze Straße dunkel, und der Fahrstuhl geht nicht, und ich nehme die Treppe, und in dem Augenblick, in dem ich die Tür aufschließe, geht in der ganzen Wohnung, in allen Wohnungen, im ganzen Straßenzug, das Licht an. So fühlt es sich an, die ganze Zeit. Die Welt ist magisch, und alles ist ein Zeichen.

Als das erste Jahr voller Sex, Liebesschwüre und Eskapismus vergangen ist, steht Nicks Trauer wie ein Gerichtsvollzieher vor seiner Tür und erinnert ihn daran, dass er noch eine Rechnung mit ihr offen hat. Auch seine alten Bewältigungsstrategien kommen zurück. Seine Bewältigungsstrategie ist Arbeit. Nick arbeitet, wie ich getrunken habe. Bis er nichts mehr sieht und nichts mehr hört, bis er vor Erschöpfung umfällt. Er rennt so schnell, dass niemand Schritt halten kann, dreht die Lautstärke hoch, bis er sein eigenes Wort nicht mehr versteht, geht allem aus dem Weg, was ihn ausbremst und weich macht, besonders mir.

Ich merke, dass er mich verlässt, wie ich gemerkt habe, dass wir uns verlieben: mit erheblicher zeitlicher Verzögerung. Mein Körper spürt die Katastrophe zuerst, wie Pferde, die ein nahendes Erdbeben spüren. Ich weine dauernd, scheinbar grundlos. Ich weine im Supermarkt, wenn ich mich nicht zwischen zwei Sorten Nudeln entscheiden kann. Irgendwo in mir ist eine Instanz, die diese ganze Geschichte schon immer kannte und genau weiß, was jetzt kommt.

Er vergisst, mich anzurufen. Erst drei Tage, dann sechs, dann acht. Manchmal, wenn ich denke, es ist lange genug her, dass ich nicht Gefahr laufe, needy zu wirken, wenn ich ihn anrufe, rufe ich ihn an. Um meine flatternden Nerven zu beruhigen, um den Schmerz zu lindern. Es hilft nie. Ich spüre, dass er jedes Mal überrascht ist, als würde er aus einem Traum aufwachen, als hätte er vollkommen vergessen, dass er eine Freundin hat, und würde nun in einem unpassenden Moment daran erinnert, dass da noch etwas ist, das er managen muss. Es ist offensichtlich, dass er schon weit weg ist, aber er sagt es mir nicht. Vielleicht weiß er es nicht.

Ich bleibe lange, zu lange in der auseinanderfallenden Beziehung und schaue uns entgeistert beim Scheitern zu, wie bei einem Unfall in Slow Motion. Und obwohl ich direkt auf die Unfallstelle gucke, verstehe ich immer noch nicht, was passiert. Ich will zurück in das zersplitterte Wrack und mich selbst da rausholen. Und ich will auch ihn retten. Ich weiß nicht, wie ich mich von etwas trennen soll, das ich so sehr liebe.

»Ist alles gut?«, frage ich ihn flehend, weil mir nichts anderes einfällt, das Telefon gegen mein Ohr gepresst, und spüre den unüberwindbaren Ozean, der zwischen uns liegt. Und er sagt: »Ja, alles gut«, und ich weiß, es ist eine Lüge, und ich denke: Warum habe ich dann das Gefühl, langsam zu verrecken?

Liebeskummer ist für die meisten Leute schlimm, aber nicht viel schlimmer als andere schlimme Sachen. Die meisten Leute weinen ein paar Wochen, essen Junkfood im Bett, schreiben selbstmitleidige Tagebucheinträge, ziehen einen nach Räucherstäbchen riechenden Musiker namens Justin durch, den sie im Bus oder am Flughafen oder nachts in einer Bar kennengelernt haben, töpfern oder sticken oder jazzdancen durch ihren Schmerz und lassen sich einen zweifelhaften Pony schneiden. Und wenn der Pony rausgewachsen ist, sind sie drüber weg und verlieben sich in jemand anders.

Meine Liebeskummer sind anders. Meine Liebeskummer kosten mich nicht selten das komplette aktuell laufende Jahrzehnt. Meine Liebeskummer sind keine Wetterereignisse, sie sind nicht mal Klimazonen. Sie sind Supernovas. Nach der Implosion eines Sterns muss der neue Planet erst mal vierzig Millionen Jahre lang abkühlen, bevor es zum ersten Mal regnen kann. An neues Leben ist dann im Traum noch nicht zu denken.

Genauso, wie meine Liebe für Nick sich angefühlt hatte wie die erste und größte und echteste, die es je gegeben hat, so fühlt sich auch der Liebeskummer an wie der erste und größte und echteste, den es je gegeben hat. Es fühlt sich an, als wäre ich frontal von einem Lkw gerammt worden, und nun wäre mein Brustkorb eine einzige offene Fleischwunde, die meine komplette Lebensenergie verschlingt. Atmen ist anstrengend. Aufstehen ist anstrengend. Reden ist anstrengend. Nachts träume ich davon, dass Nick in einem Nebel verschwindet oder in einem Fluss von mir wegtreibt, während ich am Ufer stehe und weine. Oder ich träume, dass ich ihn rasend vor Wut anschreie: Wie konntest du mich so verarschen. Wenn ich morgens aufwache, bin ich schon erschöpft. Ich zähle die Stunden, bis ich wieder ins Bett kann. Mein Blut fließt langsam und träge wie dunkles, zähflüssiges Metall. Leute auf der Straße sehen mich nicht mehr. Es ist, als wäre ich über Nacht einfach grau und transparent geworden. Ich weine einfach durch. Wenn ich irgendwo angestellt wäre, denke ich, dann würde ich wahrscheinlich jetzt meinen Job verlieren. Sarah sagt, ich müsse bloß mal lernen, mich selbst zu lieben. Ich höre auf, mit ihr zu reden. Meine Therapeutin sagt, ich soll mich mal zusammenreißen, das sei doch alles völlig übertrieben. Ich gehe nie wieder hin. Ich würde alles geben, was auf meinem Konto ist, um für einen Tag, für eine Stunde nicht daran denken zu müssen. Meine Gedanken sind wie eine Würgeschlange, die sich fest um meinen Hals gewickelt hat und mir unablässig die Erinnerungen an mein eigenes Versagen ins Ohr zischt: Du bist so dumm. Du bist so naiv. Wie konntest du nicht sehen, was für ein Klischee das alles ist. Als wäre er der erste Typ weltweit, der mit einer Rebound-Romanze seine gescheiterte Ehe kompensiert. Dass du diesen idiotischen Fehler immer wieder machst. Du hast es nicht besser verdient. Wie naiv kann man eigentlich sein, wie bedürftig.

Bedürftigkeit ist immer schon das Schlimmste gewesen. Bedürftig sein, bedürftig erscheinen, irgendwas von irgendwem brauchen, das ist schlimmer als alles andere. Wenn jemand meine Unabhängigkeit kompromittiert, mich bedürftig macht und dann verlässt, ist das wie ein öffentliches Demütigungsritual, als hätte er mich geschoren und nackt durch die Stadt getrieben, es ist unverzeihlich. Ich verzeihe mir das nicht.

Dazu kommen die anderen schlimmen Gefühle. Die Trauer über den Verlust. Die Angst davor, dass mich diese Erfahrung für immer ruiniert hat. Die Wut auf ihn, dass er mich so betrogen hat. Die Wut auf mich, dass ich so dumm war, jemandem zu vertrauen, der so offensichtlich nicht zurechnungsfähig ist. Die Wut, dass ich die Red Flags ignoriert und meine kostbare, fickbare Zeit verschwendet habe, die Wut, dass ich so grauenhaft fehlinvestiert habe. Das Entsetzen darüber, dass ich mir wieder, wie ferngesteuert, einen Süchtigen ausgesucht habe. Die Enttäuschung von meiner Nüchternheit.

Denn meine Nüchternheit hätte mich doch schützen müssen. Nicht nur vor einer so katastrophalen Fehlinvestition, sondern auch vor diesem hilflosen Leiden. Ich war mir so *sicher*. Schlauer zu sein, erwachsener, weitsichtiger, stärker. Ist das nicht genau das, was die Nüchternheit verspricht? Besonnenheit, Resilienz? Sollte ich nicht besser mit Krisen klarkommen, sollte ich emotional nicht stärker sein? Wozu die ganze Klarheit und die Meditation und die Persönlichkeitsarbeit und die Selbstverbesserung, wenn ich nicht mal mit den banalsten Lebensproblemen zurechtkomme, wenn einfach nichts wirklich besser geworden ist? Es ist so lächerlich. Ich kann nicht mal zwanzig Minuten irgendwas machen, ohne zu heulen. Ich kann nicht schlafen, obwohl ich völlig erschöpft bin. Ich kann kaum mit irgendwem ein Gespräch führen, ohne immerzu daran zu denken, dass das Leben sinnlos ist. Meine Nüchternheit hat einen Scheißdreck für mich getan.

Eines Tages gehe ich mit Lulu auf eines unserer langen Mittagessen beim Koreaner in einer schicken Straße in Mitte, wo ich mir vorkomme, als wäre ich in miefenden Lumpen auf der Fashion Week.

Ich hatte einen intensiven Nick-Traum und weine das komplette Essen durch. Lulu gibt mir ihre stylishe rosa Designersonnenbrille, hinter der ich meine verheulten Augen verstecken kann. Sie ist eine der wenigen Personen, vor denen ich durchweinen kann, ohne mich noch zusätzlich schlecht zu fühlen, denn ich weiß: Sie kennt diese Sorte Liebeskummer.

Ich sage: »Manchmal denke ich darüber nach, wie schön es wäre, tot zu sein. Denn dann wäre das alles endlich vorbei.«

Während Lulu mich noch alarmiert anguckt und scharf einatmet, denke ich: wie bemerkenswert. Ich wünsche mir, tot zu sein. Aber einen Drink wünsche ich mir nicht.

Augusten Burroughs schreibt: »Um nüchtern zu werden, muss man etwas finden, was man mehr liebt als den Drink.« Und ich habe etwas, hatte immer schon etwas, das ich auf unaufgeregte Weise mehr liebe als alles andere. Mehr als alle Tätigkeiten, mehr als jedes High und jeden Typen, der je mein Herz gebrochen hat, mehr als Nick und mehr als den Drink. Diese Liebe ist weder dramatisch noch aufsehenerregend, aber immer, wenn ich sie im Chaos wiederfinde, erinnere ich mich daran, wie richtig sie sich anfühlt.

Noch während ich in dem qualvollen Limbo der Trennung hin und her schlingere, gehe ich immer wieder zurück an diesen Ort, an dem niemand außer mir je war, das Zimmer in mir selbst, das ich von ganz früher kenne, von damals, als ich dort vor Heiners Wahnsinn Schutz gefunden habe. Ich kann es betreten, indem ich mich hinsetze und schreibe. Die Geschichte erzähle. Einfach so, wie sie mir passiert. Die Wahrheit schreibe, meine Wahrheit, so wie sie sich mir zeigt, mit einem Anfang, einem Mittelteil und einem Ende. Ich kann mir selbst Frieden und Klarheit geben. Indem ich mein Inneres als eine Landkarte zeichne, in Worten kartografiere, meinen eigenen Standort bestimme: Du. Bist. Hier.

Schreibend erhebe ich mich vorübergehend über mein Leben, abstrahiere, was mir wehtut, kühle, was überhitzt ist, schaffe Distanz zwischen mir und meinen Katastrophen, sehe sie von weit oben, wie eine Landschaft aus dem Flugzeug: Die Realität wird überschaubar, kontrollierbar. Ich entscheide zwar nicht über die harten Fakten, aber ich entscheide über die Adjektive. Wenn ich schreibe, bekommt all die Verzweiflung und der Lärm und das Chaos eine Funktion. Wenn ich schreibe, wird die Traurigkeit zu einem Ort, den ich wieder verlassen kann. Alles hat einen Anfang, einen Mittelteil und ein Ende. Wenn ich schreibe, kann ich atmen. Wenn ich schreibe, bin ich sicher.

Nüchternheit bringt dir erst mal gar nichts außer Nüchternheit. Produktivität, innere Ruhe und Selbstliebe sind nicht Teil des Pakets. Das einzige Versprechen, das die Nüchternheit immer einhält: Du kommst zu dir. Wie eine verlorene Tochter stehst du am Ende wieder vor deiner eigenen Tür. Was du findest, ist nicht unbedingt, was du dir erhofft hast, aber du bekommst die Wahrheit. Das nackte Leben. Und du kannst ab sofort keine Pause mehr nehmen, nicht von deinen Gedanken und nicht von deinen Gefühlen. Nüchtern hast du keine andere Wahl, als nonstop bei dir zu bleiben und dir selbst beim Duselbstsein zuzusehen. Du musst alles fühlen, was du dir selbst antust, musst alles hören, was du dir selbst erzählst, musst alles bezahlen, was du dir selbst verkaufen willst, es gibt keinen Aus-Knopf mehr, keine Ablenkung, keine Betäubung, keinen Umweg. Nur dich und dich und dich allein.

Ich habe nie groß über mein Schreiben nachgedacht, es war einfach immer schon da, wie ein Körperteil. Ich schreibe, solange ich denken kann. Um mich im Leben zurechtzufinden. Um – wie Joan Didion sagt – herauszufinden, was ich denke, was ich sehe, was ich fürchte, was ich will. Um mich zu erinnern, um mich zu ermahnen und zu vergewissern. Und natürlich auch, um die köstlichen Dinge zweimal zu fühlen.

In der Nüchternheit kommen mehr Gründe dazu. Ich schreibe jetzt auch, um meine Leute zu finden. Das Schreiben hat jetzt eine neue Kraft. Es will jetzt etwas. Ich fange an, meine Texte an Redaktionen zu schicken, und die fangen an, sie zu veröffentlichen.

Im Juli des schlimmen, blutigen Trennungssommers stehe ich mit einem Tonic Water on the rocks auf James' Dachterrasse mit Blick auf den Viktoriapark. Es ist seine alljährliche Sommerparty, wir haben achtunddreißig Grad, ein seidiger Nebel aus Eiswasser strömt alle paar Minuten aus einer geheimnisvollen Maschine auf die Partygäste herab, zwei Frauen mit klimpernden Ketten und in Pastelltönen gefärbten Haaren sitzen am DJ-Pult, ein paar Leute unterhalten sich über das Selbstzüchten psychedelischer Pilze, das nächste Festival und ihre aktuell laufenden Kunstprojekte. Ein Typ mit langen, blonden Haaren, ironischen Tattoos und Schlafzimmerblick fragt mich, was ich mache.

»I'm a writer«, sage ich, ohne nachzudenken, zum ersten Mal, und augenblicklich trifft mich eine Welle des Glücks, die ich nicht habe kommen sehen.

I'm a writer.

»Cool«, sagt der Typ, »what do you write?«

Aufbrechen

Um so zu schreiben, wie ich schreiben wollte, musste ich nüchtern werden. Ich wollte immer schon die Wahrheit sezieren, die Maschine auseinandernehmen, um herauszufinden, wie sie funktioniert, alle Winkel ausleuchten, tief gehen. So zu schreiben war mit meinem

Trinken unvereinbar. Du kannst nicht die Wahrheit schreiben, solange du dir selbst im großen Stil etwas vormachst. Deine Abhängigkeit ist eine Lüge, die im Zentrum des Lebens sitzt und dir selbst und allen anderen den Blick auf dich versperrt. Mit der Lüge in mir konnte ich nicht schreiben, wie ich schreiben wollte. Sobald ich das Trinken ausgeschaltet und diesen Raum in mir frei gemacht hatte, strebte das Schreiben ganz von allein dorthin ins Zentrum, auf seinen rechtmäßigen Platz, im Herzen von allem.

Am Ende des langen, zähen Sommers fliegen wir nach Portugal. Wir sind eine Gang neuer Freundinnen, frisch nüchtern, wild entschlossen, alles in eine Spiri-Selbsthilfegruppe zu verwandeln. Wir sind wie erwachsene Teenager. Wir alle haben ein zweites Leben bekommen, wir alle haben das gleiche, eindeutige Davor und Danach.

Wir sind in einer großen Villa mit vielen Zimmern und voller dunkler, schwerer Holzmöbel. Wir haben Frisierkommoden und Recamières und mit Blumenmustern verzierte Kacheln und Kissen mit Tigermuster und einen Pool im Garten, der nachts leuchtet, und Blumenhecken, die schwer sind von ihrer Blütenlast und von trägen, honigtrunkenen Bienen.

Es ist sofort, als wären wir immer schon hier gewesen. Morgens, wenn wir aufstehen, wandern wir barfuß durch die warmen Lichtpfützen auf den glänzenden Holzdielen wie Figuren aus einem Roman von Gabriel García Márquez und überlegen uns, wo wir uns heute wohl niederlassen werden, um ein bisschen zu arbeiten, zu reden, eine Podcastfolge aufzunehmen oder bedeutungsvolle Fragen auf kleine Zettel zu schreiben, die wir später beim Abendessen beantworten werden. Wir stehen in der Küche und analysieren gegenseitig unsere Kindheiten, während wir warten, bis der Kaffee fertig ist. Anne filmt. Titilayo kocht und hört dabei True-Crime-Podcasts. Wir liegen im Gras, trinken aus kleinen, blütenverzierten Tassen, lassen uns Honigkuchen auf der Zunge zergehen, schreiben Tagebuch, tippen in unsere Laptops, schlafen auf der Couch ein. Wenn wir wieder zu uns kommen, ist das Essen fertig.

Wir liegen am Pool und schmeißen Buchideen hin und her. Jemand sollte Titilayos Familiengeschichte niederschreiben, sagt Mika, so richtig ausschweifend und am besten in mehreren Bänden, episch, wie die Buddenbrooks, aber im Hamburg der Neunzigerjahre. Wir diskutieren das Für und Wider von Triggerwarnungen. Wir planen Schreibretreats auf Titilayos Anwesen. Wir reden über Geld. Vlada will einen weißen, brandneuen BMW und sich nicht dafür entschuldigen. Mika und ich wollen auch Luxus, aber wir sind gleichzeitig Anti-Neoliberalismus, was die Sache erschwert. Lena erklärt Mika Human Design. Mika ist skeptisch. Ich lege Lena Tarotkarten. Wir liegen im Gras und spielen mit der Dating-App. Vlada sagt, sie kann auf keinen Fall einen Typen daten, der nicht sober, Yogi und Widder, Löwe oder Waage ist. Titilayo sagt, hässliche Füße sind ein Dealbreaker. Mika sagt, das Schlimmste ist, wenn einer schreibt, wie groß er ist, und dann hinzufügt: *weil das hier ja anscheinend wichtig ist.* Mika will ein Jahr lang ins Zölibat gehen, als eine Art innere Reinigung. Ich bin nicht überzeugt, dass mir das helfen wird, aber ich mache mit, weil mir nichts Besseres einfällt und ich mir sowieso nicht vorstellen kann, dass ich je wieder mit irgendwem anders schlafen will als mit Nick. Wir zeichnen mögliche Logos für unser zölibatäres Jahr und machen Witze darüber, dass wir immer für alles, was wir machen, ein Logo brauchen.

Nachts ist es immer noch heiß, und die Mücken stürzen sich auf mich. Sie sind träge und taumeln zu langsam durch das Zimmer, schwer von meinem Blut. Ich erschlage sie mit meinem Notizbuch, und sie hinterlassen dicke rote Flecken an der weiß getünchten Wand.

Nachts sitzt der böse, struppige Nachtmahr meiner Traurigkeit auf der Wunde in meinem Brustkorb, gräbt seine Krallen in mein Fleisch und träufelt mir unablässig sein Gift ins Ohr, drop, drop, drop. Aber tagsüber, im Sonnenlicht, in der Hitze, in der Gemeinschaft meiner Gang, lässt er sich nicht blicken. Stattdessen liegt eine dicke Schicht Balsam auf der Wunde, und der Schmerz ist nur noch ein dunkler Basslauf, der in der Tiefe meines Bewusstseins pulsiert.

Titilayos Freund David fährt uns eines Tages in seinem Jeep hoch auf einen Berg, in einen Wald, und in dem Wald ist ein Fluss, und der Fluss stürzt fünfzehn Meter in die Tiefe, in eine Grotte mit eiskaltem, klarem Wasser, es leuchtet heliogen, phthalocyanin, ultramarin.

Wir klettern über die steilen Felsen runter zum Wasser, die Erde schwarz und feucht, das Wasser klar und kalt, mir bleibt der Atem weg, als ich eintauche, das Wasser kracht rauschend den Berg runter, das Sonnenlicht zersplittert in den zitternden Blättern. Meine Füße unter mir schweben weiß und lautlos im Jadegrün, schwanken und lösen sich auf, winzig kleine Luftbläschen bedecken meine Beine wie Fell, das glitzernde Türkis knallt, ich habe keine Schmerzen, denn ich habe keine Vergangenheit, ich bin heute morgen erst geboren worden.

Ich klettere ans Ufer und den Hang hoch, wickle mich in ein Handtuch, stopfe mir eine Handvoll Beeren in den Mund, als würde ich einen Shot exen, und setze mich auf einen mit einer weichen Moosschicht bewachsenen Stein, wo ich mein klammes, blutbeflecktes Notizbuch aufschlage. Ich sammle Adjektive für Metaphern: flamboyant, elaboriert, knallig, lush, rich, juicy.

Vielleicht sollte ich Italienisch lernen, denke ich, oder Russisch, weil Deutsch vielleicht einfach zu nüchtern ist, vielleicht einfach nicht genug Wörter hat, um den ganzen Saft aus den Metaphern zu quetschen, um all das hier beschreiben zu können, das Drama, die

Schönheit. Vielleicht sollte ich das Land verlassen, denke ich, vielleicht muss mein Blut eine wärmere Grundtemperatur haben. Vielleicht muss ich in eine dramatischere, romantischere Umgebung, denke ich, wo mein Außen mehr mein Innen spiegelt. Vielleicht Wien, denke ich, Wien ist so schön übertrieben. Oder Rom, Rom ist so kitschig. Es gibt bestimmt einen Ort, an dem es sich besser traurig sein lässt als in Berlin, denke ich, und ich bin so schrecklich traurig.

Aber alles andere ist auch noch da. Die Farben und die Musik und die langen Sommer und die Hitze und der Hunger und die Dankbarkeit, das ganze Leben ist noch da, so viel, dass es kaum auszuhalten ist, dass es unmöglich zu verstehen ist, aber es ist mein Zuhause, und wenn ich zwischendurch erschöpft und überfordert bin, kann ich mein Gesicht in die weiche, kühle Dunkelheit des Mooses legen und eine Weile schlafen. Und wenn ich aufwache, werde ich okay sein.

DANK

Kein Buch wird geboren, ohne dass eine ganze Armee von Menschen dabei hilft, doch für ein Memoir gilt das im Besonderen.

Ich danke meiner Agentin Franziska Günther dafür, dass sie von Minute eins an das Projekt geglaubt hat. Danke für deine Expertise und die messerscharfe Kritik.

Meiner Lektorin Doreen Fröhlich für die Hingabe und Detailarbeit. Danke, dass du mich daran gehindert hast, auf jeder zweiten Seite das Wort *elektrisch* zu verwenden.

Allen beim Goldmann Verlag – besonders Elizabeth Bandulet und Stephanie Taverna –, danke, dass ihr so viel Liebe und Energie in das Projekt gesteckt und dass ihr mir die totale Freiheit beim Coverdesign gegeben habt. Es war ein Fest, mit euch zu arbeiten.

Danke, Daniel Schreiber, für *Nüchtern* und für diesen Blurb, der mich jedes Mal ganz rührselig macht.

Danke an Oliver Brod für die Hörbuch-Produktion und den ganzen frischen Minztee.

Ich danke meiner Familie: Meiner Mutter für einfach alles, besonders dafür, dass du nie verlangt hast, dass ich was Ordentliches mit meinem Leben mache.

Meinen fantastischen Onkeln und meiner wunderbaren Tante: Danke, dass ihr so großzügig seid, dass ihr mich unterstützt und mich mit Kaffee und Lachsbrötchen gefüttert habt, alte Fotos rausgekramt und mir alles erzählt habt, was ihr wisst. Danke, dass ich auch eure Geschichten erzählen durfte. Und Mann, ich kann gar nicht anfangen, zu sagen, wie glücklich ich bin, dass ihr nüchtern seid.

Danke, Daddy, für die Schriftstellergene und das gute Aussehen. Ich hoffe, da, wo du jetzt bist, liegen Orangenbaumblätter auf dem Weg.

Ich danke auch allen anderen Menschen, die in diesem Buch vorkommen (und natürlich anders heißen): Ben für deine Coolness, Julian für unsere Lunchdates, Claire für deine Komplizenschaft, James für diese eine Nacht im Krankenhaus, Miri für die lange Freundschaft, die sich nie alt anfühlt. Lulu für die Definition von Nüchternheit. Mat für eine Million Sprachnachrichten, von denen jede einzelne inspirierend ist. Heiner, du hast mich zwar nicht zu einer Frau gemacht, aber ich habe mich keine Sekunde gelangweilt. Juri, danke für den ganzen tollen Sex. Nick, danke für die erste große, nüchterne Liebe. Und, oh, Nike! Ohne dich hätte ich meine Zwanziger nicht überlebt.

Ich danke allen meinen Freundinnen und Freunden, den neuen und den alten: Ihr seid der interessanteste Teil meines Lebens, ihr seid das Salz in der Suppe.

Kathrin, ich hoffe, wir feiern auch noch unseren hundertsten Geburtstag zusammen. Sara, danke dafür, dass du die Schwester bist, die ich nie hatte. Anna, danke für all die kreative Inspiration und dafür, dass mein Arbeitsplatz ein Zuhause ist. Sebastian, danke für die guten Gespräche. Maik, danke für die Mentholzigaretten und dass du so leise schläfst. Nicole, danke für Dolce & Gabbana-Schokolade und dafür, dass du ein Vorbild bist. Linda, danke für die neuste alte Freundschaft. Cleo, danke für die funste neue. Eva, danke dafür, dass du anrufst. Jo, danke für Grunewaldspaziergänge. Christoph, danke für kluges Feedback und dafür, dass du mal meinen Stil als »Bulldozerprosa« bezeichnet hast.

Mika! Was wäre alles nicht passiert, wenn du mir nicht diese Insta-Nachricht geschrieben hättest? Nicht auszudenken. Unser Baby SodaKlub ist das beste Projekt ever, und es macht immer noch so viel Spaß.

Ich danke auch all unseren nüchternen Mitstreiter:innen, allen, die im Podcast mit uns gesprochen haben, allen, die über die Nüchternheit schreiben und reden und sie sexy aussehen lassen, alte Muster brechen, das Stigma bekämpfen und andere inspirieren: Nathalie Stüben, Vlada Mättig, Titilayo Bornmann und ihr Offline Hotel, Christine Koschmieder, Maurice Rieger, Paulina Stulin, Susanne Kaloff, Svenja Gräfen, Sebastian Goddemeier, Oliver Schwarzwald, Arne Zank und allen, die noch dazukommen werden.

Und den großartigen Menschen bei AA werde ich für immer und ewig dankbar sein, besonders all den Freundinnen und Freunden in meinem Stammmeeting, den Alteingesessenen und den Neuen – danke für eure Erfahrung, Kraft und Hoffnung. Ihr seid einfach die Krassesten.

LITERATUR

Caroline Knapp: *Drinking: A Love Story.* 1997

Augusten Burroughs: *Trocken!* Übersetzt von Volker Oldenburg, 2006

Ann Dowsett Johnston: *Drink: The Intimate Relationship Between Women and Alcohol.* 2014

Daniel Schreiber: *Nüchtern: Über das Trinken und das Glück.* 2014

Sarah Hepola: *Blackout. Die Nächte, an die ich mich nicht erinnern kann, sind die Nächte, die ich nie vergessen werde.* Übersetzt von André Mumot, 2016

Benjamin von Stuckrad-Barre: *Panikherz.* 2016

Leslie Jamison: *Die Klarheit. Alkohol, Rausch und die Geschichten der Genesung.* Übersetzt von Kirsten Riesselmann, 2018

Susanne Kaloff: *Nüchtern betrachtet war's betrunken nicht so berauschend: Ein befreiendes Experiment.* 2018

Kristi Coulter: *Klar im Kopf: Warum ich aufgehört habe, mir das Leben schönzutrinken.* Übersetzt von Elke Link, 2019

Annie Grace: *Einfach nüchtern! Freiheit, Glück und ein besseres Leben ohne Alkohol.* Übersetzt von Julia Augustin, 2019

Laura McKowen: *We are the Luckiest. The Surprising Magic of a Sober Life.* 2020

Nathalie Stüben: *Ohne Alkohol: Die beste Entscheidung meines Lebens.* 2021

Holly Whitaker: *Quit like a Woman: Nüchtern und glücklich in einer Welt voll Alkohol.* Übersetzt von Birgit Walter, 2021

Eva Biringer: *Unabhängig: Vom Trinken und Loslassen.* 2022

Catherine Grey: *Sternhagelnüchtern: Vom unerwarteten Vergnügen, nüchtern zu bleiben.* Übersetzt von Elisabeth Liebl, 2022

Christine Koschmieder: *Dry.* 2022

QUELLEN

Der Anfang

Ursula Lambrou: *Familienkrankheit Alkoholismus: Im Sog der Abhängigkeit.* Rowohlt Taschenbuch Verlag, 2014

Alfried Schmitz: »Wilhelm Mülhens erhält das Rezept für ›4711‹«. Deutschlandfunk 2017, www.deutschlandfunk.de/vor-225-jahren-wilhelm-muelhens-erhaelt-das-rezept-fuer-100.html [12.6.2024]

Imre Grimm und Chantal Ranke: »Drogenbeauftragter will Bier und Wein nur Erwachsenen erlauben: Was bringt das?« Redaktionsnetzwerk Deutschland 2022, www.rnd.de/politik/alkohol-bier-und-wein-nur-fuer-erwachsene-was-bringt-das-OTYYVUHYCJG3ZGUAYHZFUOAFXY.html [12.6.2024]

Verzauberung

Scott Edwards: »Love and the Brain.« Harvard Medical School 2015, https://hms.harvard.edu/news-events/publications-archive/brain/love-brain [12.6.2024]

Eva Biringer: »Brutal Berlin: Wie mich der Alkohol in der Hauptstadt ruinierte.« *Berliner Zeitung 2022,* www.berliner-zeitung.de/kultur-vergnuegen/brutal-berlin-wie-mich-der-alkohol-in-der-hauptstadt-ruinierte-li.224069 [12.6.2024]

DPA und Marc Otten: »Karte zeigt: In diesen Bundesländern leben die meisten Alkoholsüchtigen.« *Noz* 2024, www.noz.de/lebenswelten/gesundheit-fitness/artikel/karte-in-diesen-bundeslaendern-leben-die-meisten-alkoholsuechtigen-46316657 [12.6.2024]

Honeymoon

Anne Wilson Schaef: *Die Flucht vor der Nähe: Warum Liebe, die süchtig macht, keine Liebe ist. dtv 1992*

Pia Mellody: *Facing Love Addiction: Giving Yourself the Power to Change the Way You Love.* HarperOne, 2003

Cool Girl

»Was passiert bei einem Blackout durch Alkohol?« Drugcom.de 2022, www.drugcom.de/newsuebersicht/topthemen/was-passiert-bei-einem-blackout-durch-alkohol [12.6.2024]

Eva Illouz: *Warum Liebe weh tut: Eine soziologische Erklärung.* Suhrkamp 2012

»›Sie trinken im Verborgenen‹: Warum immer mehr Frauen zur Flasche greifen.« Focus.de 2019, www.focus.de/familie/eltern/eltern-berichten/alkoholismus-sie-trinken-im-verborgenen-warum-immer-mehr-frauen-zur-flasche-greifen_id_11258790.html [12.6.2024]

Mein Wille

Michael Soyka: »Depression und Alkoholabhängigkeit – Neue Befunde zu Komorbidität, Neurobiologie und Genetik.« *Journal für Neurologie, Neurochirurgie und Psychiatrie* 2004

Baby, sober

Marc Lewis: *The Biology of Desire: Why Addiction is not a Disease.* PublicAffairs 2015

Robert Hofmann: »Die Hälfte der deutschen Jugend trinkt nicht mehr: Was hat das zu bedeuten?« *Vice 2022,* www.vice.com/de/article/pkgpqb/die-halfte-der-deutschen-jugend-trinkt-nicht-mehr-was-hat-das-zu-bedeuten [12.6.2024]

Bianca Jankovska: »Wir haben aus falschen Gründen verlernt, uns zu betrinken.« *ZEIT 2018,* www.zeit.de/arbeit/2018-11/das-millennial-manifest-trinkkultur-alkohol-jugend-beruf-kater [12.6.2024]

Gero von Randow: »Wer vernünftig lebt, lebt tragisch.« *ZEIT 2022,* www.zeit.de/zeit-magazin/wochenmarkt/2022-02/alkoholkonsum-freiheit-freude-leidenschaft-gift [12.6.2024]

»DIE DA OBEN! Die Politik und die Alkohol-Lobby.« *Funk 2021,* www.youtube.com/watch?v=sEEckv4-_ww [12.6.2024]

Der Club

Horst Zocker: *Anonyme Alkoholiker: Selbsthilfe gegen die Sucht.* C.H. Beck 2006

Anonyme Alkoholiker: www.anonyme-alkoholiker.de

Holly Whitaker: »Hi, my name is Holly and I'm not an alcoholic* (*because there is no such thing): 9 reasons to stop using the words Alcoholic and Alcoholism.« *Recovering* 2014, https://hollywhitaker.substack.com/p/hi-my-name-is-holly-and-im-not-an [12.6.2024]